HEYNE
HARD
CORE

REINER LAUX

HINTER BLAUEN AUGEN

Bekenntnisse eines aufrechten Bankräubers

Mit einem Nachwort
von Günter Wallraff

WILHELM HEYNE VERLAG
MÜNCHEN

Für die im Buch geschilderten Straftaten bin ich zu Recht verurteilt worden. Um Nachahmer abzuhalten, habe ich einzelne Abläufe teilweise modifiziert dargestellt. Soweit aus persönlichkeitsrechtlichen Gründen angeraten, sind Namen, Orte und Personen leicht verändert. Einige der beschriebenen Bankfilialen existieren heute nicht mehr.

FSC www.fsc.org MIX Papier aus verantwortungsvollen Quellen FSC® C014496

Verlagsgruppe Random House FSC® N001967
Das für dieses Buch verwendete
FSC®-zertifizierte Papier *Super Snowbright*
liefert Hellefoss AS, Hokksund, Norwegen.

Redaktion: Heiko Arntz
Printed in Germany 2014
Umschlaggestaltung: Büro Überland
unter Verwendung eines Fotos von © Peter Zehner
Satz: Schaber Datentechnik, Wels
Druck und Bindung: GGP Media GmbH, Pößneck

ISBN: 978-3-453-26927-9

www.heyne-hardcore.de

Für Cheyenne

No one knows what it's like
To be the bad man
To be the sad man
Behind blue eyes

The Who: Behind Blue Eyes

Gimme danger, little stranger
(...)
There's nothing in my dreams
Just some ugly memories
Kiss me like the ocean breeze

Iggy and The Stooges: Gimme Danger

Ich trage das Bewusstsein
meiner Niederlage vor mir her
wie eine Siegesfahne.

Fernando Pessoa

1 Frankfurt, Februar 1985

Mit einer Milchtüte in der Hand und einem flauen Gefühl im Bauch saß ich im Zug von Gießen nach Frankfurt, entschlossen, eine Bank zu überfallen. Draußen verschwamm der schwer auf die Erde drückende Februarhimmel in schwarzgrauen Tuschetönen. Auf einem Zaunpfahl fröstelte ein Mäusebussard, der die nackten Ackerschollen nach wärmendem Blut ausspähte. Ein Fußgänger kämpfte sich mit seinem Hund durch die unwirtliche Welt. Auf der Fensterscheibe der fettige Abdruck einer Kinderhand.

Was machte ich hier? War dies wirklich der einzige mögliche Ausweg? Oder war das Ganze nur ein spätpubertärer Anfall von Räuber-Romantik – der Kampf des einsamen Helden gegen dunkle anonyme Mächte? Oder hatte ich schlicht den Verstand verloren?

Alles hatte vor anderthalb Jahren begonnen. Ich lebte in Gießen in einer Wohngemeinschaft mit fünf Frauen. Eine von ihnen war gerade ausgezogen, und wir waren im Begriff, per Annonce eine neue Mieterin zu suchen, als Nazhin (unsere persische Mitbewohnerin, der ich zur Vorbereitung auf die deutsche Uni Sprachunterricht gab) uns fragte, ob wir nicht einen jungen Iraner, der in Gießen mit dem Studium begonnen und keine Bleibe hatte, vorübergehend aufnehmen könnten. Wir waren einverstanden, und der Iraner zog ein. Als nach zwei Monaten noch keine Miete auf unserem WG-Konto eingegangen war, sprach ich den jungen Perser freundlich darauf an. Er vertröstete mich mit gestenreichen Erklärungen auf den nächsten Monat, und als einen Monat später noch immer nichts eingezahlt war, auf den folgenden. Das Konto, das auf meinen Namen lief, geriet immer mehr ins Minus, zumal der Junge täglich in den Iran telefonierte, sodass seine Telefonschulden bald höher waren als die für die Miete. Ich war nie ein Hippie, aber tief in meinem Innern immer ein Beatnik, den Materielles nicht sonderlich interessierte, solange eine Flasche Wein greifbar war. Deswegen vertraute ich ihm mit Verständnis für seine Notlage und in gutgläubiger Hoffnung immer wieder aufs Neue und brachte es nicht einmal übers Herz, ihm seine Monstertelefonate zu verbieten.

Elf Monate lang hielt der Perser uns so hin, dann war das Zimmer eines Morgens plötzlich geräumt, der Bursche war verschwunden, und ich stand da mit einem Minus von über 6000 DM auf dem auf meinen Namen laufenden Konto. Jetzt, ein halbes Jahr später, waren es bereits knapp 7000 DM, und ich hatte noch bis Montagmittag um 13.30 Uhr Zeit, das Geld aufzutreiben, sonst würden nicht nur die Lichter in unserem Treppenhaus ausgehen. Ich hatte nicht allein Ärger mit der Bank, sondern mir saß (über den uns freundlich verbundenen Rechtsanwalt, der unter anderem die Hausbesetzergruppen in Gießen vertrat) auch der Vermieter im Nacken, die Stadtwerke wollten Strom, Wasser und Gas abstellen und die Post das Telefon.

Ein Gespräch mit dem Filialleiter der Bank hatte nur den kläglichen Aufschub bis zum kommenden Montag gebracht. Meine Mitbewohnerinnen, die sich in stillem Einverständnis darauf geeinigt hatten, dass ich das Problem schon lösen würde, waren vier Studentinnen und eine Schwesternschülerin und ebenso unvermögend wie ich. Meine übrigen Freunde und Bekannten waren allesamt erfolglose Künstler, mittellose Studenten, geschäftsuntüchtige alternative Gewerbetreibende und Drogen konsumierende Spinner. Ich hatte mir den Schädel nach einer Lösung zerquält und in meiner Verzweiflung sogar einen Lottoschein ausgefüllt. Die Freunde hätten knapp 200 DM zusammenkratzen können, ein privater Geldverleiher hätte mich allein mit den Zinsen stranguliert. Ich hatte mich sogar überwunden und meine ungeliebten Eltern angesprochen und ihnen die Situation geschildert. Sie wollten nichts davon hören und glaubten mir ohnehin nicht. Ich konnte es ihnen nicht verdenken, denn ich hatte ihnen unser ganzes gemeinsames Familienleben lang nur Lügengeschichten erzählt, um sie von meiner Seele fernzuhalten.

Nun war der Donnerstag vor dem tödlichen Montag. Schwermütig saß ich nachmittags in der nebligen Winterdämmerung am Gießener Schwanenteich, als mich plötzlich ein endgültiger Gedanke durchzuckte, klar und hell wie ein Blitz: Ich würde eine Bank überfallen! Ich hatte mit dem Gedanken in den letzten Wochen schon manches Mal gespielt, ihn jedoch immer wieder als unwirklich und grotesk verworfen. Jetzt stand die Entscheidung.

Ich überlegte, welche Bank infrage kam. Ich dachte zunächst an das Naheliegendste – an *unsere* Bank. Ich würde dort das Geld »abheben« und gleich wieder einzahlen. Als ich mir das Gebäude jedoch am darauffolgenden Tag anschaute, musste ich feststellen, dass es in seiner Weitläufigkeit, mit mehreren weit auseinanderliegenden Kassen und unüberschaubaren Kundentischen, ungeeignet war.

Mir fiel Elvira ein. Wir waren einmal zusammen gewesen und hatten uns in aller Freundschaft getrennt. Sie hatte mir versichert, dass mir ihre Tür jederzeit offenstünde. Elvira wohnte im Zentrum von Frankfurt, im Stadtteil Bornheim, direkt gegenüber einer süßen, kleinen Bankfiliale.

Ich rief sie an. Sie war zu Hause und erwartete mich für Sonntagnachmittag. Ich hatte also den Montagmorgen für den Überfall und könnte pünktlich bis 13.30 Uhr das Geld bei der Bank in Gießen einzahlen. Leider würde ich mir die Bank nicht mehr von innen anschauen können, doch ich vertraute auf meine rasche Auffassungsgabe und meinen Instinkt. Dass das ausgewählte Bankobjekt eine der vielen Zweigstellen war, für die mein älterer Bruder in leitender Position als Banker verantwortlich war, gab der ohnehin schon grotesken Konstellation eine zusätzliche Würze.

Als Nächstes überlegte ich, woran Banküberfälle für gewöhnlich scheiterten und welche Fehler ich vermeiden musste. Abgesehen davon, dass manche Leute vergaßen, sich zu maskieren, ihren Ausweis am Tatort liegen ließen oder mit einer Wasserpistole in der Hand abdrückten, war der Hauptgrund für ihr Scheitern Nervosität; sie wurden aggressiv oder gar gewalttätig, oder sie verloren die Geduld. Viele suchten sich auch entlegene Filialen aus, mit einem viel zu langen Fluchtweg, den sie auch noch in einem leicht identifizierbaren Fluchtfahrzeug (»blauer Ascona mit weißen Streifen«) bestritten, anstatt sofort zu Fuß im unüberschaubaren Auto- und Fußgängerverkehr im Zentrum einer Großstadt unterzutauchen. *Das* jedenfalls war mein Plan. *Meine* Bank in Frankfurt lag im Zentrum, nur fünfzehn Meter vom »Basislager« entfernt, und ich hatte vor, meine Verfolger durch ein auffälliges Detail der Maskerade gründlich in die Irre, nämlich in die Ferne, zu führen. Dieses Detail sollte ein Motorradhelm sein, mit dem ich mich zudem perfekt vor den Blicken der Videokameras verbergen konnte.

Ich rief meinen Freund Jonny an, der Flohmarkthändler war und regelmäßig den Sperrmüll abfuhr. Er hatte mir schon häufig von seinen Touren Wunschartikel mitgebracht, mal eine Reiseschreibmaschine, mal ein Bücherregal. Ich hatte Glück, denn am Abend fanden in mehreren Dörfern um Gießen Sperrmüllveranstaltungen statt, die er ohnehin abklappern wollte. Noch am Freitagabend kam Jonny vorbei und brachte einen gut erhaltenen schwarzen Integralmotorradhelm mit. Von »Dr. Mad«, einem befreundeten Medizinstudenten und verwöhnten Söhnchen reicher Eltern, lieh ich mir die Nachbildung einer Neun-Millimeter-Röhm-Schreckschusspistole aus. Alles andere – ausgelatschte schwarze Schuhe, verwaschene schwarze Jeans samt Parka sowie ein alter schwarzer Wollschal und abgeschabte schwarze Kunstlederhandschuhe – fand sich in meiner Garderobe und auf dem Dachboden unserer WG. Samstagnacht machte ich einen Versuchslauf vor dem Spiegel, in voller Maskerade und mit gezogener leerer Gaspistole. Es wirkte alles ziemlich albern, aber so war ja das ganze Leben.

Jetzt saß ich also im Zug nach Frankfurt und zählte die schwarzen kleinen Federknäule, die auf den tropfenden Hochspannungsleitungen hockten. »Sixteen Ways«, der magisch düstere Song der aktuellen Platte von Green On Red (meiner Lieblingsband der Achtziger), ging mir nicht aus dem Sinn. Seit Wochen hörte ich nichts anderes und fiel meinen Mädchen in der Wohngemeinschaft damit mächtig auf die Nerven.

Im Schatten der alles überragenden Bankentürme fuhr der Zug in Frankfurt ein. Ich dachte daran, dass mein zehn Jahre älterer Bruder in diesem Moment in einem dieser Türme saß und seinem Job nachging. Zwanzig Jahre später – mein Bruder war mittlerweile führender Manager einer der größten deutschen Banken – erzählte er mir bei einem unserer seltenen Treffen (anlässlich des Todes unserer Mutter) eine Anekdote aus der geheimnisvollen Bankenwelt:

Regelmäßig und im Wechsel trafen sich die deutschen Führungsbanker in den einzelnen Bankzentralen zu Absprachesitzungen. Als das damals höchste Bauwerk Frankfurts fertiggestellt war, bat einer der Top-Manager der Bank nach der Sitzung in der abgeschotteten Führungsetage die überraschten Kollegen auf die Toilette. »Bis zur Höhe der Pissoirs war der Raum edel ausgeschlagen«, berichtete mein Bruder. »Direkt darüber zog sich eine gläserne Panoramawand hoch zu einem transparenten Dachwerk.«

»Ja und?«, fragte ich naiv.

Mein Bruder lachte nur. »Du hattest das Gefühl, nahe der Sonne zu sein und auf die tief unter dir wuselnden unzähligen Ameisenmenschen zu pissen«, sagte er und grinste ein wenig verlegen.

»Glaubst du, das war gewollt?«

»Mit Sicherheit!«

Elvira holte mich vom Bahnhof ab. Sie freute sich, schaute mich aber ungläubig an, als ich ihr freundliches Angebot ablehnte, gemeinsam eine Flasche Wein zu leeren, die sie extra für mich gekauft hatte. Ich wollte den Überfall mit klarem Kopf und wachen Sinnen über die Bühne bringen.

Wir verbrachten einen sinnlich verschwitzten Abend im Bett, verausgabten uns bei Kerzenlicht, bis Elvira schließlich in meinen Armen friedlich einschlief. In mir dagegen breitete sich eine erstickende Spannung aus. Behutsam machte ich mich von Elvira los und stand auf.

Ich trat ans Fenster und schaute hinunter in die verwaiste Straßenschlucht, in die ein dünner Regenschleier fiel. Neben der Bank blinkte ein blaues Reklameschild. Ein einsamer Betrunkener wankte vorüber. Eine Stimmung wie in einem Bild von Edward Hopper. Ich fühlte mich elend, in die Enge getrieben, gefangen wie ein Fuchs im Fangeisen. Doch insgeheim vertraute ich auf meine Willenskraft, auf die ich mich bislang immer hatte verlassen können, wenn ich mit dem Rücken zur Wand stand.

Ich setzte Kopfhörer auf und tanzte zwei Stunden lang zu den Doors, bevor die Dämmerung langsam zu grauen begann und ich mich zu den leisen Tönen von »Riders on the Storm« fertig machte. Wieder kam mir die ganze Situation albern und grotesk vor, wie ich da so schwarz vermummt und mit einer leeren Gaspistole vor dem Spiegel stand. Dann dachte ich an die tickende Uhr und den Termin in fünf Stunden. Ich straffte mich und zwang mich, die zerreißende Spannung in mir auf das Vorhaben zu fokussieren. Ich küsste das Bild von meiner Jugendliebe Jessica, das ich bei mir trug, trat in den Hausflur und stieg die ausgetretene Holztreppe hinunter. Auf der Straße hüllte mich dichter Nieselregen ein.

Meine Schultern lockernd, steuerte ich nicht direkt auf die Bank zu, sondern ging zunächst die Einkaufsstraße hoch, bog in die nächste Seitenstraße, lief einmal um den Block und bog auf der anderen Seite der Bank wieder auf die Straße. Dann schlenderte ich gemächlich auf den Eingang des Kreditinstituts zu. Als ich die doppelte Schwingtür erreichte, musste ich an einen Cartoon von F. K. Waechter denken, in dem ein Löwe einem Kater in der Kneipe bei einem Gläschen Schnaps erklärt: »Gegen den Wind anpirschen, mein Junge, und dann zack, rauf und volle Pulle auf den unteren Halswirbelbereich. Das haben die geilen Antilopen am liebsten.« Unter dem Helm, in dem sich die Hitze bereits staute, konnte ich mir ein Lächeln nicht verkneifen.

Dann umschloss ich mit der rechten Hand die leere Pistole in der Parkatasche und stieß mit der linken die Schwingtür in den Vorraum auf, von dem aus ich das Bankinnere und die Kassenbox überschauen konnte. Ich zückte in der kleinen Bankhalle die Pistole, wobei ich mich beim Herausziehen ein wenig vernestelte, zog den Pistolenschlitten durch, um mit dem metallischen Klicken meinem Anliegen Nachdruck zu verleihen, und rief: »Das ist ein Überfall! Sie haben dreißig Sekunden Zeit, um auszuzahlen!« Fast wäre ich einem Lachanfall erlegen, da ich mir so unendlich albern vorkam.

Doch zu meiner Überraschung funktionierte es. Der Kassierer beeilte sich, meine ihm dargereichte Plastiktüte zu füllen, die anderen Bankangestellten und die einzige Kundin starrten mich wie hypnotisiert an. Adrenalin schoss durch meine Adern.

Mit dem Eintritt in die Bank hatte sich eine Verwandlung in mir vollzogen. Ich bewegte mich plötzlich katzenartig wie ein Raubtier, konzentriert bis in die Nervenspitzen und fokussiert auf das Ziel. Mein Bewusstsein war kristallklar, ein geradezu wollüstiges Gefühl der unwiderruflichen Grenzüberschreitung erfüllte mich wie im Rausch.

In diesem Moment betrat ein älterer Herr, in dickem Mantel und mit einem altmodischen Hut auf dem Kopf, den Raum. Er bemerkte überhaupt nicht, was los war. Er ging nach vorn an die Kasse und hantierte an einem der Ständer mit Bankformularen herum. Ratlos drehte er sich schließlich zu mir um und fragte mich freundlich: »Könne Se mer sache, wo hier die Überweisungsformulare sinn? Isch finn se net in dem ganze Durschenanner.«

»Einen Moment …« Ich nahm die Pistole von der rechten in die linke Hand und zog nach einem Moment des Suchens das Formular aus dem Ständer, in dem wirklich ein ziemliches Chaos herrschte. In diesem Moment sah ich, wie eine Bankangestellte aufgeregt in ihr Telefon sprach. Ich trat auf sie zu. Ich hatte die Pistole abgewandt, mit dem Lauf schräg nach oben. Mit ruhiger Stimme sagte ich: »Lassen Sie's! Spielen Sie nicht die Heldin, Sie gefährden nur uns alle.« Dann ging ich zurück zur Kassenbox.

»Wo muss isch 'n hier dn Absender eintrache, sinn das neue Formulare?« Der ältere Herr wandte sich wieder an mich, als ich gerade den zögerlich gewordenen Kassierer anwies, weiter Geld in die Tüte zu füllen und sich nicht ablenken zu lassen.

»Hier«, zeigte ich, nach kurzem Blick auf das Formular, mit meinem schwarzledernen Zeigefinger auf die Stelle. Dann wandte ich mich wieder dem Kassierer zu.

»Danke, es reicht«, sagte ich schließlich, als ich das Gefühl hatte, dass der Angestellte die erforderliche Summe für die Gießener Kollegen längst beisammenhatte. Außerdem war es höchste Zeit zu gehen. Ich bedankte mich freundlich und warf spontan ein Bündel 20-Mark-Scheine auf den Kassentresen – *»pour les employés«* –, dann verließ ich ruhigen Schrittes die Bank.

Ich ging nicht einfach auf die andere Straßenseite, wo sich der Hauseingang zu Elviras Wohnung befand, so verlockend es auch war, sondern schlenderte um den Block, trat in einen kleinen, mit Mülltonnen zugestellten Hinterhof und stopfte den Motorradhelm in einer weiteren mitgebrachten Plastiktüte in eine der Tonnen. In diesem Moment trat aus dem Hauseingang ein Mann; ich fragte nach einem Fantasienamen und erfuhr, dass dessen Träger leider nicht in dem Haus wohne. Als ich, mit offenem Haar und hellem Norwegerpulli – den Parka mit Pistole und Beute hatte ich unter dem Arm zusammengerollt –, wieder auf die Straße trat, trafen gerade zwei Polizeiwagen vor der Bank ein. Ich kaufte in der nicht weit von der Bank entfernten Bäckerei eine Tüte frische Brötchen und schlenderte an den Polizisten vorüber in Elviras Haus.

»Wo warst du?« Elvira war noch im Bett. Ihr Ton klang vertraut vorwurfsvoll.

»Brötchen holen.« Ich hielt die Tüte hoch. »Du, ich glaube, gegenüber ist gerade die Bank überfallen worden.«

»Was?« Elvira sprang aus dem Bett und stürmte ans Fenster. Auf der Straße standen die zwei Polizeiwagen und ein offensichtlicher Kripowagen mit den Schnauzen direkt vor dem Bankeingang. Fragende Polizisten, aufgeregt durch die Gegend zeigende Zeugen und neugierige Passanten bildeten einen Pulk.

»Warst *du* das?«, scherzte Elvira und schmiegte sich warm an mich.

»Ja klar«, sagte ich und lächelte. Für einen Moment überlegte ich, eine Flasche Sekt zu köpfen und mit Elvira ein Gläschen auf die erfolgreiche Transaktion zu trinken. Doch das erschien mir unangebracht. Ich war zwar noch immer wie berauscht, aber ich empfand keinen Triumph. Ich hatte keinen Sieg errungen (allenfalls über meine Angst). Ich hatte nur ein Geldproblem gelöst.

Ich musste den Zug um 11.45 Uhr nehmen, um rechtzeitig das Geld bei der Gießener Bank einzahlen zu können. Elvira begleitete mich zum Bahnhof. Wir tänzelten beschwingt durch Frankfurts Straßenschluchten. Über uns ragten die Türme der Macht auf, und ich schaute unwillkürlich hoch und entbot meinem Brüderchen und seinen Herren Kollegen einen stummen spöttischen Gruß.

Als wir auf die Kaiserstraße traten, schon in Sichtweite des Hauptbahnhofs, trat ein kleinwüchsiger, blondierter Transvestit asiatischer Herkunft aus einem schmuddeligen Hauseingang, stürzte sich auf mich und versuchte, mir den Rucksack mit dem Geld zu entreißen. Ich hielt die Tasche fest wie der Ertrinkende die Schiffsplanke. Der kleine Kerl befand sich ganz offensichtlich in Entzugsnöten. Doch als er eine Zeit lang vergeblich an dem kostbaren Behältnis gezerrt hatte, ließ er schließlich beleidigt ab, trat einen Schritt zurück und entblößte böse grinsend ein mit riesigen vergilbten Hauern ausgestattetes Gebiss.

»Scheiß asozialel Wichsel«, blaffte der asiatische Zwergtransvestit und war kurz danach um die Ecke verschwunden.

»Die können ja wirklich kein ›R‹ aussprechen«, sagte ich verwundert und erinnerte mich an den grauenhaften Zwerg mit dem Hackmesser aus *Wenn die Gondeln Trauer tragen*, während Elvira sich vor Lachen schüttelte.

Auf der Fahrt nach Gießen lag noch immer ein nebliger Schleier über der kahlen Landschaft, doch in meinem Innern herrschte tropischer Sonnenschein. Als der Zug in

Bad Nauheim hielt, einem kleinen verschlafenen Kurort, in dem einst der fast kahl geschorene Elvis seinen Militärdienst ableisten musste, blickte ich in das Abteil eines Zuges, der auf dem nächsten Gleis hielt. Eine bis auf enge Augenschlitze schwarz vermummte muslimische Frau schaute mich direkt an, mit tiefschwarzen Augen, die mich für einen Wimpernschlag zu durchbohren schienen.

Als ich in Gießen die Stufen zu unserer WG in den beiden oberen Geschossen hochstürmte, kam mir auf der Treppe unser Anwalt entgegen.

»Na?« Er schaute mich vorwurfsvoll an. »Die Mädchen sitzen oben auf heißen Kohlen.«

»Alles klar. Ich hab die richtigen Kohlen, die können sie direkt bei der Bank abliefern.«

»Was? Du hast das Geld?!« Er sah mich fragend an, aber ich ließ ihn stehen.

Oben umringten mich die Mädchen aufgeregt. Ich pfefferte das Geld auf den Küchentisch. Debbie und Manuela fielen mir um den Hals.

»Hast du 'ne Bank überfallen?« Daniela strahlte mich an.

»Klar, was sonst«, erwiderte ich (mit der Wahrheit konnte man immer noch am besten lügen). Keine von ihnen glaubte mir, und keine stellte weitere Fragen. Das war gut so, aber ich war doch ein wenig überrascht. Die Mädchen hatten offensichtlich nie auch nur den leisesten Zweifel gehabt, dass ich das Geld auftreiben würde. Debbie erklärte sich freiwillig bereit, das Geld zur Bank zu bringen. Es war 13.15 Uhr. Alles im Soll.

Auf der Rückfahrt hatte ich das erbeutete Geld auf der Zugtoilette gezählt. Es waren fast 10 000 DM gewesen, über 3000 DM waren also noch übrig.

Am frühen Abend lag ich mit Manuela, meiner liebsten Mitbewohnerin, und Lea, meiner jungen, androgynen Freundin, bei Kerzenlicht, Rotwein und zu den Klängen von »Sticky Fingers« in unserer riesigen WG-Badewanne, während der Regen sanft gegen die Fenster schlug. Danach lud ich all meine Freunde zu einem großen Fress- und Saufgelage in ein Chinarestaurant ein und später ins Scarabée, unseren zentralen Gießener Szene-Club (»Reiner, haste 'ne Bank überfallen?« – »Klar, was sonst«). Am darauffolgenden Morgen trampte ich im strömenden Regen nach Hamburg. Von dort nahm ich den Zug nach Sylt.

Auf der Fahrt nach Sylt traf ich die Entscheidung, gezielt Banken anzugreifen. Warum? Ein schlichtes Motiv, das mich überhaupt zu diesem ersten Banküberfall geführt hatte: Ich brauchte mehr Geld, als ich hatte – und wo gab es mehr Geld als in einer Bank? Und was machte mehr Freude, als die Ausplünderer auszuplündern?! Es war der ersehnte Bruch mit meinem sinnenfreudigen, doch mittlerweile verkrusteten Bohemienleben, dem ich frisches, aufregendes Blut einflößen wollte.

Getrieben von einem tief verwurzelten anarchistisch-rebellischen Lebensgefühl, empfand ich mich als individualistischen Träumer, als romantischen Outlaw und Desperado, der es liebte, mit Charme und Fantasie Regeln und Tabus zu brechen, als einen Outlaw, in dem eine ungestüme, selbstzerstörerische Wut kochte auf jegliche Form von Ungerechtigkeit, Autorität und unkontrollierter Macht. Doch es ging auch um die Intensität des Lustgewinns, wenn ich die in meinen Augen alles durchdringende Allianz von Kapital und Staatsmacht mit meinem gezielten Angriff auf die Filialen multinationaler Bankkonzerne lächerlich machen konnte. Und wenn ich auf meine ganz persönliche Weise eine, wenn auch noch so geringfügige, *Umverteilung* der ungerecht verteilten gesellschaftlichen Ressourcen vornahm. Dabei jonglierte ich mit den Schablonen früher Jugendideale – mit Robin Hood, Jesse James und der Zorro-Figur, die ich erst noch entwickeln sollte.

Dass ich einmal für viele Jahre ins Gefängnis gehen würde, weil ich den Banken einige Hunderttausend Euro geraubt hatte, während Banker den Bürgern zumeist unbehelligt Milliarden Euro rauben können, ohne dass sich an ihrem selbstherrlichen, luxuriösen Leben etwas ändert, beweist mir im Nachhinein die schon zu Beginn meiner Bankräuberlaufbahn tief empfundene Ungerechtigkeit und Infamie samt einer perversen Verzerrung moralischer Werte in unserer Gesellschaft. Mir kam immer wieder Bertolt Brechts Satz in den Sinn, mit dem er schon vor vielen Jahrzehnten aussprach, dass die Banker die viel cleveren und bedeutend effizienteren Bankräuber sind: »Was ist ein Bankraub gegen die Gründung einer Bank?« (Brecht nannte einen Bankraub auch »eine Initiative von Dilettanten. Wahre Profis gründen eine Bank.«)

Der Vergleich zwischen den beiden Antipoden – Banker und Bankräuber – drängt sich mir heutzutage geradezu auf: Der legale Bankräuber (der Banker) und der illegale Bankräuber (der Outlaw) unterscheiden sich für mich lediglich in den angewendeten Methoden. Der illegale Bankräuber greift die Banken von außen an, der legale agiert dagegen von innen, aus dem System heraus, und nutzt den Heiligen Geist der Profitmaximierung und die entsprechenden Strukturen einer Bank für seinen persönlichen Gewinn. Zudem ist der legale Bankräuber tausendmal erfolgreicher als der illegale. Und schließlich unterscheiden sie sich darin, dass der legale Bankräuber nur selten für seine Verbrechen zur Verantwortung gezogen wird und zudem bei anderen gesellschaftlichen Machtgruppen hohes Ansehen genießt, wohingegen der illegale Bankräuber, wenn er denn gewaltlos und mit einer gewissen nonchalanten Eleganz vorgeht, nur so lange Sympathien und Interesse bei der Öffentlichkeit erweckt, wie er erfolgreich und nicht greifbar ist und, mit der rebellisch libertinären Clownsnase, durch seine Aktion auf die den meisten Menschen bewusste soziale Ungerechtigkeit hinweist.

Bleibt der legale Bankräuber also fast immer unbehelligt, so wird der illegale mit drakonischen Strafen sanktioniert und verschwindet für viele Jahre im Gefängnis – nicht weil das dafür zuständige Gesetz grundsätzliche Moralvorstellungen verteidigt, sondern den Herzschlag des Kapitalismus, den ungestörten Geldkreislauf, den von den gesellschaftlichen Machtcliquen beherrschten Kapitalfluss. Darein fügt sich, dass in der menschenverachtenden Geldgesellschaft die minimale symbolische Vergewaltigung des (ungerechten) Kapitalflusses durch den illegalen Bankräuber (wie ich einer war) weit drastischer bestraft wird als die physisch und psychisch reale, lebenslänglich zerstörende Vergewaltigung von Kindern, Frauen und Männern – eine Wirklichkeit, die ich später im Gefängnis anschaulich erleben sollte.

Wahrscheinlich gerät fast jeder normale Bürger irgendwann einmal zwischen die Mühlsteine einer Bank und stellt sich insgeheim vor, eine Bank zu überfallen. Viele empfinden die Banken als eine bedrohliche kafkaeske Macht, die, besonders in kritischen Zeiten, massenhaft Individuen dem

Ruin und der Vernichtung preisgibt. Auch aus diesem Grund wird der Bankräuber zum häufig sympathiegetragenen individuellen Angreifer auf das Herz dieses bedrohlich unüberschaubaren Machtsystems und gleichzeitig zum einsamen gejagten Gegenspieler eines übermächtigen Polizeiapparates, der dieses Machtsystem schützt.

Ich war schon immer von dem Tabubruch des Bankraubs fasziniert gewesen – wenn er gewaltlos und mit spielerischer Eleganz durchgeführt wurde. Rüde oder gar gewalttätige Aktionen hatten mich stets abgestoßen, wie auch die Banküberfälle der RAF, die ihre martialischen Attacken nicht einmal in individueller Verantwortung, sondern im feigen Kollektiv durchgeführt hat.

Ich wollte Banken überfallen, gewaltlos, mit minimaler, »gespielter« Bedrohung, mit ebendem Stil und der spielerischen Eleganz, wie sie sich fast jeder pubertierende Junge nach einem Jesse-James-Film einmal vorgestellt hat. Und ich wollte, im Zuge einer »gerechteren Umverteilung«, nicht nur mir armem Hund die Taschen füllen, sondern einen Teil an soziale Organisationen weitergeben. Nicht aus einem schlechten Gewissen heraus – o nein, mein Gewissen fühlte sich großartig an. Es würde guttun, die Spenden zu geben (und sie auch noch bei einer anderen Filiale einer überfallenen Bank einzuzahlen), und es würde ein gutes Gefühl sein, Freunden und Bekannten auszuhelfen, von denen ich wusste, dass sie Geld gebrauchen konnten.

Damit kein Missverständnis entsteht: Es geht mir nicht darum, mich als guten Menschen hinzustellen. Ich weiß ganz genau, dass wir alle im besten Fall doch nur das tun, was wir tun müssen, wonach es uns drängt, womit wir uns den größten Erfolg erhoffen und wobei wir uns am wohlsten fühlen – ob nun mit sogenannten guten oder schlechten Taten (wobei die jahrtausendealte Geschichte zeigt, dass der Mensch sich, auf lange Sicht gesehen, bei den guten Taten noch immer am wohlsten fühlt).

Mein Ziel war, ein smarter Cavalheiro des Bankraubs zu werden. Und wie es dreizehn Jahre später im Kölner Prozessurteil festgehalten wurde, sollte mir das auch gelingen: »Der Angeklagte war«, heißt es da, »während der Überfälle bemerkenswert ruhig, zielstrebig« vorgegangen, »sehr konzentriert, routiniert, schnell und direkt«. Und: »Die Taten spielten sich in Minutenschnelle ab« – sodass viele der in der Bank anwesenden Angestellten und Kunden die Überfälle gar nicht mitbekommen hatten, oder aber erst dann, wenn alles bereits vorüber war. Aufgrund der »ruhigen, konzentrierten und schnellen« Vorgehensweise kam es zu »keinen schwerwiegenden Folgen für die Opfer«. In einem Fall »hat der Angeklagte in einer Bank einer alten Dame einen Sitzplatz angeboten«.

In diesem Zusammenhang ist mir im Nachhinein zweierlei wichtig: Jahre später im Gefängnis sprachen Mitgefangene von dem »geilen Machtgefühl«, das sie empfanden, wenn sie Menschen mit einer Waffe bedrohten. Ich habe dieses Machtgefühl so nie erlebt oder gar genossen. Ich tat alles Notwendige, um meine Geldforderung in der Bank durchzusetzen, doch die Wirkung der Macht der Bedrohung – und die ist natürlich auch bei einer »sanften« Bedrohung offenkundig – machte mich unter meiner Maske eher verlegen und beschämte mich. Der entscheidende Punkt, der mir erst als Gefangener bewusst geworden war, ist aber folgender: Bei aller Kalkulation und Voraussicht, mit der ich glaubte vorzugehen, hatte ich die ganz individuelle Wirkung dieser objektiv existierenden Bedrohung völlig aus meinem Bewusstsein geblendet, und ich habe bis heute keine für mich befriedigende Antwort darauf gefunden, wie das geschehen konnte. Ich hatte die ganze Sache als Spiel, als mein Spiel mit dem Feuer, gesehen, ohne in Betracht zu ziehen, dass sich andere Menschen dabei verbrennen könnten.

Als die lange Reihe der Prozesszeugen auftrat, nahmen mich viele noch in Schutz: »Er war die ganze Zeit sehr höflich.« Und: »Es ist ja auch gar nichts passiert.« Doch andere sprachen auch von einem momentanen Schrecken, in den ich sie versetzt hatte. Das ist zweifellos eine Schuld, meine Schuld. Hätte ich diese mögliche Auswirkung damals gesehen (sehen wollen), hätte ich zum Beispiel die Möglichkeit in Betracht gezogen, dass auch Kinder hätten anwesend sein können – was glücklicherweise nie der Fall war –, hätte ich die Überfälle nicht begangen. Denn natürlich ist jeder Banküberfall – auch einer, der ohne Einsatz tödlicher Waffen, ohne äußerliche Aggression durchgeführt wird – ein gewaltsamer Akt, da die Opfer, wenn auch nur kurzfristig, in Geiselhaft genommen werden.

Erst viel später sollte mir klar werden, dass die Motivation für die Banküberfälle aber nicht nur eine romantisch-verklärende Seite hatte, sondern auch eine nihilistisch-selbstzerstörerische. Ich verstieß mit meinen Taten gegen meine pazifistische Überzeugung von ausschließlich friedlicher Konfliktlösung, ich verletzte mein grundsätzliches Sozialgefühl.

Was mein Selbstverständnis als Bankräuber betraf, hatte ich das Recht auf den Banküberfall allein für mich in Anspruch genommen. Jedem anderen versuchte ich, eine solch aberwitzige Idee auszureden. So wie einmal einem völlig verschuldeten Musikerbekannten in Lissabon, dem ich zwei Stunden »ins Gewissen redete«, bis er sein Vorhaben aufgab. Später im Gefängnis kamen immer mal wieder Mitgefangene auf mich zu und fragten wissbegierig, wie »Zorro es denn gemacht« hätte, ohne je während oder nach einem Überfall gefasst worden zu sein oder Spuren zu hinterlassen. Ich bedeutete ihnen dann regelmäßig, eine Ausbildung zu machen, sich eine anständige Arbeit zu suchen und eine kleine Familie aufzubauen – und damit ihrer doch eigentlich kleinbürgerlichen Lebenseinstellung auch ein entsprechendes Fundament zu geben. Außerdem musste ja auch ich offensichtlich einen Fehler begangen haben, ansonsten würde ich hier nicht mit ihnen zusammenstehen.

Beim recht dürftig geplanten ersten Überfall war ich noch, ohne groß nachzudenken, mit einer leeren Gaspistole in die Bank gestürmt. Das sollte sich ab dem zweiten Überfall ändern. In der ersten Kammer meiner Pistole würde immer eine leere, sprich: eine vorab abgefeuerte, in der zweiten eine scharfe Schreckschusspatrone stecken. Die war für mich selbst bestimmt, falls ich in eine ausweglose Situation geriet. Ich ging in jeden Überfall mit dem Gedanken: »Die Sterne oder der Tod!« Den Suizid hatte ich immer als letzte Möglichkeit gesehen: stolz und frei aus dem Leben scheiden anstatt in einem Sieben-Quadratmeter-Loch verrotten. Zudem wäre die letzte Konsequenz auch die letzte und endgültige Genugtuung über die Häscher gewesen, denen der Triumph, mich gefasst zu haben, auf ewig versagt geblieben wäre.

Erleichtert wurde mir dieser Ausstieg aus dem unausgesprochenen und von mir niemals unterschriebenen Gesellschaftsvertrag dadurch, dass ich ohnehin nicht ganz

»normal« war: Ich hatte mich nie in eine wie auch immer geartete Kollektivität eingebettet und zu Hause gefühlt. Menschliche Gemeinschaften erschienen mir fremd und bedrohlich. Vom frühesten Kleinkindalter an war mir jegliches gesellschaftliches Regel- und Verhaltenskorsett zu eng – selbst den Kindergarten hatte ich brüllend boykottiert, und meine Eltern mussten mich schon am ersten Tag herausnehmen.

Das gezeterte »Du bist doch nicht normal!«, »Warum kannst du nicht so sein wie andere Kinder?!«, das ich von meiner Mutter, unter den begleitenden Schlägen meines Vaters, wohl so häufig hören musste wie keine anderen Worte in meinem Leben, äußerten sich auch in meinem ersten und letzten Zoobesuch mit zweieinhalb Jahren. Während all die anderen lieben Kinderlein dankbar mit ihren Familien den sonntäglichen Zoobesuch genossen, schrie ich immer wieder nur verzweifelt »Lasst die Tiere frei!« und wälzte mich so lange brüllend auf dem Boden, bis meine Eltern mit mir entnervt das weitläufige Tiergefängnis verließen (wie mir später berichtet wurde). Ich ahnte wohl damals schon, dass dieses Leben nicht gut für mich ausgehen würde.

Manche Menschen passen eben einfach nicht in die gesellschaftlich verordneten Stiefel – und sie vermögen auch nicht hineinzuwachsen. Niemand ist dafür verantwortlich, sie haben ganz einfach eine andere Sicht der Dinge – und weder Brillen noch Schokolade, weder Pillen noch Schläge, Zwangsjacken oder Elektroschocks (wie Lou Reed, den ich als Seelenbruder empfand, sie als renitenter Jugendlicher erdulden musste) können das ändern. (»Seht, in meinen Augen spiegeln sich alle Dinge umgedreht«, heißt es bei François Villon.) Alles menschlich Organisierte empfand ich als bedrückend, ob nun im grobschlächtigen Elternhaus, im Kindergarten, in der autoritären Schule bis hin zum organisierten anarchistischen Widerstand, den ich zum Ärger meiner humorlos rebellischen Mitstreiter nur parodistisch ertragen konnte.

Die Menschen allgemein waren mir suspekt, insbesondere in Anhäufungen, ob nun in Familien, Vereinen, Kollektiven, ob in Eliten oder eng oder breit angelegten Bewegungen. Auch den entindividualisierenden, von Verhaltensdiktaten bestimmten Protestbewegungen, von Studenten-, Hippie-, Punk- bis Friedens- und Anti-AKW-Bewegung, misstraute ich zutiefst, ohne deren Errungenschaften schmälern zu wollen. Fasziniert war ich von der individualistischen Dada-Bewegung aus dem ersten Viertel des 20. Jahrhunderts, vor allem aber von den ruhelos romantischen Vertretern der Beat-Generation der Vierziger- und Fünfzigerjahre, die ironischerweise ja nur aus einer Handvoll avantgardistischer Poeten und Rebellen bestand, die eine radikal individualistische ekstatische Existenz jenseits aller Bürgerlichkeit in Leben und Kunst suchten.

Meine Kindheitsidole waren daher auch nicht Winnetou und Micky Maus, sondern Geronimo (der letzte große Kriegsschamane der Apachen, der nach dem fast vollständigen Untergang der indianischen Stämme mit einigen Kriegern einen einsamen Guerillakrieg gegen die weißen Eindringlinge führte), der Freibeuter Klaus Störtebeker (der die sich mästenden Pfeffersäcke ausplünderte) und Billy the Kid (den mir auch besonders die Legende sympathisch machte, er habe im Alter von zwölf Jahren seinen Vater erschossen). Da mein Bruder und meine Cousins über zehn Jahre älter waren als ich, fielen mir die Jugendbücher über diese Helden schon in Kindheitstagen in die Hände. Wie bei echten Vagabundenseelen nicht unüblich, blieb ich an diesen pubertären Jugendfantasien hängen und liebe diese Burschen noch heute, wohingegen der Bruder bald Karriere als Manager einer großen deutschen Bank machte und die Cousins erfolgreich ins Versicherungsgeschäft oder die Politik einstiegen. Ich hingegen fühlte mich vor allem glücklich, wenn ich allein war, allein in der winterkalten Einsamkeit der Sterne, unterwegs in der Bewegung der Straße oder in den wärmenden Kosmen der Dichtung und Musik – oder in der ekstatischen Umarmung einer Frau.

Auch jetzt, im Zug auf dem Weg nach Sylt, fühlte ich mich so befreit wie schon lange nicht mehr, während draußen die winterliche deutsche Küstenlandschaft Emil Noldes an mir vorüberzog. Mit einem sanften Lächeln summte ich Velvet Undergrounds »Beginning to See the Light« vor mich hin.

In der frühen Abenddämmerung kam ich in der Inselhauptstadt an. Ich lief direkt zum Meer – und wäre fast vom Sturmwind von der sandverwehten Promenade zurück in das Touristenstädtchen gefegt worden. Ich stieg zu dem verwaisten Strand hinunter und machte mich, vornübergebeugt gegen die Sturmböen ankämpfend, auf den muschelknisternden Weg zur Südspitze der Insel.

Ich befand mich inmitten des auskeuchenden Orkans der letzten Nacht, der große Stücke der vorderen Dünenkette abgerissen hatte. Die See grollte und warf sich in schwarz brausender Hingabe auf den flutdurchnässten Strand. Der tiefe, schwarzgrau verhangene Himmel war von violett bleiernen Schwaden durchzogen. Schon lange hatte ich Westerland hinter mir gelassen und lief in eine sich immer mehr verengende Strandschneise zwischen der aufgewühlten See und einer vom Orkan senkrecht abgerissenen, ungefähr drei Meter hohen Dünenwand – eine Schneise, die auch in meinem Rücken langsam von der Flut zusammengedrückt wurde.

Längst war das Grau des Himmels mit dem abgründigen Meeresschwarz verschmolzen, als es heftig zu regnen begann. Eisige Regenschnüre peitschten über das tosende Meer, durchzuckt von gleißenden Blitzschlägen, hinter denen schwere Donner durch den Äther splitterten.

Triefnass und aufgewühlt wie die See, keuchte ich und lachte in den heulenden Sturm hinaus, während sich die Schneise zwischen Dünenabbruchwand und dem nach meinen Füßen züngelnden Meer immer mehr verengte.

Eine Ewigkeit hatte ich schon kein Licht einer menschlichen Ansiedlung mehr gesehen. Ich versuchte, die sandige Abbruchkante zu erklimmen, zumal ich in einem Blitzschein erkannte, wie hundert Meter vor mir auch der letzte schmale Strandpfad überspült war und die Wellen bereits am Fuß der Düne zerrten. Doch ich fand keinen Halt in der sandig zerbröselnden Wand und rutschte immer wieder zurück auf den mittlerweile gänzlich überfluteten Strand. Der Gewittersturm hatte sich ausgetobt, der Regen wurde schwächer, dafür begannen jetzt nasse Schneeflocken aus dem schwarzen Nichts herabzusinken. Ich stapfte unterdessen bis zu den Knöcheln im Meerwasser, in der Hoffnung, in der Düne auf eine Schneise zu stoßen. Durch die langsam steigende Flut lief ich weiter, mich seitlich an der bröckelnden Dünenwand abstützend. Plötzlich ragten die zersplitterten Planken eines Holzstegs aus dem Wasser auf, die den Weg zu einer halb überspülten Dünenschneise wiesen, durch die ich mich, auf allen vieren kriechend, schließlich in Sicherheit brachte.

Unter mir, in einer großen Mulde, lag eine menschliche Ansiedlung, mit kleinen warm erleuchteten Fenstern. In der Dorfschenke bekam ich ein Zimmer, warme Kleidung und ein heißes Essen. Eine sinnlich verführerische Wirtstochter à la Gina Lollobrigida gab es leider nicht – dafür den geistig glücklich zurückgebliebenen Sohn des Hauses, der vor dem offenen Kaminfeuer heiter glucksend vor sich hin murmelte, während er seinen Oberkörper langsam hin und her wiegte und auf seinem kahlen, höckerigen Schädel eine schwarzgraue Ringelsocke trocknete. Daneben saß ich mit den alten Männern des Ortes zusammen und lauschte bei Bier und Korn bis tief in die Nacht hinein wilden See- und Sturmgeschichten.

RÜCKSCHAU I

Sylt war die Insel, auf der ich einst als Kind glückliche Sommertage verbracht hatte. Mit fünfzehn verlor ich in den Sylter Dünen während einer Sommerfreizeit meine Unschuld, gemeinsam mit meiner vierzehnjährigen Ferienprinzessin.

Sylt, die Strände Italiens und die Winterwälder des Schwarzwalds, durch die ich als Kind stundenlang allein stapfte – dort erlebte ich meine Ferienmomente des Glücks, den Rest des Jahres verbrachte ich in einem düsteren Käfig, der sich aus grobschlächtigem Elternhaus, nicht minder verhasster Schule und miefiger Kleinstadt zusammensetzte. Geboren wurde ich in Kassel. In die Kleinstadt waren wir gezogen, da mein Vater, Bundesgrenzschutz-Offizier und ehemaliger junger Zweiter-Weltkrieg-Leutnant, als Dienststellenleiter den dortigen Standort des BGS übernahm (der Bundesgrenzschutz war damals eine militärisch organisierte Elitepolizeitruppe, der auch die Burschen der Antiterroreinheit GSG 9 entspringen).

Militärstandorte waren mir seit meiner Kindheit so vertraut wie anderen Kindern der Kindergarten. Ich ging häufig nach der Schule in die Kaserne zu meinem Vater, um mit ihm im Offizierskasino zu essen. Als ich zwölf war und meine Eltern von meinem Klassenlehrer erfuhren, dass ich grundsätzlich nie Hausaufgaben machte und wochenlang die Schule geschwänzt hatte, schloss mich mein Vater einen ganzen Winter lang nachmittags in der Kaserne in einem leeren Büro ein. Das Büro lag auf dem Kommandogang meines Vaters. Dort machte ich erst recht keine Hausaufgaben. Ich las Bücher, die ich heimlich in meine Haftzelle geschmuggelt hatte, und schrieb glühende Hassgedichte. Einmal, als ich auf die Toilette musste, mir aber niemand aufschloss, pinkelte ich aus dem Fenster. Das Büro befand sich im zweiten Stockwerk. Ich stellte mich dazu in den Fensterrahmen und versuchte, einen herumbrüllenden Unteroffizier zu treffen, der gerade seine Rekruten schikanierte. Als er entgeistert zu mir hochstarrte, wiederholte ich brüllend seine Kommandos: »Ich reiß euch den Arsch auf, dass euch die Scheiße in der Rosette kocht.« Die Rekruten krümmten sich vor Lachen, der Stiernacken bekam einen Tobsuchtsanfall. Ein Ordonnanzoffizier schloss eine halbe Stunde später die Tür auf, schaute mir mit zusammengepressten Lippen ins grinsende Gesicht und schloss wieder ab. Niemand informierte meinen Vater, der sich gerade auf einem Hubschrauber-Inspektionsflug über der sogenannten Zonengrenze befand, von dem Vorfall. Ich war der missratene Sohn des Chefs und genoss als solcher eine gewisse Narrenfreiheit.

Zur Schule ging ich oft mit Rohrstockstriemen. Ich war regelmäßig Gast bei Verweiskonferenzen, hielt den Schulrekord im Schwänzen und hatte als Vierzehnjähriger (als Einziger in der ehrwürdigen Geschichte des Albert-Schweitzer-Gymnasiums) in Betragen eine Sechs bekommen (wobei man schon mit einer Drei als ausgemachter Rüpel galt).

Mein großer Bruder und meine Familie waren mir fremd, die Menschenwelt ganz allgemein war mir unverständlich und ich schon als Kind ein Außenseiter. Wie später auch als Erwachsenen wusste man mich nicht einzuschätzen. Allgemein galt ich als verrückt und unberechenbar. Von den anderen Kindern wurde ich respektiert und gefürchtet, da ich mich, ohne zu zögern, in die waghalsigsten Mutproben stürzte und die derbsten Streiche ausheckte, vor denen meine Mitstreiter allesamt zurückschreckten. Andererseits galt ich als verweichlicht, weil mich Prügeleien abstießen und ich empört dazwischenging, wenn irgendwo mit sadistischem Genuss Tiere gequält wurden. Ich konnte hingegen ganze Nachmittage damit verbringen, Käfer, Fliegen und Wespen zu retten, die in unseren Pool gefallen waren. Im scheinbaren Gegensatz dazu machte ich mir an endlos langweiligen Kindheitstagen als Zehnjähriger eine Freude daraus, aus der Dachluke unserer Villa mit dem Luftgewehr vorüberfahrenden Mercedes den Stern vom Kühler zu schießen (das Haus meines Vaters – Offizier und Hobbyjäger – war voller Waffen, und ich übte mich früh als Scharfschütze). Zumeist tauchte ich jedoch tief in meine Tagträumereien und die poetischen Fantasielandschaften und Abenteuer, wie sie mir vor allem die Bücher boten.

In der bleiernen Zeit des Übergangs vom Kind zum Jugendlichen kam die Rettung aus dem Radio: »Light My Fire«, »Paint it Black«, »All or Nothing« hießen die ersten, heißen Schockwellen, die mich aus dem Äther erreichten, meine junge vereiste Seele aufrissen und mir ein Licht entzündeten. Der Rock 'n' Roll öffnete die Himmel. Alles, was in mir tobte – Schmerz, Wut, Rebellion, erotisches Erwachen,

Sehr verliebt in sich

wilde unbestimmte Sehnsucht –, brach auf und strömte in diesen unendlichen Fluss der Musik, in dem verzweifelte Melancholie, sinnliche Ekstase und poetische Sehnsucht zu einem wilden, vorwärtsdrängenden Strom verschmolzen. Selbst die zerbrochene Einheit mit der Natur schien in diesem Medium, das Sinne und Seele öffnete, zeitweilig geflickt. Der Rock 'n' Roll wurde für mich, wie für unzählige junge Menschen vor mir und nach mir, zum reinen Ausdruck geistig-sinnlicher Befreiung und Rebellion (»We learned more from a three minute record than we ever learned in school«, sang Bruce Springsteen). Es war, als würden sich Seele, Geist und Körper öffnen und zu einer einzigen rebellischen Bewegung straffen, die mich geschmeidig wie eine hungrige Raubkatze durchs feindliche Unterholz des Lebens pirschen ließ. Es war ein Pirschen, ein Strecken und Zusammenziehen und Zum-Sprung-Ansetzen, ein Wippen und Tänzeln und Summen, immer mit einem Lied auf den Lippen (»Strange Days«, »Get off of my Cloud«, »It ain't me, Babe«), das ich dreizehn-, vierzehnjährig manchmal jedem, der es nicht hören wollte, ins entsetzte Gesicht brüllte (»Kick out the Jams, Motherfucker«).

Da mich weder Eltern noch Lehrer bändigen konnten, wurde ich aufs Internat geschickt. Auch dort hatte ich schnell wieder den Ruf eines bösartig rebellischen, nicht fassbaren Sonnyboys und Sportcracks weg. Ich lebte ausschließlich in den Träumen, den Büchern, der Musik und dem Sport, wobei ich der Einzige im ganzen Internat war, der nicht rauchte und jeden Abend die Umzäunung des Kadettengefängnisses verlassen durfte, um in der spirituellen Einsamkeit des Langlaufs zwei Stunden über die Straßen und die verstreuten Dörfer der Umgebung die eigenen Grenzen und die kurzzeitige Freiheit auszukosten. Ich war der Einzige auf dem ganzen muffigen Gymnasium, der lange Haare trug; ich war der in solchen Einrichtungen auch von den Lehrern und Erziehern anerkannte Sportcrack, und vor allem war ich der unangenehme Unruhestifter. Den Mitinternatlern, fast ausschließlich konservativen, Kaschmirpullover tragenden Millionärssöhnchen, war ich ebenso suspekt wie den reaktionären Lehrern, die teilweise stolz ihre Schmissnarben zur Schau stellten. Da ich mich als junger Mensch, früh dem Urvertrauen beraubt, zumeist ungeliebt, unverstanden und von allen Seiten in meiner Verletzlichkeit und persönlichen Freiheit angegriffen fühlte, entwickelte ich zum Schutz, um mir die Menschen vom Leib zu halten, eine manchmal geradezu selbstgefällige Arroganz – eine Selbstherrlichkeit, wie sie sich natürlich auch in den Schilderungen über diese Zeit niederschlägt.

Ich war gerade zarte sechzehn Jahre geworden, als ich auf dem Weg in eine Ferienfreizeit den Zug der deutschen Bundesbahn verließ und das Rückfahrticket wegwarf. Stattdessen trampte ich in diesem Sommer 1970 voller Weltvertrauen nach London, auf der Suche nach dem heiligen Rock-'n'-Roll-Gral. Nachdem ich den Gral auf der Fähre über den Kanal in Gestalt eines schwarzlockigen achtzehnjährigen Au-pair-Mädchens aus München für wenige Stunden im Arm gehalten hatte, war es etwas ganz anderes, was ich im vormals Swinging London fand: schmutzzottelige, in zerschlissene Indiengewänder gehüllte Haschischköpfe, die sich für ein paar Pence von begeisterten Touristen als unverfälschte Hippies fotografieren ließen; zerlumpte, stinkende Hippiewracks, die unterwürfig bettelnd durch die Straßen streunten; langhaarige, auf der Straße verträumte

Sich als herausragend empfinden

Liebessongs klimpernde Freaks, die biederen britischen Versicherungsangestellten nach Büroschluss für anderthalb Pfund den Schwanz lutschten; stumpfäugige, ranzig riechende Hippiemädchen, die erfolglos an den Hintertüren der Clubs auf Rockmusiker warteten oder sich für ein Abendessen und ein paar Pennys an zynische Banker in Nadelstreifen verkauften; abgewichste Hippierotten, die junge, verlorene Ausreißerinnen mit Drogen vollpumpten und danach gemeinsam hinter Parkbüschen vergewaltigten; verwirrte Indienfahrer, die sich in asiatischen Schlagwort-Mantras wiegten, neben Natur-Fetischisten, die den ganzen Tag mit Bäumen sprachen, und solchen, die der Drogenwahnsinn völlig stumm gemacht hatte; selbstverliebte Politfreaks unterschiedlicher linksradikaler Couleur, die ohne Unterlass ideologisch wirklichkeitsferne Gedankentrümmer absonderten; ein Hardcore-Schwulentrupp, der mich eines Nachts in einem Londoner Park zu vergewaltigen versuchte, wo mich ein zufällig vorbeikommender Bobby rettete (ich übernachtete fast immer in Grünanlagen, zumeist im Hyde Park).

Nach meiner Rückkehr ins Internat stürzte ich mich hungrig auf die Bücher, die mir die Welt verständlicher machen sollten. Ich wühlte mich durch Schopenhauer und Nietzsche, quälte mich durch Herbert Marcuse und Ernst Bloch und biss mir die Zähne an der Frankfurter Schule aus. Staubtrockene Analysen voll abstrakter Klarheit, bei völliger Abwesenheit jeglicher sinnlicher Freude. Zum betörenden Ausgleich berauschte ich mich an den Werken von Georg Büchner, Heinrich Mann und Hermann Hesse und an den Gedichten, Balladen und Fragmenten von François Villon, Arthur Rimbaud und Charles Baudelaire, deren Verse ich laut auf der Straße, auf dem Schulhof oder in den düsteren Internatsgängen reklamierte. Die Weltliteratur brachte ich auch in die morgendliche Pflichtandacht ein, indem ich brüllend François Villons Kirchenabrechnung in den Saal schleuderte: »Die Pfaffen lagen bei den Weibern vorn, und bei den Männern umgekehrt.« Mir wurde auch wegen dieser öffentlichen Zurschaustellungen von Lehrern und Erziehern häufig der auf zwei Nachmittagsstunden am Tag beschränkte Ausgang aus dem Internatsgefängnis gestrichen. Die ständigen Strafen und Einschränkungen genoss ich geradezu als leichtmünzigen Preis dieser Freiheit. Ich lernte, dass, wenn man ständig lustvoll die vorgegebenen Denk- und Verhaltensdiktate infrage stellt, sich einem ein ganz eigenes Reich der Freiheit eröffnet.

Die Jahre im Internat waren, wenn ich auch meistens eingesperrt war, wichtig für mich, da ich in dieser Zeit dem Zugriff meines grobschlächtigen Vaters entzogen war. An den Wochenenden, wenn fast alle Schüler nach Hause fuhren, fälschte ich auf dem Internatsurlaubsschein die Unterschrift meines Vaters. Hungrig nach Freiheit und Abenteuer, trampte ich allein durch die Lande und fühlte mich dabei frei wie ein Vogel, für den es keine Grenzen gab: Mal zog es mich ans Meer, mal durch die ländliche Provinz, mal nach Berlin oder Amsterdam. Ich schlief unter einem Baum, im Feld, am Strand, unter einer Brücke oder in einem Rohbau, bei Studenten oder einer Schönen, die mich mitgenommen hatte.

Nach zwei Jahren organisierte ich den Abschied von dieser Kadettenanstalt. Ich ließ es darauf ankommen, dass mich der verhasste Internatsleiter im Bett mit seiner holden Tochter erwischte, wurde der Schule verwiesen und konnte wieder zurück auf mein früheres Gymnasium.

In unserem alten Kaff ging ich nach der Schule wieder häufig zum Essen in die BGS-Kaserne. Fast erwachsen, liebte ich es, mich im Offizierskasino mit den Offizieren meines Vaters anzulegen.

Besonders zuwider war mir der alte Standortpfaffe. Der selbstgefällige Gottesmann, eine blutrotäugige, feist verfressene, stets dem Alkohol gewogene Karikatur seines ohnehin zwielichtigen Standes, hatte womöglich schon den Vernichtungsfeldzug der Wehrmacht in Europa und Nordafrika gesegnet. Jetzt wetterte er gegen ehemalige deutsche Widerstandskämpfer und Wehrmachtsdeserteure ebenso wie gegen uns heutige Kriegsdienstverweigerer, die allesamt von Moskau gelenkt würden. Der Pfaffe war nicht besser oder schlechter als die anderen Offiziere meines Vaters oder mein Vater selbst, aber in seiner Eigenschaft als heuchlerischer Vertreter der christlichen Nächstenliebe war er für mich ein besonders beliebtes Angriffsziel.

Apropos Kriegsdienstverweigerung. Für heutige Jugendliche ebenso schwer vorstellbar wie die Gewissensprüfung, der man sich damals als Kriegsdienstverweigerer vor einem staatlichen Komitee unterziehen musste, ist das vormals weitverbreitete gesellschaftliche Bild des Kriegsdienstverweigerers und Zivildienstleistenden. Solange sie uns nicht unmittelbar als »helfende Engel« in den einzelnen sozialen Diensten erlebten, waren wir für viele, vor allem ältere Mitbürger, »Drückeberger« oder »Feiglinge, die eine Sonderbehandlung brauchen«. Besonderer Beliebtheit erfreute sich auch der Spruch: »Bei Adolf hätten sie euch an die Wand gestellt oder in ein Himmelfahrtskommando an die Ostfront geschickt. Da hättet ihr dann mit den Russen über Kriegsdienstverweigerung diskutieren können.«

Eigentlich unbegreiflich, dass ausgerechnet diese vorbelasteten Alten sich herausnahmen, uns junge couragierte Menschen voller Hass anzuspeien. Diese Alten, die einst die halbe Welt in Asche gelegt hatten und besser als irgendjemand sonst um die Grauen des Krieges wussten, die sie häufig durch ihre Untertanentreue überhaupt erst möglich gemacht hatten. Sie spürten wohl, dass ihre Zeit endgültig abgelaufen war.

Was meine dunkle Wut und innere Zerrissenheit in jenen Tagen steigerte, war das politische Bewusstsein, das in mir heranwuchs. Es war die Zeit des Kollapses der Sechzigerjahre-Revolte. Meine erste große Tramptour als Sechzehnjähriger, die mich 1970 in London in das zerfledderte Herz einer gescheiterten Dekade des Aufbruchs geführt hatte, in der vormals alles möglich schien, hatte mich entscheidend geprägt. Die unpolitische Hippiebewegung war gerade in ihrem eigenen Drogensumpf versunken, während gleichzeitig der politische Sturm der Rebellion der Achtundsechziger in sich zusammengebrochen war. Ihre Protagonisten hatten sich entweder resigniert auf dem bürgerlichen Karriereweg davongeschlichen oder waren in zahllose unterschiedliche linksradikale Gruppierungen zerfasert, die sich untereinander in ideologischen Grabenkämpfen aufrieben. Sie dümpelten sektenhaft in irrealen politischen und esoterischen Paralleluniversen nebeneinander her oder radikalisierten sich, verließen vollends den gemeinsamen humanistischen Ausgangspunkt der Revolte und gingen den Weg der Gewalt und des Terrors.

Ich wuchs auf in einer Zeit, in der die politische Aufbruchsbewegung gescheitert und zersprengt, die musikalische Rebellion längst kommerziell vereinnahmt war. Ich wuchs auf im Tal einer zurückflutenden Welle, die noch vor Kurzem auf ihrem leuchtenden Kamm alle Verheißungen gesellschaftlicher Umwälzung und individueller Befreiung getragen hatte.

So stand ich in der Zeit meines Erwachens, noch berührt von dem Nachglühen des einstigen Lichts des Aufbruchs, in dieser verschäumend auslaufenden Brandung zersprengter Träume und Hoffnungen und suchte meinen Weg. In der Spannungswüste zwischen gescheiterten, utopisch einfältigen Lebensentwürfen, deren verwirrter Pervertierung und angepasstem Pragmatismus verklumpte bei mir die visionäre Fata Morgana zu einzelgängerisch rebellischem Existenzialismus.

Nicht nur in den Ferien im Sommer, sondern auch im Frühjahr, Herbst und Winter war ich auf ruhelosen Tramptouren durch Europa unterwegs. In jedem Land, durch das ich kam, ob nun in England, in Frankreich, Jugoslawien oder Griechenland, ob in den Nordländern oder den Beneluxstaaten, musste ich mich der Schuld der Elterngeneration und meiner Scham für ihre Taten(losigkeit) stellen. So stand man als junger Deutscher in den Siebzigern an zwei Fronten: Im Inland schlug einem der Hass der Alten entgegen, die sich in ihrem kleinbürgerlich saturierten Seelenfrieden gestört fühlten, nicht nur weil man eine andere Welt als die ihrige wollte, sondern vor allem, weil man den dunklen Schlamm ihrer geschönten und verdrängten Erinnerungen aufwühlte, sie mit den Fakten konfrontierte und konkrete Fragen stellte. Im Ausland wiederum wurde einem als jungem Deutschen vonseiten der dortigen, von der Kriegs- und Besatzungszeit gezeichneten Alten häufig mit Abwehr, Misstrauen und Unbehagen begegnet, was man nicht immer dadurch auflösen konnte, dass man sich der

Schuld der eigenen Eltern mit der Scham stellte, die diese eigentlich hätten empfinden sollen.

Was für die heutige junge Generation glücklicherweise völlig unverständlich ist, war die tiefe Ernsthaftigkeit, das germanisch düstere Pathos einer geradezu exhibitionistischen Sühnehingabe vieler meiner und der vorangegangenen Generation in Deutschland – für etwas, was nicht sie, sondern ihre Eltern zu verantworten hatten. Die Schuld der Eltern wurde von vielen jungen deutschen Menschen als fühlbare Bürde empfunden, die sie häufig mit einer geradezu besessenen Gewissenhaftigkeit trugen. Eine Bürde, an der so mancher Nachgeborene zerbrach, bis zum Freitod hin, während die meisten der verantwortlichen Alten sich in einer miefigen, intolerant autoritären Spießigkeit eingerichtet hatten und selbstzufrieden sich selbst und ihre gloriose Wirtschaftswunderleistung feierten, die sie von aller Schuld freisprach und ihren undankbaren Bälgern ja erst ermöglichte, so unbeschwert den Rand aufzureißen.

Als ich wieder auf meine alte Schule zurückkehrte, traf ich auf Jessica. Jessica war eine heißblütige Schönheit, ein Wesen voller Poesie und Klugheit. Sie war in einer anderen Klasse. Beides Alphakatzen, strichen wir vom ersten Moment an misstrauisch umeinander herum. In den schulischen Diskussionsforen, vor allem während der Deutschstunden, lieferten sich Jessica und ich wütende Wortgefechte, zur Belustigung aller anderen. In den Freistunden gingen wir immer, wie selbstverständlich, zusammen in ein Café oder den nahen, von einem kleinen See und Wildbach durchzogenen Stadtpark. In tiefer Vertrautheit lagen wir auf einer Wiese oder ließen die Füße im Bach baumeln. Wir erzählten uns von unserem traurigen, von verhassten

Zwängen durchdrungenen Leben in unserer Kleinstadt, lasen uns Gedichte von Hölderlin, Novalis und Johannes Bobrowski vor, und sie erzählte mir die Märchen von Oscar Wilde.

Wir fühlten uns beide fremd und verloren in diesem miefig idyllischen Fachwerkstädtchen, fühlten uns unverstanden in unseren Elternhäusern und empfanden eine tiefe Kluft zwischen uns und unseren zeitgeistig durchnormierten Mitschülern. Unsere Mitschüler und Lehrer betrachteten uns mit befremdeter Belustigung, umso mehr, weil sie unsere erhitzten Streitgespräche nicht in Einklang bringen konnten mit unserer außerschulischen Vertrautheit und Eintracht.

Sie hatte einen festen älteren Freund, den sie irgendwann heiraten wollte. Ich hingegen amüsierte mich, ohne größeren Gefühlsaufwand, mit den leicht zugänglichen Schönheiten der Schule. Beide kamen wir nie auf die Idee, körperlich intim oder ein Paar zu werden. Eines heiß durchsonnten Juninachmittags hatten wir uns in unserem Park getroffen. Wir lagen im Gras und tagträumten so vor uns hin, als sich zufällig unsere Blicke trafen. Es war, als hätten wir uns das erste Mal gesehen. Wir konnten nicht aufhören, einander in die Augen zu schauen. Dann stürzten wir ineinander.

Vor uns öffnete sich ein neuer Horizont, wir tauchten ein und verloren uns in einem Reich der Sinne, das uns die öde Realität um uns herum nur noch unerträglicher machte. Jessica war jedoch pragmatischer und perspektivischer als ich und versuchte immer wieder, mich aus meiner Wut, Verzweiflung und Totalverweigerung herauszuziehen. Sie rieb sich bis an ihre Grenzen auf – und als sie meine Wut,

Zerrissenheit und Alkohol- und Drogenexzesse nicht mehr ertragen konnte, hatte sie sich nach anderthalb Jahren, völlig ausgebrannt, mit einem viele Jahre älteren Mann eingelassen, einem dieser Friedhofsruhe ausstrahlenden Alt-Achtundsechziger, mit haarigem Gesicht und runder Leo-Trotzki-Brille, der ihr, völlig verfallen, eine Heirat mit weißer Kutsche und ein Schloss im Vorderen Vogelsberg versprach.

Nach sechs Monaten, als sie bereits mit ihm ins versprochene Schloss eingezogen und die weiße Kutsche schon bestellt war, kam sie zu mir. Sie machte sich über ihren bemühten Schloss-Schrat lustig, der ihr jeden Wunsch von den Augen ablesen würde, machte mir eine Liebeserklärung und fragte, ob wir nicht noch eine Chance hätten. Ich liebte sie mehr als die Sterne, doch die Magie war zerstört, und ich sagte traurig Nein. Sie kehrte in ihr Schloss zurück und heiratete mit der versprochenen weißen Kutsche.

Jessica war meine erste und lange Zeit meine einzige Liebe.

Damals machte ich in meinem Tagebuch eine erste große Bestandsaufnahme, die äußerst bescheiden ausfiel: »Ich habe keinen Gott getroffen; die Menschen sind mir fremd geblieben; meine Eltern trieben mir schon als Kind einen Pflock durch die Seele; Wärme und Sprache gaben mir die Tiere; hingegeben habe ich mich der Gleichgültigkeit der Natur und der Sterne; gerettet haben mich Poesie und Musik und der ewige Fluss der Straße, in denen ich zeitweilig Heimat und Frieden finde. Ich bin ein einundzwanzigjähriger Mann und wandle auf den blutigen Scherben meiner Träume und Hoffnungen, die am Leben und meiner eigenen Unzulänglichkeit zerschellten wie dünnes Glas; ich stehe vor dem abgebrannten Scheiterhaufen meiner großen Liebe, den ich selber angezündet habe; nicht Träume, Ideale oder bürgerliche Ziele treiben mich, ausschließlich meine Instinkte und das Wissen um den Tod drängen mich vorwärts.«

2 Bremen, Januar 1986

Seit dem ersten Banküberfall und der Entscheidung, der ersten Bank weitere folgen zu lassen, belebte mich ein inneres Feuer. Ich hatte das Gefühl, mich mit meiner Grenzüberschreitung in ein ganz eigenes, einsames Reich der Freiheit katapultiert zu haben.

Im Januar 1986 trampte ich von Gießen nach Bremen, um in dieser sympathisch weltoffenen Bürgerstadt meine zweite Bank zu überfallen. Dazu hatte ich mich bei meinen Freunden Heidi und Bertram angemeldet, die in Bremen wohnten. Heidi war eine langjährige Freundin. Anfang der Achtzigerjahre, als ich zeitweilig keine Wohnung hatte, wohnte ich acht Monate lang mit ihr zusammen auf ihrer Stube im Wohnheim. Heidi war in dieser Zeit zwar in mich verliebt, akzeptierte aber, dass ich die Freundschaftslinie zwischen uns niemals brüchig werden ließ. Ich betrachtete vielmehr das gesamte Wohnheimhochhaus, mit all den zahllosen Krankenschwestern und Schwesternschülerinnen, als eine große paradiesische Kommune und führte mich entsprechend auf, was Heidi ihrerseits mit amüsierter Faszination beobachtete. (Es konnte dabei schon mal passieren, dass ich im Haus Brandherde hinterließ, die mir zeitweilig die Türen verschlossen, während Heidi zu gleicher Zeit eine Liebschaft mit auf ihre Stube nahm, sodass ich in der Gemeinschaftsbadewanne auf dem Gang schlafen musste, in der ich frühmorgens zumeist von einer aufkreischenden halb nackten Schwesternschülerin geweckt wurde.) Jedenfalls war diese Zeit im Schwesternwohnheim eine Form der Obdachlosigkeit, an die ich mich gern erinnere. Irgendwann lernte Heidi Bertram kennen, einen ehemaligen Junkie, der gerade eine Ausbildung abgeschlossen hatte.

Natürlich wussten beide nichts von meinem Vorhaben, für das ich, mit Vorbereitung und Durchführung, drei Tage veranschlagt hatte. Nach dem ersten Banküberfall hatte ich das vergangene Jahr damit verbracht, nach Berlin und durch Westeuropa zu touren, ich hatte, wie gehabt, in Gießen ausländischen Studenten Nachhilfe in Deutsch und deutscher Geschichte gegeben, hatte für Punkbands Songtexte geschrieben und für sie dilettantische Kurzfilme gedreht, während ich gleichzeitig der Liebe frönte, wo immer sie mir über den Weg lief. Jetzt war ich wieder total abgebrannt und verschuldet. Es war also an der Zeit, meinem auf Sylt gefassten Entschluss Taten folgen zu lassen.

Natürlich sind die Wurzeln menschlicher Handlungsentscheidungen vielfältig verästelt, wobei in diesem wuchernden, undurchsichtigen Geflecht die individuelle Sozialisation nur eine Faser ist, deren Gewicht ich nicht zu beurteilen wage. Doch unabhängig von aller Tiefenpsychologie, die zumeist ohnehin nur eine dünne Schicht unseres Bewusstseins durchdringt, unter der ein dunkles, nicht fassbares Meer der brodelnden, sich wechselseitig bedingenden Triebkräfte tobt: Die Umsetzung meines Entschlusses, nach dem ersten Banküberfall weitere Banken zu überfallen, war so sehr meine freie Entscheidung, wie eine Entscheidung nur frei sein kann.

Auf der Fahrt nach Bremen nahm mich ein älterer, laut tönender Unternehmer in seinem nagelneuen BMW mit. Er erinnerte mich an meinen selbstgefälligen, stramm konservativen Onkel, der ebenfalls Unternehmer war, immer den neuesten BMW fuhr und ständig große Töne spuckte. Als ich zehn war, hatte er mir gönnerhaft über die Haare gestrichen und süßlich gefragt:

»Na, und was wollen wir denn später mal werden?«

»Ein Indianerhäuptling, der alle Stämme gegen die Weißen anführt und sie aus seinem Land vertreibt«, hatte ich im Brustton der Überzeugung geantwortet. Etwas ungehalten, dass ich nicht »Feuerwehrmann«, »Lokomotivführer« oder »Chefarzt an der Berliner Charité« geantwortet hatte, entgegnete er: »So ein Unsinn. Das geht nicht, du bist doch kein Indianer.« – »Dann Jesse James«, eröffnete ich meine zweite Option, die ihn das Thema wechseln ließ.

Jesse James, damals Idol meiner späten Kindheit, nun ein berühmter Vorgänger und ein Begründer des Bankraubs. Die ersten Bankräuber tauchten in der zweiten Hälfte des 19. Jahrhunderts im Grenzland des nordamerikanischen Westens auf. Der Bankraub bedarf des Raums, der Mobilität und der Anonymität. All das war im Wilden Westen gegeben. Begünstigt durch die unkontrollierbare Weite des Landes, dessen Rechtsprechung sich gerade erst entwickelte, durch die allgemeine individuelle Bewaffnung und ein Freiheitsideal, das die Persönlichkeitsentfaltung des Einzelnen als höchstes Gut ansah, nahmen die Bankraubdelikte, ebenso wie Postkutschen- und Eisenbahnüberfälle, bis Ende des Jahrhunderts rasch zu.

Jesse James war der bekannteste und erfolgreichste Bankräuber seiner Zeit. Im amerikanischen Bürgerkrieg war Jesse mit sechzehn Jahren, ebenso wie sein drei Jahre älterer Bruder Frank, der Südstaatenguerilla beigetreten. Ein Jahr zuvor hatten die Nordstaatensoldaten und deren Milizen die Farm der Familie überfallen und den fünfzehnjährigen Jesse ausgepeitscht, als der sich weigerte zu verraten, wo sich sein Bruder und dessen Partisanengruppe aufhielt. Seinen Stiefvater folterten die Nordstaatler und hängten ihn vor Jesses Augen im Farmhof auf (was jener überlebte).

Nach der Niederlage der Südstaaten, dem Zusammenbruch der alten Ordnung und dem harten Besatzungsregiment der Nordstaaten, die den ehemaligen Südstaatenguerillas die Amnestie verweigerten und sie als Geächtete ansahen, wurden viele entwurzelte und verbitterte ehemalige Kämpfer zu »Outlaws«.

Der gut aussehende Jesse James, ein heller Kopf und geborener Anführer, sammelte, zusammen mit seinem Bruder, in wechselnder Zusammensetzung eine Gruppe von kampferprobten ehemaligen Guerilleros um sich. Sie alle einte die Schmach der Kriegsniederlage und der Hass auf die oft ungerecht brutale Nordstaatenbesatzung, die in ihrem Staat Missouri eine militante Nordstaatenminderheit unterstützte, die die Staatsführung übernommen hatte und die ehemaligen Anhänger der Konföderation terrorisierte und unterdrückte, indem sie ihnen unter anderem das Wahlrecht und die Übernahme öffentlicher Ämter verweigerte. Darüber hinaus schützte das Nordstaatenregiment die sich im Süden ausbreitenden Machtmonopole des industrialisierten Nordens, die großen Eisenbahngesellschaften und Banken. Diese wurden Jesse James' Angriffsziel. Sein Operationsgebiet erstreckte sich von Iowa bis Texas, von Kansas bis West Virginia.

Fünfzehn Jahre lang überfiel er mit seiner Gang Banken und Eisenbahnzüge, ohne gefasst zu werden. Gründe für diese Erfolgsgeschichte gab es einige: Jesse James und seine Gang waren nicht nur durch Entwurzelung und Abenteuerlust, sondern auch durch eine in ihren Augen moralisch legitimierte Angriffsphilosophie gegen die Machtmonopole des verachteten Nordens geeint. Jesse James und seine Gangmitglieder waren außerdem kampferprobte Reiter und Scharfschützen, die ihre Überfälle wie ihre früheren Guerillaangriffe organisierten: Überrumpelung, getrennte Flucht und Rückzug in vorbereitete gesicherte Verstecke. Der wichtigste Grund für ihren Erfolg aber war die Voraussetzung eines jeden erfolgreichen Guerillakampfes: die Unterstützung innerhalb der Bevölkerung, die die Jesse-James-Gang als einsame Kämpfer gegen die allgegenwärtigen Nordstaatler und die von ihnen gestützten großunternehmerischen Eisenbahngesellschaften und Banken ansah, die bei der durch Krieg und Besatzung ruinierten Landbevölkerung des Südens besonders verhasst waren, da die Eisenbahngesellschaften sie von ihrem Land zu drängen versuchten und die Bankhäuser sie durch eine blutsaugerische Zinspolitik oft vollends strangulierten.

Jesse James wurde am 3. April 1882, im Alter von vierunddreißig Jahren, für ein Kopfgeld von einem Bandenmitglied – »von einem Feigling, dessen Name es nicht wert ist, hier genannt zu werden«, wie auf Jesses Grab steht – hinterrücks erschossen.

Wäre ich damals mit Jesse James geritten? Zum Teufel, ja, natürlich wäre ich das!

Erscheint auch im Rückblick ein Bankraub im Wilden Westen aufregender gewesen zu sein, so hat sich doch am prinzipiellen Handlungsablauf eines klassischen Banküberfalls – Ausspähung von Örtlichkeiten und Fluchtwegen, blitzschnelle Überrumpelung, unauffällige Flucht und Rückzug in ein vorbereitetes Basislager – nichts geändert. Floh man damals oft mit einer Pferdestärke in den Süden nach Mexiko zu Chicas, Feuerwasser und melancholischer Gitarrenmusik, so sollte ich bald regelmäßig mit einigen Tausend Pferdestärken nach den Banküberfällen zu Chicas, Feuerwasser und melancholischer Gitarrenmusik in den Süden nach Portugal fliegen.

In Bremen spähte ich am ersten Tag eine Postbank in Heidis Viertel aus, die sich bezüglich Standort und Fluchtweg anbot. Sie lag zweihundert Meter von ihrer Wohnung entfernt. Der Weg dorthin führte mich durch ein Schrebergartengebiet und dann über eine belebte Kreuzung. Bei einer ersten Probe ging ich zu Fuß, am nächsten Morgen wollte ich dann ein Fahrrad nehmen. Als ich am nächsten Tag entschlossen die Tür zum Windfang aufstieß, wo ich meine Maskierung anlegen wollte, musste ich durch die innere Eingangstür erkennen, dass nicht der mittelalte Beamte des vergangenen Tages im gläsernen Kassenhäuschen stand, sondern eine junge hübsche Frau. Ich brach in der Bewegung ab und schlenderte in die Bank, doch anstatt meine Waffe zu zücken, nahm ich ein Einzahlungsformular aus dem Ständer an der Kasse und nickte dem Mädchen lächelnd zu. Dann fuhr ich direkt mit dem Fahrrad in die Stadt, um mir im Zentrum einige geeignete Objekte anzuschauen, und entschied mich für eine Deutsche, ersatzweise eine Dresdner Bank, die mir beide günstig gelegen schienen. Ich prägte mir die Fluchtwege ein, die ich im Wechsel, zunächst zu Fuß, darauf mit der Straßenbahn und schließlich mit dem Fahrrad, zurücklegen wollte.

Doch an diesem Tag wurde es nichts mehr: Ein Verkehrsunfall hatte jede Menge unausgelastete Polizeikräfte in die Innenstadt gelockt. Am nächsten Morgen hielt mich ein Fahrradplattfuß von meinem Vorhaben ab, am darauffolgenden Tag schreckte mich der unüberschaubar starke Publikumsverkehr in den Banken ab – und die sich anschließenden Tage schreckte ich vor mir selber zurück. Ich legte eine Pause ein, um die aufgebaute Überspannung zu lösen. Ich musste die mentale Verkrampfung lockern, den Kopf auf null stellen, um mir und meinen verrücktspielenden Instinkten, die letztlich über Erfolg oder Untergang entschieden, wieder Bodenhaftung zu geben.

Abends ging ich auf ein Rockkonzert im Kulturzentrum Schlachthof und anschließend auf eine dreitägige Sauftour. Stundenlang lief ich im Schneegestöber an der Weser entlang, durch die innerstädtischen Hafenanlagen und in der verwaisten und gespenstischen Stille des vor sich hin rottenden ehemaligen Überseehafens, der nur wenige Minuten von Heidis Wohnung entfernt seinem Abbruch entgegendämmerte. Ich spielte ein wenig auf meiner Blues-Mundharmonika oder hörte mit dem Walkman den letzten Iggy-Pop-Bootleg. Dann wieder lauschte ich dem geisterhaften Schweigen, das hier herrschte, mit den zerbröckelnden Kaianlagen zur einen Seite und den hoch aufragenden, maroden, rotbraun geklinkerten Speicherhäusern, deren gläserne Fensteraugen ausgeschlagen waren.

Nach fünf Tagen bereitete ich mich wieder jeden Morgen auf den Banküberfall vor und fuhr in die Stadt. Jedoch hielten mich jedes Mal die Intuition oder aufkommende grundsätzliche Zweifel, Skrupel und Ängste vor dem letzten Schritt in die Bank ab.

Ich musste erkennen, dass jeder Neuanlauf zu einem Banküberfall der erneuten Anstrengung mentaler Konzentration und Fokussierung bedurfte. Und je häufiger ich Anlauf nahm, umso höher und unüberwindlicher wurde die hemmende Mauer. Eine Mauer, die sich bis zur prinzipiellen Infragestellung dieser ganzen Desperado-Existenz auswachsen konnte.

Wie ich innerlich bröckelte, so zerbröckelte äußerlich das harmonische Zusammensein mit Heidi und Bertram. Es hatte sich eine Spannung zwischen uns dreien aufgetürmt, die Heidis emotionale Zerrissenheit wie Bertrams tief verborgenes Misstrauen und seine Abneigung mir gegenüber sichtbar werden ließ. Zudem brach seine frühere Instabilität wieder auf, in der er nach vielen Jahren erstmals wieder mit dem Gedanken an Heroin spielte. Ich hatte meine Gastgeber in eine schwere Identitäts- und Beziehungskrise geführt, deren erste Anzeichen ich verdrängt hatte, da ich mich alleinig auf mein Vorhaben konzentriert hatte. Obwohl ich am Wochenende in einem Kaffeehaus ein süßes achtzehnjähriges Mädchen kennengelernt hatte, entschloss ich mich, sofort zu gehen (»I wonna walk before they make me run«). Ich führte ein offenes Gespräch mit den beiden, entschuldigte mich und sah ihnen die Erleichterung an, dass ich endlich verschwinden würde – wobei ich Heidi eindringlich ihr aufkommendes »Ich hab ein schlechtes Gewissen« austrieb.

Sosehr ich mich schuldig fühlte und mich verfluchte, dass ich es so weit hatte kommen lassen, so brach doch auch die in mir schlummernde wilde Willenswut aus, mit der ich diese jämmerliche Zerbröckelung meiner glorreichen Outlaw-Existenz aufhalten würde. Der Abschied von Bremen war eine Befreiung, nicht nur von meinem destruktiven Bremer Alter Ego, das sich in der Erstarrung verhakt und meinen Freunden gleichzeitig ihre Abgründe erschlossen hatte, ich fühlte mit dem Neuanfang auch eine entfesselte Euphorie und Zuversicht in mir aufsteigen.

An einem Sonntagnachmittag trampte ich nach Hamburg und checkte auf der Reeperbahn in dem malerisch heruntergekommenen Hotel »Stern« ein, in dessen labyrinthischen Gängen sich Musiker, Maler, internationale Globetrotter, Huren, Transvestiten, Studenten, Säufer, Junkies sowie Seeleute und Montagearbeiter aller Nationalitäten tummelten. Das »Stern« lag nur wenige Meter von der Großen Freiheit entfernt, der Straße, in der sich einst der legendäre »Star Club« befunden hatte. Aus dem hinteren Seitenfenster blickte man direkt auf den Hintereingang des historischen Boxclubs »Ritze«, vor dem ein altes Sofa vor sich hin gammelte.

Am Montagmorgen machte ich in der Innenstadt drei geeignete Bankobjekte mit entsprechend günstigen Fluchtwegen aus. Nachdem ich in Bremen zu zögerlich gewesen war, wollte ich jetzt aufs Ganze gehen: Ich plante, alle drei Banken direkt hintereinander zu überfallen. Mein Entschluss war nicht einem Anfall von Größenwahn geschuldet, sondern der kühlen Kalkulation, dass nach dem ersten Überfall die Polizeikräfte sich auf die gerade überfallene Bank konzentrieren würden, während ich auf dem Fahrrad zur nächsten radelte, die dann garantiert ohne Polizeischutz war. Würde der Alarm von der zweiten überfallenen Bank sie erreichen, hätten sie vermutlich ziemliche Probleme, im Feierabendverkehr (und bei den Staus, die sie selbst mitverursacht hatten) zur zweiten Bank zu gelangen, während ich mich auf meinem Fahrrad in elegantem Slalom zwischen den Autos bereits zur dritten Bank begab. Ich wollte noch am selben Tag, kurz vor Schalterschluss, losschlagen. Anschließend würde ich das Fahrrad unverschlossen für die Fahrraddiebe stehen lassen (und damit entsorgen), bevor ich in der nahe gelegenen U-Bahn-Station in der Menschenmenge verschwinden und nach St. Pauli fahren würde.

Im Hotel »Stern« richtete ich mich her, betont langsam und ruhig. Der verlangsamte innere Rhythmus schärfte meine Sinne. Ich trug einen dunklen Parka, eine schwarze Strickmütze, eine schwarze Jeans und schwarze Schuhe. Um den Hals schlang ich einen langen schwarzen Schal, unter dem sich, mit der Oberkante am Kinn, eine schwarze Zorromaske spannte, die ich mit einer Bewegung über Augen und Gesicht ziehen konnte, ebenso wie ich sie nach dem Überfall sofort wieder unter dem Schal verschwinden lassen konnte. Über die Hände hatte ich graue, samtweiche Offiziershandschuhe gestreift, die ich meinem Vater einst mit der Begründung abgeschwatzt hatte, sie wären ideal für die Olivenernte in Griechenland. Unter dem Parka trug ich eine schwarze Ledertragetasche, die mit dem Riemen um meinen Nacken geschlungen war und in Griffnähe vor meinen Lenden pendelte. In der Tasche steckte eine kleine Dose Tränengas und eine Neun-Millimeter-Gaspistole, deren erste Kammer leer war, in der zweiten steckte eine scharfe Schreckschusspatrone. Die Druckwirkung wäre – das hatte mir eine Arztfreundin bestätigt – mit ziemlicher Sicherheit tödlich, wenn man den Schuss im geschlossenen Mund abgab.

Im Walkman lief »Riders on the Storm«, während ich im Geiste noch einmal alle Örtlichkeiten, Entfernungen, Zeiten durchging. Ich versuchte, mir mögliche Schwierigkeiten auszumalen und wie ich darauf reagieren würde. Dann wischte ich die abdruckgefährdeten Stellen der Ausrüstung ab, untersuchte sie nach losen Fusseln und anhaftenden Haaren und übte ein letztes Mal das Ziehen und Verschwindenlassen der Pistole sowie das Aufsetzen der Zorromaske. Zum Abschluss meiner Vorbereitungen steckte ich mir feuchte Wattebäusche in den Mund, um die markante Physiognomie meines Gesichtes in eine pausbäckige Beliebigkeit zu verwandeln. Dann machte ich den Nerventest: Ich stellte eine Patrone aufrecht auf das Ende des Pistolenlaufs und drückte durch. Die Patrone blieb stehen. Ich war ganz bei mir, ruhig, kühl und konzentriert.

Ich fuhr mit der Bahn in die Hamburger Innenstadt, lief durch eine Fußgängerzone und steuerte auf die Bank zu. Die schon vertraute Raubkatzenanspannung hatte mich ergriffen, das Blut pulsierte bis in die äußersten Nervenspitzen. Ich stieß ein entschlossenes »Okay, Rock 'n' Roll« in den Schal, dann betrat ich das Geldinstitut. Im Windfang, zwischen äußerer und innerer Eingangstür, schob ich mir die Zorromaske übers Gesicht und umfasste die Pistole in der Ledertasche, die in Gürtelhöhe baumelte. Im Schalterraum zog ich den Pistolenschlitten durch.

»Das ist ein Banküberfall!« Ich sprach mit ruhiger, deutlicher Stimme. »Sie haben dreißig Sekunden Zeit, um auszuzahlen!« Dem zögernden jungen Kassierer bedeutete ich mit einem Kopfnicken, er solle loslegen, während ich die Pistole langsam durch die Schalterhalle und die erstarrten Kunden und Angestellten entlangschwenkte und bei einem bulligen Muskelprotz verhielt, der sich in augenfälliger Sprungbereitschaft geduckt hatte.

»Versuchen Sie lieber nicht, den Helden zu spielen!« Ich sah ihn unverwandt an. »Das hier ist keine Wasserpistole.« Gleichzeitig schätzte ich die Entfernung ab und die Zeit, die ich brauchen würde, um die Dose mit dem Tränengas aus der Umhängetasche zu reißen und einen möglichen Angriff abzuwehren. Der Muskelmann hielt still.

Der Kassierer stopfte das Geld durch den Schlitz, durch ein paar aufmunternde Worte beschleunigt, ich warf im Gegenzug, mit einem freundlichen *»Pour les employés«*, ein Bündel Geldscheine auf den Tresen. Dann glitt ich, mich rückwärts drehend und nach allen Seiten absichernd, zum Eingang. Vor der Ausgangstür demaskierte ich mich, trat aus der Bank und verschwand in dem allgemeinen Menschentreiben.

Ich fühlte mich ruhig und euphorisch zugleich – unbesiegbar. Doch ich behielt kühlen Kopf. Ich wollte mich eigentlich auf direktem Weg zu meinem Fahrrad begeben, doch plötzlich meldete sich eine innere Stimme, sie sagte: »Natürlich kannst du noch die anderen beiden Banken überfallen. Aber wozu? Du hast Geld erbeutet für Monate unbegrenzter Freiheit. Was willst du mehr? Du bist ein Bankräuber, kein Banker, der den Rachen nicht vollbekommen kann und immer weitermachen muss.«

Bei diesem Gedanken musste ich lächeln. Natürlich hatte die Stimme recht, und deshalb beließ ich es bei diesem einen Banküberfall. Nicht aus Angst, sondern weil jede weitere Kapitalanhäufung so unnötig wie grundsätzlich unanständig wäre.

Leise summte ich John Cales »Buffalo Ballet« vor mich hin. Die Euphorie des Raubtiers wich dem Kitzel, den das

Fluchttier empfindet. Auch dieses Gefühl war nicht mit Angst zu verwechseln, sondern die Euphorie nahm eher eine schmetterlingshafte Leichtigkeit an und ließ Glücksfunken sprühen. Das Leben von Fluchttieren konnte also höchst erfüllend sein, solange sie erfolgreich flüchteten und nicht bereits die Klauen des Jägers an der Kehle fühlten.

Ich ließ das Fahrrad, das ich am Vormittag gebraucht gekauft hatte, stehen und verschwand im nächsten U-Bahn-Schacht, wo ich mich in einen der zahllosen Feierabendpendler verwandelte, der auf dem Weg nach St. Pauli war. In meinem Hotelzimmer zerschnitt ich die Zorromaske und spülte sie in der Toilette hinunter. Das Geld – etwas über 40 000 DM – packte ich in meinen kleinen Schulterrucksack.

Es war bereits dunkel, als ich in dichtem Schneegestöber zu den Landungsbrücken hinunterlief und die Gaspistole ins Hafenbecken warf, womit alle auffälligen Requisiten entsorgt waren. Während ich am Wasser entlangschlenderte, ließ ich die Ereignisse hier in Hamburg, aber auch die in Bremen noch einmal vor meinem geistigen Auge vorüberziehen. Welche Erkenntnisse hatte mir meine hanseatische Reise gebracht? Vor allem, dass der direkte, von keinerlei Zweifeln gehemmte, ausschließlich auf das Vorhaben fokussierte Weg der einfachste wie erfolgreichste war. Je länger man zögerte, sich aufhalten ließ, sich selbst entschuldigte, nach Ausflüchten suchte (zu gutes Wetter, zu viele Bankkunden, zu wenig Autoverkehr, ein Mittwoch fühlt sich besser an als ein Dienstag), desto größer wurde der Druck, desto höher wurde die Hemmschwelle, und desto mehr Zweifel meldeten sich an, die den kühl und klar ausgerichteten Blick auf das Vorhaben trübten.

Das Ideal war die vollkommene Verschmelzung von Instinkt und Verstand. Es ist wie bei der Eroberung einer Frau: Folgt man seinen Instinkten und stürmt wissend, aber mit leerem Kopf, auf sie ein, fällt man sie mit leuchtenden Augen, der ungefilterten Poesie des Moments und dem unbedingten Willen zur Überwindung an, dann ist man sehr wahrscheinlich erfolgreich. Zögert man selbstzweifelnd, versucht sich die Worte zurechtzulegen, sich auf eine mögliche Abwehr einzurichten, baut sich eine wachsende Hemmschwelle auf. Wenn der Mann es dann überhaupt noch schafft, diese zu überwinden, wird sein Verführungsangriff, schwächlich verwässert und ohne den unbedingten Willen zum Sieg, zumeist scheitern.

Ich genoss, wie die Schneeflocken sanft auf meinem Gesicht zerrannen, und ließ meinen Blick über die Hafenanlagen schweifen. Ein dunkler Dreimaster lehnte in stolzer Nachlässigkeit an den Brückenpontons, lichtlose Hafenbarkassen kratzten glucksend an der Kaimauer, düstere Silhouetten von schummrig beleuchteten Frachtern wuchsen aus dem kalt glitzernden Hafenbecken. Am anderen Ufer ragten zur Linken schwarze Kran-Skelette in den Winterhimmel, zur Rechten schimmerte die hell erleuchtete Schiffswerft durch die silbrigen Flockenwirbel.

Am Ende der lang gestreckten Landungskais, nicht weit von der Eingangsbrücke zur Speicherstadt, stieg ich hinunter ins angrenzende Portugiesenviertel und trat in ein stilles, kerzenscheingedämpftes Restaurant. Nach atlantischer Fischplatte, Vinho Verde, Porto und portugiesischem Brandy stapfte ich stadteinwärts, den Hügel zurück zur Reeperbahn hoch, und ließ mich durch das schmuddelig wuselige Glitzerparadies treiben. Die ganze bunt flackernde Meile war in eine in sich gärende Geruchswolke gehüllt, ein Gemisch aus Schweiß, billigem Parfüm, gebrauchten Kleenex, Bier, Urin und Erbrochenem, vermischt mit dem ausgelaugten Fettgeruch der zahllosen Schnellfraß-Imbisse. Überall lagen bettelnde Obdachlose, Junkies und Betrunkene in ihrem Schmutz, einsam Herumirrende streiften die flimmernd bunten Fassaden entlang, Gruppen volltrunkener Touristen torkelten grölend von einer Stripbar zur nächsten, wo gelangweilte Türsteher, zumeist zerfurchte alte Männer vom Kiez, die als Koberer ihre Rente aufbesserten, sie in Empfang nahmen und mit einstudierten Sprüchen hineinzulocken versuchten. Über all dem lag eine sonderbare Schwermut und Tristesse. Ich hatte das Gefühl, dass das legendäre Vergnügungsviertel nur noch künstlich am Leben gehalten wurde und ein Feuer verkaufen wollte, das längst erloschen war.

Das Überangebot an schrillen Sexshops und die aufdringlichen Fassaden wirkten auf mich alles andere als anregend, und Huren ganz allgemein hatten mich immer schon traurig gemacht. Besonders deprimierend empfand ich den sogenannten Babystrich mit den ausgelaugten übermüdeten Lolitas, direkt gegenüber der legendären Davidswache. Die meisten dieser erbarmungswürdigen Geschöpfe waren von Drogen, frühem Missbrauch und vorzeitig gescheiterten Träumen gezeichnet.

Ich beeilte mich, von der Meile weg in die Große Freiheit zu kommen. Dort stürmte ich in die Nummer 36, wo einst Hans Albers mit seinen Chansons die Frauen betört hatte. Der Laden war vor wenigen Monaten als Rockclub wieder eröffnet worden. Nach dem Konzert einer noch unbekannten amerikanischen Westküsten-Band unterhielt ich mich eine Weile mit einem Hamburger Musikerpärchen über das

Leben in Hamburg und die Musikszene. Bevor sie im Taxi abschwirrten, gaben sie mir den Tipp, eine Hardrock-Kaschemme in einer Seitenstraße auf der anderen Seite der Reeperbahn aufzusuchen.

Wie sich herausstellte, war der heruntergekommene, völlig verqualmte Schuppen ganz nach meinem Geschmack. Es lief eine Mischung aus Sechziger/Siebziger-Großrock (Stones, Who, Led Zeppelin), Punk/New Wave (Jayne County, Cramps, Gun Club) und aktuellem Paisley Underground (Green on Red, Dream Syndicate, Long Ryders). Dazu trank und redete eine zusammengewürfelte Gesellschaft aus Studenten, Punks, Hausbesetzern, Rockern, Transvestiten, Huren und lokalen Prinzessinnen sich die Köpfe heiß. Ich lauschte skurrilen Kiezgeschichten, bestaunte einen Typen, der um einen Kneipentisch herumkletterte, ohne den Boden zu berühren, und schäkerte mit dem studentischen Barmädchen, dessen Freund zu später Stunde erfolglos versuchte, mir die Stimmung zu vermiesen. Während Janis Joplin »Try (just a little harder)« röhrte, stieg ich von Wodka auf Janis' Leibgetränk Southern Comfort als Begleitdrink zum Bier um – und als auf dem Stimmungssiedepunkt einer der Transvestiten zu »Brown Sugar« auf die Theke sprang, um seine Mick-Jagger-Imitation darzubieten, sprang ich hinterher und lieferte synchron dazu eine überzeugende Keith-Richards-Persiflage ab. Im Morgengrauen taumelten wir alle glückselig aus der Taverne heraus und zerstäubten in alle Winde.

Noch längst nicht wieder nüchtern, stand ich mittags nach kurzem Schlaf auf und ging in St. Pauli in eine Zweigstelle der Bank, die ich am Tag zuvor überfallen hatte. Ich überwies einen Betrag an eine soziale Organisation und 750 DM an Heidi, die sie mir bei meinem verunglückten Bremer Aufenthalt geliehen hatte. Danach fuhr ich zum Hauptbahnhof. Obwohl es sicher vernünftiger gewesen wäre, nach Gießen zurückzufahren, um nicht länger diesen Geldhaufen mit mir herumzuschleppen, folgte ich meinem Drang zum Meer. So nahm ich einen Zug ins hundert Kilometer entfernte Friedrichskoog, das am Ende der Elbmündung auf einer in die Nordsee ragenden Landzunge liegt. Dort angekommen, stapfte ich gegen eisige Windböen an, über die Deiche und den kleinen grünen Strand, der am äußersten Ende der Landzunge dem Meer seine schmale Stirn bietet. Über den Himmel zogen die dunkelvioletten Schleier der Abenddämmerung und ließen das unruhige Meer in schwarzem Silber erglänzen. Es war bereits dunkel, als ich den Strand wieder verließ und nach Hamburg zurückfuhr.

Noch ganz im Kokon der Wintermelancholie des Nachmittags am Meer versponnen, floh ich auf St. Pauli in einer ruhigen Nebenstraße in ein italienisches Restaurant der gediegeneren Art. Ich wollte gerade die Salatgabel zum Mund führen, als die Tür aufgestoßen wurde und ein Trupp Polizisten in der martialischen Maskerade eines Sondereinsatzkommandos den Gourmettempel stürmte. Obwohl ich mich nicht erinnern konnte, irgendwelche Spuren hinterlassen zu haben, durchzuckte mich ein blitzartiger Schreck. Die Hardcore-Polypen polterten jedoch an meinem Tisch vorüber, ohne mich überhaupt zu beachten, stürzten sich auf die männliche Tischgesellschaft in der Ecke des Restaurants und pflückten sich eine goldbehangene, tattooüberfrachtete Halbweltgestalt aus dem zwielichtigen Männerreigen. In Handschellen, den Oberkörper in die Waagerechte gedrückt, wurde der lauthals fluchende Sünder aus dem Raum eskortiert. Ein polizeilicher Nachzügler entschuldigte sich nach allen Seiten für das Ungemach, der Spuk war vorüber, und Eros Ramazzotti konnte weiter ungestört seine rauchigen Schmachtfetzen zum Besten geben. Auf den Schrecken hin bestellte ich erst einmal einen Schnaps.

Kurz darauf verließ ich das Restaurant und trat hinaus in einen verwehenden Sprühregen. Da ich wusste, dass sich ein Höhenflug wie der der letzten Nacht in der Rock-Kaschemme nicht wiederholen ließ, ging ich zum Hans-Albers-Platz und in ein Irish Pub. Die Stimmung war im fortgeschrittenen Stadium. Eine Folk-Combo sorgte für Musik, die Guinness-Kannen wirbelten über die Theke, erregte Blicke flogen hin und her, Gesprächsfetzen und Flirt-Attacken, und ich mittendrin mit ein paar Ami-Miezen auf der Tanzfläche. Um drei Uhr morgens schüttelte ich eine aufdringliche Touristin aus Stuttgart ab und kämpfte mich allein durch das triste Spießrutenlauf-Spalier der Huren in mein Hotel. Am nächsten Vormittag würde ich nach Gießen zurücktrampen.

RÜCKSCHAU II

In der Zeit, nachdem mich Jessica verlassen hatte, arbeitete ich als Heimerzieher für schwer erziehbare Jugendliche. Es war ein Praktikum als Vorbereitung auf ein Sozialpädagogik-Studium. Die »Heimzöglinge« waren mir in ihrer unbändigen, Konsequenzen nicht abschätzenden Spontaneität näher als meine überwiegend selbstgefälligen sozialpädagogischen Kollegen, mit denen ich aufgrund meiner liberalen Einstellung und der Vertrautheit mit den Jungs in ständiger Auseinandersetzung stand. Unter den lieben Studenten der Sozialpädagogik wiederum fühlte ich mich so heimisch wie ein Amazonas-Indianer auf einem SED-Parteitag. Ich erlebte sie größtenteils als politische Illusionisten, die sich damals ideologisch im Marxistischen Studentenbund Spartakus gleichschalten ließen, der sich strikt an der DKP orientierte, die wiederum von den roten Schrebergartenzwergen der SED jenseits der Mauer dirigiert wurde. Ich fand es zum Kotzen, dass sich halbwegs intelligente, junge Menschen freiwillig in solch einem gedanklichen Gleichtritt zusammenfanden und dass sie mit geradezu religiösem Eifer ein kommunistisches Ideal selbst in seiner verwahrlosesten Pervertierung verteidigten. Wie die »normal« intoleranten, so wurden mir auch diese »revolutionär« intoleranten Spießer immer unerträglicher, während sich in mir alles sträubte, auch nur oberflächlichste Verbindungen mit ihnen einzugehen. Ich wollte nicht in ihrem politischen Korrektheitsbrei permanent gegen den Brechreiz ankämpfen und in einem sinnlosen Kampf dagegen ersticken.

Meine zunehmende Bindungslosigkeit und der Verlust meiner »unsterblichen« Liebe und die daraus resultierende innere Leere ließen mich immer tiefer im dunklen Sumpf einer schweren Melancholie und Todessehnsucht versinken.

An einem herrlichen Augusttag schmiss ich alles hin und trampte zur Nordspitze Dänemarks hoch, um mich zu einem anderen Stern zu verabschieden. Als Liebhaber von Nietzsche und großer Oper wartete ich für diesen letzten Schritt auf eine stürmische Gewitterregennacht. Nackt, eine Hand voller Todestabletten, watete ich auf dem Kamm der sich seicht im Meer verlierenden nördlichsten Landzunge Dänemarks, genau auf der Linie, auf der die Wellen von Nord- und Ostsee aufeinanderprallen, ins Meer hinaus, bis nur noch aufgewühlter Ozean um mich war. Bis zu den Oberschenkeln im Wasser stehend, stopfte ich mir jedoch nichts in den Mund, sondern warf die Pillen voll wilder Lebenslust in den von Blitz und Donner zerrissenen nächtlichen Meeressturm. Am nächsten Tag trampte ich zurück nach Deutschland und meldete mich zum Zivildienst, wo ich als Rettungssanitäter arbeitete, unterwegs in einem Rot-Kreuz-Krankenwagen.

Während der Zivildienstzeit fuhr ich in einer Samstagnacht mit meinem Freund Leroy nach einer Party hoch an die Nordsee, im Blut jede Menge Whisky und Marihuana, eine Mischung, die ich Sonntagabend auf der Rücktour mit einem LSD-Trip zu einem Molotowcocktail vervollkommnete. Am nächsten Morgen wollte ich mich aus Anlass des sechzigsten Geburtstags meines Vaters nach langer Zeit mal wieder in meiner Heimatstadt blicken lassen. Doch in den dunklen Wäldern des Vogelsbergs kam es in dieser Nacht zu einem einschneidenden Vorfall. Nach einer surrealen Begegnung mit vermummten Terrorfahndern, die uns auf einer Waldlichtung stoppten, kippten die berauschenden Halluzinationen meines LSD-Trips in schieren Horror um. Es waren die Tage des Deutschen Herbstes, Paranoia lag ohnehin in der Luft. Leute, die nur andeutungsweise alternativ, studentisch oder nach Hausbesetzern aussahen und zudem in irgendwelchen wracken Autoschleudern unterwegs waren, gerieten geradezu zwangsläufig in den Fokus der damals bis an die Zähne bewaffneten Ordnungshüter, während die Mitglieder der zweiten Generation der RAF, am Steuer eines seriösen BMW, mit adrettem Haarschnitt und im gutbürgerlichen Anzug oder Kostüm, unbeschadet durch die aufgeheizte Republik flogen.

Leroy fuhr einen alten schwarzen Mercedes-Leichenwagen. Nachdem ich auf die Frage der vermummten Häscher, was wir mit diesem Wagen machen würden, geantwortet hatte: »Wir überführen Ulrike Meinhof nach Walhalla«, und einen verständlichen Hieb in die Seite bekommen hatte, während Leroy »Halt die Klappe, Reiner« schrie, war ich auf der Weiterfahrt zuckend in mich zusammengesunken. Ich dachte: »Jetzt nur keine Psychose«, wohl wissend, dass gerade die Furcht davor sie hervorkriechen lassen würde.

In der elterlichen Villa stolperte ich in mein separates Keller-Apartment. Das drogenverseuchte Blut stampfte dumpf durch meinen zitternden Körper, das hämmernde Herz wollte aus dem Rippenkäfig heraus, Atemkrämpfe, panische Angstanfälle – Herzneurose. Ich kämpfte dagegen an, immer in der Angst zu ersticken, tanzte mich zu basstreibender Rockmusik in Ekstase, um meinem Körper und Bewusstsein zu entkommen und ein anderes zu erreichen. Aber vergebens.

Ich wankte aus dem Zimmer und lief mit »Groll«, unserem Kleinen Münsterländer, hinaus durch die anbrechende, in dichte Nebel gehüllte Morgendämmerung, über die taunassen Wiesen und Felder, die sich direkt hinter dem Haus meiner Eltern bis zum hügeligen Horizont erstreckten. Ich rollte mit Groll durch den nassen Wiesengrund, biss buchstäblich ins Gras, stürzte durch kleine Bäche, suhlte mich im frisch gepflügten Ackerlehm wie ein Schwein, krallte mich in die feuchten Erdschollen, kroch auf allen vieren, rannte mit dem Hund um die Wette, schrie und stöhnte – um den Dämonen zu entfliehen, mich wieder zu fühlen und wenigstens halbwegs wieder die Kontrolle über meine Sinne zu erlangen.

Nach Ewigkeiten fühlte ich, wie der Würgegriff des Trips nachließ, mein Blick sich lichtete und ich wieder Bodenhaftung bekam. Zu Hause duschte ich und machte mich fertig für des Vaters Ehrentag.

Nach dem Festtagsfrühstück (Vati in Paradeuniform) kamen die ersten Gäste (»Gnädige Frau, Küss die Hand, Frau Oberamtsrat, meine Verehrung, Frau Oberstleutnant, ach, sehen Sie wieder bezaubernd aus, Frau Dienststellenleiter«) – Generäle aus der Zentrale des Bundesgrenzschutzes in Bonn sowie Offizierschargen aus Kassel und meinem Heimatstädtchen. Endlich, nach kurzen, mit legerem Hackenschlag vorgetragenen Geburtstagsansprachen und der Übergabe von Medaillen, Urkunden und stilvollen kleinen Geschenken (silberner Korkenzieher mit Eberkopf aus Hirschhorn), ging es zum geselligen Teil über. Es wurden Cognac und Zigarren gereicht, und so stand ich mit den führenden Offizierskadern und RAF-Bekämpfern der Republik in unserer weiträumigen Villa, in der einen Hand ein Cognacglas, im Mundwinkel eine Selbstgedrehte, und parlierte, so galant wie streitsüchtig, über jedes neugierig angebotene Thema. Die halluzinogene Durchschlagskraft des LSD war verflogen, doch die Speedwirkung der Droge ratterte noch in hektischem Stakkato durch meine Blutbahnen. Mein Geist und meine Sinne waren flackernd übersensibilisiert und ich gleißend wach. Und so eröffnete sich mir die Vorstellung, dass ich hier, auf dem weichen Perserteppich des Wohnzimmers der elterlichen Villa, im realen Albtraum stand. Von diesen lächelnden Gesichtern um mich herum, diesen gepflegten Händen, diesen gebügelten Paradeuniformen tropfte das schmutzige, mit Knochensplittern und Gedärm vermischte Blut des Krieges. Die meisten dieser Männer waren, größtenteils jahrelang, verwüstend durch fremde Länder, Orte und Landschaften, über verbrannte und zu Eis erstarrte Leichenfelder gestürmt und hatten sich bis in die totale Niederlage, Untergang und Gefangenschaft gesiegt, um bei nächster Gelegenheit wieder in die Uniform zu springen, mit den alten Ordensspangen darauf und dem unaufgearbeiteten Vergangenheitsmief darunter.

Auch mein Vater hatte es so gehalten – nach fast sechs Jahren Krieg und viereinhalb Jahren russischer Kriegsgefangenschaft. Er ging zum Bundesgrenzschutz, wo er Karriere machte und nun als Oberamtsrat, im Range eines Oberstleutnant, einem tausend Mann umfassenden Grenzschutzstandort vorstand.

Es wird immer wieder gesagt, dass man Nachsicht mit diesen Männern haben müsse, die jahrelang durch die von ihnen mit verursachte Hölle gingen. Sie seien zwangsläufig traumatisiert, viele von ihnen verroht und innerlich gefroren. Nun, dann zeuge ich in dem Wissen entweder keine Kinder, oder ich versuche, diesen Kindern das Gegenteil von dem zu geben, was ich selbst erfahren habe, nämlich Liebe, Fürsorge und Güte. Ich wusste auch von anderen ehemaligen Wehrmachtssoldaten mit einer ähnlichen Vita wie die meines Vaters, die liebende fürsorgliche Väter wurden, gerade in Erinnerung der Lieblosigkeit, Grobschlächtigkeit und Gewalt, die sie selbst erfahren hatten.

Natürlich musste das Gespräch wieder auf den Krieg und seine hässlichen »Begleiterscheinungen« kommen, unter denen die meisten der anwesenden Uniformträger tätig mit »gelitten« hatten. »Der Krieg? Ein Himmelfahrtskommando! Keine Frage! Die Sache mit den Juden? Natürlich nicht richtig! Aber man muss auch sehen ...« Jeder in der Runde bestätigte eifrig, und einige sahen sich bemüßigt, eine Anekdote zum Besten zu geben, um ihre rassistische Toleranz zu demonstrieren.

»Meine Herren, als ich einmal auf Fronturlaub war«, hob mein Vater gewichtig an, »und schwerst erkrankte, ließ ich mich, als unser deutscher Arzt nicht erreichbar war, sogar von einem jüdischen Mediziner behandeln.« Beifälliges Nicken. »Wenn ich am Ertrinken wäre«, sagte ich darauf und sah in die Runde, »und es wäre kein Weißer zur Stelle, würde ich mich vielleicht sogar von einem Neger retten lassen.« Ein giftiger Blick des Vaters, ein Moment betretenes Schweigen, dann entschied man sich, einen Scherz gehört zu haben, und brach in gelöstes Gelächter aus.

Ein Ordonnanzoffizier bat uns zur geöffneten Terrassentür. Auf der Wiese vor dem Swimmingpool stand im Märzregen, in Formation und grünen Trachtenuniformen, die Blaskapelle des Jagdvereins, dem mein Vater als Schriftführer vorstand, und intonierte scheppernd den Wehrmachtsevergreen »Es blüht ein Blümelein«. Einige Stufen erhöht, auf der Terrasse, straffte sich ein kleiner dicker Tambourmajor in mit Orden behangenem Jägerornat und dirigierte diesen musischen Schießverein, indem er mit einem dünnen Silberstäbchen die Regenfäden zerscheibte. Die Herren Offiziere applaudierten mit sentimentalem Augenzwinkern.

Bruchstücke von Leonard Cohens »Story Of Isaac« hallten durch meinen Schädel, während mich Erinnerungssplitter durchzuckten. Ich schaute hinüber zur Terrassentür des elterlichen Schlafzimmers. Als Achtjähriger hatte ich einst bei meinen Eltern im Schlafzimmer schlafen müssen, da mein Zimmer von Verwandtschaftsbesuch belegt war. Ich hatte eine Grippe mit schwerem Husten. Obwohl ich im Wissen um die Zornausbrüche meines Vaters angstvoll und nur unterdrückt hüstelte, wenn ich den Hustenreiz überhaupt nicht mehr unterdrücken konnte, zischte mein Vater bald wütend zu mir hinunter: »Schlaf endlich, sei still, sonst gibt's Wichse!« Völlig verkrampft verbrachte ich die Nacht schlaflos unter der Bettdecke. Am Morgen schrie mein Vater mich an, dass er meinetwegen kein Auge zugemacht habe, bevor er mir hart ins Gesicht schlug.

Ich schaute auf meine atemlos plappernde Mutter – »Ach, herrjeh, wenn ich daran denke ...« – und weiter hinaus auf das regensatte Rasengrün vor dem Swimmingpool. Mein Vater hatte manchmal in seinen Wutfällen auch in diesem idyllischen, symmetrisch angelegten Garten wahllos nach einer Latte gegriffen und wie von Sinnen auf mich eingeschlagen, während meine Mutter, die diese Gewaltausbrüche durch oftmals unbedachte Denunziationen ausgelöst hatte, händeringend, jedoch ohne einen Zeh zu rühren, danebenstand. »Pass auf, du schlägst ihn ja tot.«

Ich kann nicht sagen, wann die Angst, in der ich aufwuchs, sich mit einem immer stärker brennenden Hass mischte, der irgendwann die Angst zurückdrängte und letztlich vollständig auffraß. Die Sache mit der Prügelei hatte ich jedenfalls schließlich selbst beendet. Mein Vater hatte einen Rohrstock, den er in der Besenkammer deponierte. Es erhöhte vielleicht sogar noch sein Vergnügen, dass ich den Stock selber holen und ihm geben musste, mit dem er mich darauf verprügelte. Mit zwölf Jahren nahm ich eines Samstagabends den Stock und ging ins Wohnzimmer, wo es sich meine Eltern vor dem Fernseher zu Hans-Joachim Kulenkampffs »Einer wird gewinnen« bequem gemacht hatten. Ich zeigte meinem Vater demonstrativ den Stock, sagte mit einer Ruhe, in der der Hass die Angst besiegt hatte: »Du schlägst mich nie mehr wieder«, und zerbrach ihn demonstrativ über meinen Knien.

Nach dem Zivildienst trampte ich erst einmal nach Kreta, das zu der Zeit eine internationale Drehscheibe und Informationsbörse für alle asienreisenden Hippies und Tramps war, und von dort zurück in den Norden, nach Dänemark, in den »Freistaat Christiania«.

Christiania war ein ehemaliges Militärgelände in Kopenhagens altem Hafenviertel Christianshavn, das wenige Jahre zuvor, 1971, von Tausenden von Studenten, Hippies, Anarchisten und alternativen Kulturschaffenden besetzt worden war. Es war das Jahrzehnt der Hausbesetzungen, und auch in Kopenhagen war günstiger Wohnraum knapp, während gleichzeitig überall in der Stadt Spekulationsobjekte leer standen. Angesichts der Entschlossenheit der ungefähr tausend dauerhaften Besetzer erklärte die dänische Regierung Christiania 1972 zum autonomen sozialen Projekt. Das gut dreißig Hektar große Gelände, auf dem sich die verschiedensten denkmalgeschützten Gebäude befanden, war von verwilderten Festungswällen umgrenzt und von einem grün umwucherten Flussarm durchzogen. Dahin zogen die Besetzer, renovierten die Gebäude und nutzten sie als Wohnraum und zur Einrichtung von basisdemokratisch organisierten Kollektiven.

Der autarke kleine »Freistaat« war in den Siebzigerjahren das unbeugsame kleine Anarcho-Dorf im bürgerlichkapitalistischen Kopenhagen und Europa. Christiania war ein Spielplatz, ein Experimentierfeld für alle möglichen Versuche künstlerischer, basisdemokratischer, ökologischer und architektonischer Art, wie auch die des geistig sinnlichen Zusammenlebens von Menschen aus aller Welt, die von keinerlei bürgerlich wie staatlich normierten Vorgaben belästigt wurden. Der dänische Staat, an den die Christianiter ihre Abgaben für Strom und Wasser zahlten, hatte keinerlei Befugnisse auf dem Gebiet. Es gab also auch keine Polizeigewalt, dafür aber einige klare Grundregeln: keine Gewalt, keine Waffen, keine Rockerkutten, kein Immobilienhandel, keine motorisierten Fahrzeuge, keine harten Drogen.

Andererseits war Christiania eingekreist und überwacht von den polizeilichen Fahndern, die, hauptsächlich in den

Häusern um Christianias Eingangsbereich, hinter den Fenstern mit ihren Kameras lauerten und jede Bewegung registrierten.

Für die Polypen war es eine ideale Situation, wenn sie auch zähneknirschend akzeptieren mussten, innerhalb Christianias keine Befugnisse zu haben: Zum einen war in Christiania die Drogenszene konzentriert und damit kontrollierbar, zum anderen hatten in Christiania Kopenhagens »Sozialfälle« Zuflucht gesucht, um die sich die Gemeinschaft Christianias kümmerte und so die bürgerliche dänische Gesellschaft ihrer Sorge um sie enthob. Gleichzeitig waren die Drogenszene und die soziale Subkultur Christianias natürlich ein beständiges Druckmittel seiner staatlichen Gegner (»Brutstätte der Kriminalität«), um mit der Räumung des Areals zu drohen. Und das, obwohl es eine große Akzeptanz Christianias in der dänischen Bevölkerung gab und viele Menschen stolz auf dieses in der Welt einzigartige Experiment waren.

Da Haschisch und Marihuana im »Freistaat« legal waren und überall ausgiebigst konsumiert wurden, veranlasste das mein rebellisches Gemüt, den konträren Weg einzuschlagen und in Christiania eine Drogenpause einzulegen.

Ich traf in Christiania eine ehemalige Pariser Geliebte wieder, die zusammen mit ihrem schottischen Partner den »Freistaat« verlassen und auf den Indien-Trail gehen wollte. Die beiden überließen mir ihr kleines Blockhaus, das am stillen hinteren Teil des Flusses lag. Das Ufer war gesäumt von den fantasievollsten Hauskonstruktionen, deren Gestaltung keinerlei lästige Bauaufsicht beschränkte. Aus dem Fluss und dem Uferdschungel wuchsen die fantastischsten Gebilde. Meinem Blockhaus gegenüber lugte eine rotbraune kleine Farm mit großer hölzerner Veranda aus dem schilfigen Gestrüpp. Daneben ragte ein sonnengelber Pfahlbau mit einer blumenüberwucherten Dachterrasse aus dem Fluss. Ein Stück weiter hingen mehrere durch Strickleitern verbundene Baumhäuschen wie riesige orangene Früchte in einer breitkronigen Eiche. Nebenan lag ein flachdachiges, gelb-rotes Hausboot verankert, das zur Hälfte aus einer offenen, von Blumenbüschen umrankten Plattform bestand. Es gab eine wie eine dunkelgrüne Schlange gestaltete Behausung, die sich friedlich durch das Ufergras wand, ein auf den Kopf, das heißt schräg auf das Dach gestelltes Haus, ein hölzernes Ufo, das silbrig aus dem grünen Gewucher blitzte, und eine farbige zwölfseitige Pyramide.

Ich arbeitete in der politischen Organisation des Freistaats mit und wechselte nach einem Monat im Recycling-Kollektiv in das beliebte »Badehuset«. Das Badehaus war das Gemeinschaftsbad mit Sauna, in dem sich auch die Erste-Hilfe-Station und die Drogenbetreuung befanden. Nach der unangenehmen Schwerstarbeit in der Schrottverwertung blühte ich geradezu auf in der tropisch feuchten Atmosphäre des Badehauses, umgeben vom Lachen und dem Gezwitscher nasser nackter Mädchen.

Nicht weit von der hölzernen Fußgängerbrücke über den Fluss entfernt befand sich eine kleine Sandbucht, die uns ein beliebter Badestrand war. Meine dänische Nachbarin Stine, eine verträumte Siebzehnjährige, die mit ihrem Freund in einem psychedelisch bunten Bauwagen wohnte, weckte mich häufig im Sommer, wenn sie nackt im Fluss stand und in der Morgensonne Geige spielte. Wenn ich mich nach einem Sprung in den Fluss zur Arbeit ins Badehaus aufmachte, grüßte mich vom anderen Ufer fröhlich die langblondlockige Sölva, die auf ihrem blumenüberwucherten Hausboot saß und ihr Kind stillte. Überall begegnete man nackten spielenden Kindern, für die das naturwilde Christiania natürlich ein Paradies war.

Christianias Nächte waren aufregend. In den durchgängig geöffneten Rockbars im geschäftigen Zentrum traf man neben Horden langweiliger, nervtötender Freaks die verrücktesten und spannendsten jungen Menschen – KopenhagenerInnen wie Globetrotter aus aller Welt. Jeden Abend fand ein Konzert statt, eine Theater- oder Kabarettaufführung, eine Performance, ein Happening, eine Party.

Für einen engagierten Hedonisten konnte das internationale Christiania wirklich ein Paradies auf Erden sein, wenn er denn über ein gehöriges Maß an Selbstdisziplin verfügte. Doch wer tat das schon?

Über die poetischen Freiheitsbilder im »Freistaat« legten sich zunehmend dunkle Schatten. Im Sommer stolperte man im Zentrum über Tausende von jungen internationalen Drogentouristen, die wie die Heuschrecken über den Ort herfielen und deren Vorstellung von Freiheit darin bestand, sich mit allen möglichen bewusstseinsverändernden Substanzen so weit vollzupumpen, bis sie irgendwann ausgebrannt kollabierten. Es kam zu Alkohol- und Drogenexzessen, die nicht selten in Paranoia, Gewalt und auf der Intensivstation endeten. Das kopfsteingepflasterte Zentrum, mit seinen abgewrackten Trinkern und Drogisten, die sich an kalten Tagen um stinkend brennende Öltonnen scharten, die geschäftstüchtigen Dealer, zu denen sich zudem Heroin-Pusher und Junkies zu gesellen begannen, die organisierten Touristenströme, die uns Christianiter wie exotische Tiere begafften, wie auch das sich ausbreitende Werbeartikelgeschäft mit Christiania-Artikeln, erfüllten mich mit zunehmendem Unbehagen. Die meisten der aktiven Mitarbeiter des »Freistaats« mieden den Trubel in Christianias kommerzialisiertem Zentrum, zogen sich zurück und rückten in einer Art Wagenburgmentalität zusammen, die ich als bedrückend empfand. Ich wollte nicht in einem Alternativ-Getto leben. Daher verließ ich Christiania nach einigen Monaten wieder.

Ich trampte zurück nach Deutschland und arbeitete den Herbst und Winter über in den großen Gießener Keramikwerken am Fließband, bevor ich wieder für Monate auf der Straße unterwegs war. Bis zum Beginn meiner Bankräuberkarriere Mitte der Achtziger hatte ich neben den Tätigkeiten als Heimerzieher, Rettungssanitäter und alternativer Bademeister Jobs als Fabrik- und Lagerarbeiter, Nachhilfelehrer, Manager einer Punkband, Bierkutscher, als Erntehelfer, Logistiker, Dachdecker, Anstreicher, Bauhilfskraft und Einkaufswagenzusammenschieber.

Im Herbst 1979 fuhr ich mit meinem Kölner Kumpel Charly für sechs Wochen durch das im stalinistischen Dunkel liegende Vor-Solidarnošć-Polen. Polen war in jenen Tagen ein archaisches Land mit einer stolzen, rebellischen Bevölkerung, die ihr Leben in einer solidarischen Gegengesellschaft organisierte – gegen die übergestülpten sowjetischen Macht- und Mangelstrukturen, die sie mit verächtlicher Ignoranz strafte und mit lebensbejahender Fantasie überlistete und deren offizielle Vertreter zu großen Teilen nach Feierabend, wenn sie ihr Parteiabzeichen ablegten, wie selbstverständlich zu einem Teil dieser Gegengesellschaft wurden. Ein Land voller gastfreundschaftlicher Herzenswärme, anarchischer Solidarität und Sinnlichkeit, voll rauer, melancholischer Naturschönheit, mit vor Lebenshunger leuchtenden Frauen, die mir so manches helle Licht anzündeten.

Es war eine berauschende Tour, die damit begann, dass wir unseren streikenden 400-DM-Ford unter dem herzhaften Gelächter der DDR-Grenzer auf die Transitstrecke nach Westberlin schoben – und damit endete, dass uns auf der Rückreise, kurz vor dem DDR-Westwall, ebenfalls auf der Transitstrecke, der Keilriemen riss. Wir konnten die Karre in der Dämmerung, in einem tristen Novemberschneeregen, gerade noch auf den letzten Rastplatz vor dem ost-west-deutschen Grenzübergang schieben, der ausschließlich mit Fernlastern aus den damaligen Ostblockländern vollgestellt war. Unter vollem Einsatz von Charme und Körpersprache gelang es mir, einer amüsierten russischen Fernfahrerin, die mich in Statur und Stimme an einen russischen Kolchosetraktor erinnerte, gegen eine Flasche Danziger Goldwasser eine gebrauchte dunkelgrüne Sowjetstrumpfhose abzuschwatzen. So hing es buchstäblich an einer ausgeleierten russischen Damenstrumpfhose, dass wir das Sowjetreich des Bösen wieder verlassen und in den überteuerten goldenen Westen zurückkehren konnten.

In diesen Jahren, und besonders auch nach meiner Polentour, erfasste mich immer häufiger die Schwermut. Ich empfand mich selbst als Last und das Leben als eine unabwendbare Anhäufung von Verlust, enttäuschten Hoffnungen und sinnlosem Lebensverschleiß, unter dem ich in einem Meer aus innerem Erschrecken und Traurigkeit ertrank. Mit der durch den Alkohol verstärkten Klarsichtigkeit und dem daraus resultierenden Lebensekel entfernte ich mich im Treibsand der Melancholie immer weiter von dem scheinbar stabilen Boden bürgerlicher Blickwinkel, Glaubenssätze und Gewissheiten.

Das Einzige, was mich in den damaligen Jahren nicht in den Freitod trieb und was auch meine elementaren Werte nicht völlig ausfransen ließ, war die Bewegung der Straße, war die Stille und die menschenlose Einsamkeit – und meine beiden ewig treuen Geliebten, die Musik und die Poesie. Es waren aber auch die immer wieder aufflackernden Liebesillusionen und Sehnsüchte, die sich hartnäckig hielten. Wider alle Vernunft stürzte ich mich immer wieder in selbstmörderischer Uneinsichtigkeit in diese Illusionen der Liebe. Dass ich ein begehrter Mädchenschwarm war, streichelte mein Ego und fachte meinen Lebensmut immer wieder an, deprimierte mich aber auch, denn natürlich liebten die Frauen zumeist nur ein Bild oder eine einzelne Facette von mir. Doch da kein Schatten ohne Sonne möglich ist, auch nicht der Schatten der Melancholie, brannte diese umso heller und heißer, wenn sie denn leuchtete.

3 München, Dezember 1986

Seit meinem letzten Banküberfall in Hamburg waren zehn Monate vergangen, und ich musste feststellen, dass sich die Beute vollständig aufgelöst hatte. Ich hatte in den vergangenen Monaten nicht einen einzigen Gedanken an Geld verschwendet, sondern es einfach ausgegeben. Ich wusste ja, in den Banken dieser Welt wartete frisches Geld nur darauf, abgehoben zu werden.

Ich hatte das Geld zwar bedenkenlos ausgegeben, hatte es aber nicht verprasst. Ich kaufte mir eine neue Levis-Jeans, Bücher und Schallplatten und trampte im Sommer hoch zum Roskilde-Festival nach Dänemark und weiter nach Schweden und Finnland. Ich ging nie in ein Hotel oder eine Pension, sondern schlief im Schlafsack an der Straße, an einem See, am Waldrand, in einem städtischen Park oder bei einer Zufallsbekanntschaft der Straße. Es war nicht der professionelle Gedanke, meinen Lebensstil nicht auffällig zu verändern, der mich leitete, sondern das war das Leben, wie ich es führen wollte, wie es mir am aufregendsten und befreiendsten erschien. Rock 'n' Roll, Liebe und Trampen kosteten nicht viel. Das meiste Geld ging für meinen exzessiven Alkoholkonsum drauf. Ansonsten unterstützte ich einen befreundeten glücklosen alternativen Kleinsthändler mit ein paar Tausend Mark, kaufte einer guten Freundin den ersehnten VW Passat, den sie für ihre Arbeit brauchte (ich selbst habe bis heute noch nie ein eigenes Auto besessen), und half einer befreundeten Landkommune aus, die bei der Erweiterung ihres Hofes ins Stocken geraten war (den Freunden erzählte ich etwas von einer überraschenden Erbschaft).

Da meine Kasse also leer war, trampte ich Anfang Dezember nach München. Uschi, eine ehemalige Liebste, die mit ihrem Freund in den Skiurlaub gefahren war, hatte mir ihre Wohnung überlassen. Sie befand sich direkt am Olympiagelände, das um diese Zeit in verschneiter Winterstarre lag. Nachdem ich mir ein günstiges Objekt samt zweier Alternativen in Münchens erweitertem Zentrum ausgeschaut hatte, lief ich am frühen Abend durch das winterstille Schwabing, das mir wie ein wehmütiger Schatten seiner Vergangenheit erschien. Wie auch in der Kölner Südstadt hatte sich das prickelnde Flair der Sechziger und frühen Siebziger längst verflüchtigt, die Funken der Verheißung in der Luft waren erloschen und einer nüchternen Mischung aus Schickeria-Treff, wohlsituierter alternativer Wohngegend und Touristentummelplatz gewichen. Als ich durch das Viertel schlenderte, blieb ich vor einem Überbleibsel der vergangenen Zeit, dem »Türkendolch«, stehen. Auf der Tafel des legendären, 1954 eröffneten Schwabinger Programmkinos leuchtete mir Sam Peckinpahs *Pat Garrett jagt Billy the Kid* entgegen, mit Kris Kristofferson, James Coburn und Bob Dylan, der auch den wehmütigen Outlaw-Soundtrack geschrieben hatte. Obwohl ich diesen geliebten Spätwestern schon mehrmals gesehen hatte, ging ich in die nächste Vorstellung. Es schien mir die ideale Einstimmung auf den morgigen Banküberfall zu sein.

Nach dem Film ließ ich mich mit Billys verschmitztem Grinsen und einem imaginären Sechsschüsser an der Seite noch eine Weile durch das Viertel treiben. Ich dachte an den im Wilden Westen Amerikas völlig normalen Seitenwechsel von Gesetzlosen zu Gesetzeshütern und umgekehrt. Im weiten unzivilisierten Westen bedurfte es nicht allzu viel, um das Gesetz zu vertreten. Säufer, Spieler und andere zwielichtige Glücksritter, die ein Gesetzbuch kaum zu halten vermochten, konnten Richter werden. Ehemalige Outlaws – Bankräuber, Kopfgeldjäger, Viehdiebe – wurden oft Sheriffs und Marshalls.

Outlaws waren allerdings außerordentlich qualifiziert für diese Arbeit, da die zumeist einzige Voraussetzung für den Sheriffjob Durchsetzungsvermögen und die Fähigkeit war, einen Revolver besonders schnell ziehen zu können. In der zutiefst gewalttätigen Gesellschaft des frühen Westens beruhte die öffentliche Ordnung letztlich auf dem Sechsschüsser des Sheriffs – wenn die braven Bürger das Recht nicht selbst in die Hand nahmen und als Vigilantenmob überführte oder vermeintliche Gesetzesbrecher aus der Stadt jagten oder kurzerhand aufknüpften.

Es lag in der Natur der Sache, dass im Westen des amerikanischen Grenzlands Sheriffs und Outlaws demselben Schoß entsprangen: dem der Revolverhelden. In dieser Wesensverwandtschaft lag nicht nur der Grund, dass sie häufig beide Seiten des Gesetzes kannten. Die Revolverhelden waren eine ganz eigene Spezies zumeist hochindividualisierter Einzelgänger, von denen keiner »jemals auch nur einen Augenblick gezögert hätte, sein Leben aufs Spiel zu setzen« (Sheriff Bat Masterson). Das unterschied sie deutlich von der Masse der ängstlich um Leben und Besitzstand fürchtenden braven Siedler, Stadtbürger und Kleinrancher, die fast immer nur als Mob, oft als Lynchmob, gegenüber Ausgelieferten mutig waren.

Unter den Revolvermännern, die zunächst Outlaws waren und dann bekannte Gesetzeshüter wurden, war Wyatt Earp wohl der berühmteste. Earp hatte sich früh den von Brecht noch gar nicht ausgesprochenen Satz zu Herzen genommen, dass es idiotisch sei, eine Bank zu überfallen, wenn man selber eine eröffnen und sich das Geld ganz legal vorbeibringen lassen kann. In seinem Fall waren es höchst lukrative Spielbanken, in denen er sich ohnehin am liebsten aufhielt.

Am nächsten Morgen schaute ich um sechs Uhr aus dem eisblumenumrankten Fenster. Die tief verschneiten Olympiaanlagen konnte ich nur erahnen, da der frostige Wintermorgen in dichte Nebel gehüllt war. Ideales Bankraubwetter. Ich machte mich fertig. Wie in Frankfurt und Hamburg war ich ganz in Schwarz gekleidet, nur wählte ich in München zur Vermummung nicht Motorradhelm oder Zorromaske, sondern den hochgezogenen schwarzen Schal in Verbindung mit einer schwarzen Sonnenbrille.

Das von mir favorisierte Bankobjekt lag in einer Seitenstraße der Leopoldstraße. Nach dem Überfall wollte ich mich mit dem Fahrrad auf dieser Hauptstraße durch den verstopften morgendlichen Berufsverkehr schlängeln und etwaige polizeiliche Verfolger in Autos im Stau stehen lassen, bevor ich in einer U-Bahn-Station untertauchen würde. Auch vor Motorrad-Verfolgern fühlte ich mich sicher. Zu Hause in Hessen hatte ich mit »Dr. Mad«, meinem wohlhabenden Medizinstudenten-Kumpel, der nichts von meinem Vorhaben wusste, den Stau-Test in der Frankfurter Innenstadt gemacht und gesehen, dass ich mit meinem gebrauchten Fahrrad bezüglich der Wendigkeit zwischen eng stehenden Kraftfahrzeugen seiner 73er-Norton-Commando überlegen war. Ich hatte noch ein wenig Zeit bis zur Öffnung der Bank, und so trank ich in einem Stehcafé eine heiße Schokolade. Wie immer vor den Banküberfällen hatte ich Alkohol, Koffein und Zigaretten abgesetzt und noch gestern einen Nachtlauf im vereisten Olympiapark gemacht.

Als die Eingangstür der Bank aufgeschlossen wurde, stürmte ich einen Moment später hinein. Ich war der erste Kunde. Die Bankangestellten sahen mich mit großen Augen an, sie schienen wie hypnotisiert, und so wiederholte ich meinen Weckruf mit einem beschwingten: »Herrschaften, Banküberfall! Zahlen Sie bitte zügig aus, so wird niemandem etwas geschehen, und die alarmierte Polizei wird uns in keine Schwierigkeiten bringen!«

Da mich der Kassierer weiterhin regungslos anstarrte, zeigte ich mit der Pistole auf die Kassenfächer und bedeutete ihm mit nach wie vor ruhiger Stimme: »Hallo, aufwachen! Zahlen Sie bitte aus und gefährden Sie nicht Ihre Kollegen und Ihren Seelenfrieden.«

Der Kassierer löste sich aus seiner Starre und beeilte sich, die Geldbündel durch den Schlitz zu reichen. Nach einer knappen halben Minute war die Transaktion abgeschlossen. Ich warf ein Bündel Scheine auf den Tresen und verabschiedete mich mit dem üblichen Spruch: *»Pour les employés.«*

Ich schlenderte um die Ecke, bestieg das dort abgestellte Fahrrad und radelte los. Von ferne hörte ich eine Männerstimme »Banküberfall, Banküberfall« in den milchigen Morgen rufen. Als ich auf die Leopoldstraße stieß, überkam mich plötzlich das mulmige Gefühl, beobachtet zu werden. Ich drehte mich herum und sah fünfzig Meter hinter mir eine junge Blondine auf einem Fahrrad, die in diesem Augenblick demonstrativ zur Seite schaute. Ich änderte den Plan und bog wieder in das Seitenstraßenlabyrinth der Leopoldstraße ein. Die junge Frau folgte mir in gebührendem Abstand. Ich erhöhte das Tempo, wechselte im Zickzack die Nebenstraßen und kam mir fürchterlich albern vor. Ärger stieg in mir auf. Eine junge weibliche Verfolgerin auf einem Fahrrad, die gar nicht mal so übel auszusehen schien – *das konnte doch wohl nicht wahr sein!*

Es war aber wahr. Meine Verfolgerin hatte das verschärfte Tempo übernommen und strampelte weiter im gleichbleibenden Abstand hinter mir her. Wer zum Teufel war das, und was hatte sie vor? War das Pflichteifer? Die Hoffnung auf eine mögliche Belohnung? Die einmalige Chance, in die Medien zu kommen? Ich bog in den verwaisten Englischen Garten und hätte mich auf dem ungestreuten Weg fast hingelegt. Die blonde junge Frau blieb mir hartnäckig auf den Fersen. Was konnte ich machen? Wieder Schal überziehen, Sonnenbrille aufsetzen, sie stellen und sie freundlich auffordern, die Verfolgung gefälligst einzustellen? Nein, das hätte sie nur ermutigt. Ich kam mir lächerlich und hilflos vor, zumal ich wusste, dass ich nicht aggressiv auftreten oder gar mit der Pistole herumfuchteln würde. Was hätte wohl Jesse James gemacht, wenn ihm eine wild gewordene Farmerstochter hinterhergeritten wäre? Er hätte seinen Rappen gezügelt und wäre auf sie zugeritten, hätte sie geküsst und ihr einen sanften Klaps auf den Hintern gegeben, um sie dann lose an einen Baum zu fesseln, sodass sie sich selbst hätte befreien können. Nun, das hätte jedenfalls ein Film-Jesse-James getan. Für mich, im realen München der Achtzigerjahre, gab es nur eine Möglichkeit, nämlich meine Verfolgerin ein für alle Mal abzuhängen.

Also trat ich wie ein Verrückter in die Pedale, schoss aus dem Englischen Garten heraus, tauchte am Bogenhausener Friedhof wieder in das Labyrinth von Nebenstraßen und Wegen ein und schaffte es endlich, meine Verfolgerin abzuhängen. Ich sondierte noch einmal die Umgebung, bevor ich am Ostbahnhof in die S-Bahn sprang und am Stachus in die U-Bahn zum Olympiagelände wechselte.

Wieder war eine Situation eingetreten, die in meinen intensiven Überlegungen über alle Eventualitäten und Risiken eines Banküberfalls überhaupt nicht aufgetaucht war. Aber in solchen unvorhergesehenen Momenten die richtige Entscheidung zu treffen war ja die Herausforderung bei diesem Job. Es war das Jahr 1986 und noch vor dem Mobiltelefon-Zeitalter. In heutigen Tagen hätte mich dieses engagierte Mädchen mit der Möglichkeit der Handyverbindung und entsprechender Dirigierung der Polizeikräfte problemlos an die Staatsgewalt ausliefern können.

Am nächsten Tag las ich in der Zeitung, dass die junge blonde Heldin, eine Sportstudentin aus Bamberg, nur ihrer staatsbürgerlichen Pflicht nachkommen wollte. Jedoch war sie in ihrem Eifer schließlich mit dem Vorderrad in ein Schienengleis geraten und gestürzt, worauf sie die Verfolgung aufgegeben hatte. Ich hoffte, dass sie sich nicht verletzt hatte, fand aber auch, dass ihr recht geschehen war.

Am Nachmittag ging ich, glühend vor euphorischer Lebenslust, in die Olympia-Schwimmhalle im Olympiapark. Das erste Mal war ich hier gewesen nach dem magischen 73er-Stones-Konzert in der Olympiahalle nebenan und das letzte Mal beim eher lauen 82er-Stones-Konzert im Olympiastadion daneben. Heute ließ ich mich lange auf dem Rücken durch das blaue Wettkampfbecken treiben, während draußen dichte Schneeflocken tanzten und an der riesigen Glasfront entlangschmolzen. Abends fuhr ich zum Tanzen und Trinken nach Schwabing ins »Crash«, den legendären Rockschuppen, dessen Getränkekarte seit ewigen Zeiten ein Scherenschnitt von Jim Morrison zierte.

Nachdem ich am nächsten Tag Uschis Wohnung aufgeräumt und ihr einen Blumentopf mit roten Amaryllis auf die Fensterbank gestellt hatte, besuchte ich die Städtische Galerie im Lenbachhaus – wegen der ständigen Ausstellung der Gruppe »Der Blaue Reiter«, die ich mir schon häufiger angesehen hatte. Dann fuhr ich zum Bahnhof und nahm den Zug zurück nach Gießen.

Folgte ich als illegaler Bankräuber theoretisch dem Robin-Hood-Prinzip – und setzte es praktisch auch ein wenig um –, so sehen wir unserer Tage so drastisch und unverschminkt wie noch nie, wie dieses Prinzip auf den Kopf gestellt wurde: »Wir erleben die Umkehrung von Robin Hood – beraube die Armen, bezahle die Reichen«, formulierte John Prescott, der ehemalige stellvertretende britische Premierminister, der gegen die Banker kämpfte, die ihre Banken so weit ruiniert hatten, dass sie mit Steuergeldern gerettet werden mussten, von denen sich jene Banker nun nachträgliche Millionenboni für ihr katastrophales Versagen auszahlen lassen wollten – und sich dabei, frei von jeglicher Scham, »auf bestehende Verträge beriefen«, die ohne die milliardenfache Staatsbürgerhilfe der Regierung völlig bedeutungslos wären.

Kurze Zeit nach dem von ihnen verursachten Zusammenbruch des Finanzsystems, mit verheerenden Folgen für ungezählte Millionen Menschen, machten die Banken, die ohne die Hilfe des Staates, und damit der ihre Zeche zahlenden Bürger, zu großen Teilen gar nicht mehr existieren würden, nun muntere Geschäfte mit der von ihnen verursachten Krise und profitierten von ihr – wieder auf Kosten der

Bürger, die überhaupt erst ihren Fortbestand gesichert hatten. Nationale wie globale gesellschaftliche Entwicklungen und die ihnen innewohnenden vielmillionenfachen Menschenschicksale reduzierten sich für die Banker nach wie vor auf die anonyme Datensammlung einer persönlichen Gewinn-Verlust-Kalkulation. Wobei die Gewinne immer ausschließlich die Gewinne der Banker sind, bedrohliche Verluste hingegen werden sozialisiert, das heißt vom Staat, der Masse der Bürger, getragen. Die Banker stehen also immer als schampusschlürfende Sieger im Bug. Machen sie Fehler, muss sich die Masse der um ihre Existenz rudernden Bürger eben noch ein wenig stärker in die Riemen legen.

Ein im Gegensatz zu mir und meiner Lotterhaftigkeit strikt asketisch moralisch handelnder Typ des Robin Hood war eine ältere Dame aus dem Rheinland, die ihre Arbeit als legale Bankräuberin nicht mehr ertragen konnte und darüber zu einer illegalen Bankräuberin wurde.

Empathie und Mitleid bewegten die zweiundsechzigjährige Bankerin unserer Tage dazu, regelmäßig Gelder von den Konten reicher Kunden auf die Konten armer Kunden umzubuchen. Die Bankerin führte in einer kleinen rheinischen Gemeinde das einzige Kreditinstitut, eine Filiale der Volks- und Raiffeisenbanken. Wissend um die finanziellen Sorgen und Nöte der Menschen vor Ort, vergab sie an in Bedrängnis geratene Privatleute und Kleinunternehmer Kreditgelder, die, mangels Sicherheiten, normalerweise niemals von einer Bank gewährt worden wären. Zu diesem Zweck buchte sie Gelder reicher Kunden um, die teilweise über Jahre auf Sparkonten schlummerten, in der Hoffnung, dass die Schuldner das Geld innerhalb weniger Monate zurückzahlen würden. Das funktionierte jedoch nicht immer, sodass die Bankerin 1999 sogar eine Hypothek von 300 000 DM auf ihr Haus aufnahm, um die selbstlos geschröpften Konten auszugleichen.

Die Kreditbitten hielten an, die Filialleiterin half weiter und konnte am Ende nicht mehr alle Konten bereinigen: Sie hatte 1,1 Millionen Euro mehr abgebucht als zurückgebucht, ohne dass sich die Bankerin auch nur einen Cent in die eigene Tasche gesteckt hatte. Als Ende 2005 einem Kunden die Unstimmigkeiten auffielen, wurde der Filialleiterin fristlos gekündigt.

Da die vormalige Bankerin der Bank ihre zwei Mehrfamilienhäuser, ihre Lebensversicherung und Barschaften überschrieb, sah das Geldhaus von einem Strafverfahren ab und bereinigte die in Schieflage geratenen Konten. Später erstattete einer der Kontoinhaber doch noch Anzeige, worauf es 2009 zum Prozess kam und 117 Fälle der »Untreue« nachgewiesen werden konnten. Das Gericht verurteilte die vormalige *menschenfreundliche* Bankerin »nur« zu zweiundzwanzig Monaten Gefängnis auf Bewährung, da sie, so die Urteilsbegründung, nicht aus Eigennutz gehandelt habe und mit den Folgen ihres Handelns ausreichend bestraft sei. Die ehemalige Filialleiterin ist erwerbslos, hat ihr Eigenheim und ihre Altersvorsorge verloren und muss von einer schmalen Frührente leben, die ihr bis auf das Existenzminimum gepfändet wird.

»Ich muss verrückt gewesen sein«, sagte die ehemalige Bankerin vor Gericht. Doch ist es nicht so, dass nicht diese mitfühlende Frau, sondern die gesellschaftlichen Realitäten und unser aktuelles Wertesystem ver-rückt sind? Jedenfalls zeigt dieser Fall, für welche Art der Veruntreuung der Banker Boni erhält und für welche er gerichtlich verurteilt und existenziell ruiniert wird.

4 München, Juni 1987

Heftig schlug ich mit der Stirn gegen die verschlossene Glastür des Bankhauses, das ich Ende letzten Jahres schon einmal überfallen hatte. Da der Windfang, in dem ich zumeist die Maskierung überstreifte, hier von Angestellten und Videokamera einsehbar war, hatte ich den Schal bereits bis über die Nase hoch und die Mütze bis zu den Brauen hinuntergezogen, was den Aufprall etwas abdämpfte.

Ich hatte mich vorbereitet wie immer. Doch ich war wie selbstverständlich davon ausgegangen, dass die Öffnungszeiten noch immer dieselben waren wie im Dezember. Es war kurz vor 16 Uhr gewesen, als ich in die Bank stürmen wollte. Nun musste ich schmerzhaft feststellen, dass der Schalterschluss dieser Bank unverschämterweise von 16 Uhr auf 15.45 Uhr vorverlegt worden war und ich einen unverzeihlichen Vorbereitungsfehler begangen hatte.

Ausgestattet mit einer kleinen Beule, fuhr ich mit der Bahn von Schwabing zurück zum Olympiagelände, wo ich wieder bei Uschi wohnte. Es war acht Jahre her, dass wir liiert gewesen waren. Später am Abend brach Uschi, die inzwischen eine energische Gastronomin war, völlig überraschend einen Streit vom Zaum, indem sie mir vorwarf, damals eine andere Frau gevögelt zu haben, obwohl ich doch genau gewusst hatte, dass sie, Uschi, die andere nicht ausstehen konnte. Ich wusste zunächst gar nicht, wen sie meinte. Ich versuchte, sie zu beruhigen, indem ich ihr in allem recht gab, was sie jedoch nur noch lauter toben ließ, sodass ich nach einiger Zeit aufgab, meinen Schlafsack schnappte und mich freundlich auf den nächsten Morgen verabschiedete.

Ich nahm meine Sachen und schlenderte durch die nur spärlich bevölkerten Schwabinger Straßen in den Englischen Garten, wo ich meinen Schlafsack unter einer alten Eiche ausrollte. Es war eine milde Frühsommernacht, die Sterne funkelten, ein voller Mond zog auf. Ich fiel in einen tiefen friedlichen Schlummer. Um 2.30 Uhr wurde ich von zwei Pferden geweckt, die sanft an meinem Gesicht schnupperten. Auf den Rössern saßen zwei entspannte Polizisten, die mich freundlich vor den möglichen Gefahren des nächtlichen Parks warnten.

Um sechs Uhr morgens kitzelte mich die Sonne wach. Um mich herum zwitscherte und summte ein taufrischer Junimorgen. Ich lief zum Eingang des Parks, sprang nackt in den kalten Eisbach, der den Englischen Garten hier durchzieht, und ließ mich zum anderen Ende des Parks treiben. Solchermaßen erfrischt, machte ich mich auf den Weg zurück zu meinem Basislager. Uschi, die noch im Bett lag, schnurrte sanft wie ein Kätzchen und war vollauf versöhnt, als ich ihr mit den mitgebrachten frischen Brötchen ein üppiges Frühstück im Bett servierte – und blieb auch artig liegen, sodass ich mich ungestört im Nachbarzimmer für meinen zweiten Bankengang fertig machen konnte.

Um neun Uhr stürmte ich in dieselbe Bank – Kanone raus, die leere Patrone durchladen. »Das ist ein Überfall …«

Der Kassierer konnte sich an die schwarz vermummte Gestalt vom Jahresbeginn noch gut erinnern und stöhnte ärgerlich auf: »Was, Sie schon wieder?«

Ich machte eine entschuldigende Geste: »Tja, same procedure as every year.«

Der Bursche seufzte und schob dann unverzüglich das Geld herüber. Ich bedankte mich höflich und machte mich aus dem Staube, sodass mich Uschi bereits zwei Stunden später zum Bahnhof bringen konnte, wo ich, um gut 50 000 DM reicher, den Zug nach Gießen nahm.

Als ich in der hässlichen Universitätsstadt eintraf, erreichte mich ein Hilferuf aus Köln. Charly, mein alter Kumpel, mit dem ich damals, Ende der Siebziger, durch das herbstliche Polen gezogen war, klagte mir am Telefon sein Leid. Er sah keine Perspektiven mehr, das Leben war ihm verhasst, er wollte nur noch sterben. Ich fuhr direkt weiter nach Köln, sprach mit ihm, steckte ihm 2000 DM zu und ermunterte ihn, in sein Traumland Italien zu reisen – was er auch prompt tat. Charly trampte nach Italien, verliebte sich in ein lombardisches Mädchen und lebte die folgenden Jahre mit seiner Italiana, ihrer Tochter und seinem Sohn, den er mit ihr gezeugt hatte, in Bella Italia. So lange, bis er die italienischen Ausbeuterjobs nicht mehr ertrug und mit seiner Familie zurück nach Köln ging, um sich in die Hamsterräder der teutonischen Ausbeuterjobs zu begeben. Als ich später in Köln jahrelang in Untersuchungshaft saß, kannte auch er mich nicht mehr.

Von Köln aus trampte ich am folgenden Tag nach Dänemark zum alljährlichen Roskilde-Festival, das für mich das aufregendste Rock-Spektakel überhaupt war. Höhepunkte in diesem Jahr waren die Auftritte von Iggy Pop, Sonic Youth, den damals noch ohrenbetäubend orgiastischen Flaming Lips, Dream Syndicate und The Cult. Zurück vom Festival, fuhr ich mit meinem Kumpel »Dr. Mad« in dessen 71er-Citroen DS zum dreiwöchigen Theaterfestival nach Avignon, von wo aus ich allein weiter auf Europa-Tour gehen wollte.

In Avignon tauchten wir ein in den sommerlichen Theater- und Musikreigen. Wir tanzten, tranken, lachten und taumelten die folgenden Wochen in schwebender Leichtigkeit in vielfältige Begegnungen.

Nach zwei Wochen trampte ich allein weiter – durch das in Van-Gogh-Farben flimmernde Südfrankreich, über die staubtrockenen Schotterpisten der Pyrenäen, mit ihren ausgebleichten grobsteinigen Gebirgsdörfern, weiter auf der Küstenstraße am sonnenblauen Mittelmeer entlang bis nach Barcelona. Ich blieb drei Tage, dann zog es mich weiter Richtung Westen. Ich wartete drei Stunden am Stadtrand von Barcelona in der Gluthitze, als schließlich ein blutrotes Porsche-Cabriolet hielt. Der Fahrer war ein junger spanischer Modedesigner, der wie ich nur T-Shirt, Shorts, leichte Leinenschuhe, Sonnenbrille und einen Stirnturban trug. Wir brausten über siebenhundert Kilometer gemeinsam über die Überlandstraße nach Valladolid, wobei sich mein Fahrer nicht um irgendwelche Geschwindigkeitsbeschränkungen scherte. Während die rauen Riffs von AC/DC aus den Boxen pumpten, flog der Porsche unter einem brennenden Himmel durch die ockerfarbene Weite Zentralspaniens. Vorbei an auf Felsplateaus bröckelnden Burgruinen, staubigen Ortschaften und riesigen schwarzen Schemen von Osborne-Reklame-Stieren, die auf den welligen Anhöhen im Staub zu scharren schienen.

Am nächsten Morgen stand ich an der Ausfallstraße Richtung Portugal. Ich wartete einen ganzen Tag lang. Es waren über 40 Grad im Schatten, nur dass es keinen Schatten gab, und eine nicht abreißende Schlange mit vielen Tausend Autos fuhr an mir vorbei, mit stoischen, genervten und spöttisch grinsenden Fahrern. Nach zwei Stunden begann ich, ihnen die Pest an den Hals zu wünschen. Am frühen Abend ging ich dazu über, die Autos mit den überall am Straßenrand herumliegenden leeren Plastikflaschen zu bewerfen, was aber auch niemanden zum Halten veranlasste. Erstmals in meinem langjährigen Tramperleben gab ich es auf, wanderte in der Dämmerung zurück in die Stadt und nahm den Nachtzug nach Porto.

Im rötlichen Schein der Morgendämmerung erreichte ich am 15. August 1987 die portugiesische Grenze. Ich erlebte ein neues fremdes Land, das mir sofort vertraut schien. Ein weißer winziger Grenzbahnhof, dessen Front mit einem blau-weißen Kachelbild verziert war. Morgendlich übermütiges Vogelgezwitscher, wildes Grillengezirp. Ein freundlich winkender alter Bahnhofsvorsteher, gemächliche portugiesische Grenzbeamte, eine schwarz gekleidete portugiesische Mama mit einem riesigen Korb auf dem Kopf, aus dem sie Happen und Erfrischungen in die Zugfenster hochreichte. Die mit Sommerdüften übersättigte Luft erschien mir frischer und samtiger, das Morgenrot intensiver, die hügelige Landschaft leuchtender. Ich stand die gesamte Fahrt über am Gangfenster und nahm das sich ständig verändernde lusitanische Licht in mich auf, die fremden und doch so vertrauten Düfte.

Über die von Gustave Eiffel konstruierte Eisenbahnbrücke, die sich hoch über dem Douro erhebt, erreichte ich Porto. Meinem Grundsatz getreu, dass man in die Seele und den Rhythmus einer Stadt am besten eintaucht, indem man sie erläuft, brach ich mittags, nach kurzem Schlaf in einer Pension, auf. Vorbei an der die Altstadt überragenden Kathedrale, die Sé, ging ich durch das schummrig verwinkelte historische Hafenviertel hinab zum Flusskai der Ribeira. An der Flusspromenade, an der sich in Granitgewölben kleine Bars, Straßencafés und Restaurants drängten, blieb ich vor einer winzigen Bar stehen, an der »Start me up« von den Stones aus einer alten Wurlitzer-Musikbox dröhnte. Da keines der wackeligen Tischchen frei war, setzte ich mich zu zwei jungen Mädchen, die angeregt über ihrem Bier stritten und mich freundlich einluden. Légia war einundzwanzig, Kunststudentin, mit schwarz lodernden Augen und langem schwarzem Haar, Carlotta, ihre Schwägerin, ein zappeliger Junkie mit langem dunklem Lockengezottel. Beide waren aus Porto. Légia verwickelte mich sofort in ein Gespräch, das wir in Englisch-Französisch führten, da sie, im Gegensatz zu mir, besser Französisch als Englisch sprach. Es war bereits Abend geworden. Wir saßen unter dem sommerlichen Sternenhimmel Portos am silbrig schimmernden Douro, im Schatten der schmiedeeisernen, erhellten Brücke. Neben uns erhob sich die historische Altstadt, auf der anderen Flussseite leuchteten am Hang die Neon-Reklameschilder der ineinander verschachtelten riesigen Portweinkellereien, und das Leben war wieder einmal für Momente vollkommen.

Nach einer Weile fuhren wir mit dem Taxi über die Brücke auf die andere Seite der Flussschlucht nach Vila Nova de Gaia in einen Tanzpalast, in dem wir uns bis zu den Morgenstunden tummelten. Am nächsten Tag, ein Sonntag, traf ich mich mit Légia am Kai des alten Hafenviertels. Mit der alten, kunterbunten Elétrico, der Straßenbahn aus dem 19. Jahrhundert, rumpelten wir am Douro entlang zum Atlantik. An Portos Stadtstrand liefen wir lange am Meer entlang, lagen unterhalb eines Dünenkamms im Sand und dösten wohlig träge in der atlantischen Nachmittagssonne bis in die Dämmerung hinein.

Am frühen Abend hielten Légia und ich uns zum Abschied lange in den Armen. Sie sollte für viele Jahre eine innige Freundin sein, obwohl wir nie ein Liebespaar wurden, da wir beide zu scheu waren, den Zauber zu zerstören.

Légia hatte mir als nächstes Ziel Caminha empfohlen, eine Kleinstadt im Norden des Landes, an der Flussmündung des Minho gelegen, der dort die Grenze zu Spanien bildet. Am folgenden Morgen, im Bus nach Caminha, fuhr ich die Costa Verde, die »grüne Küste«, entlang, zum Landesinneren hin vorbei an grün bewaldeten Gebirgszügen, hinter denen sich fruchtbare Täler mit Terrassenfeldern und Weinbergen öffneten, von Flüssen, Seen und Wasserfällen durchzogen. Nach Westen hin war die Straße von Dünenlandschaften und weiten, weißen, oft völlig menschenleeren Stränden gesäumt, vor denen der unermessliche blaue Atlantik in der Augustsonne blitzte.

Das Städtchen Caminha – ein mittelalterliches Juwel, der Campingplatz direkt am Mündungsbogen, hinter den weitläufigen Dünen, so laut geschäftig, dass ich dort zwar mein Zeltlager aufschlug, jedoch nachts auf dem Dünenkamm über dem Atlantik schlief. Vielerlei Begegnungen mit Portugiesinnen, die zumeist aus Porto kamen, und internationalen, hauptsächlich deutschen Globetrottern. Sanfte Sonnenflirts in der Strandbar, spätabendliche Trinkgelage im Ort und überdrehte nächtliche Touren zu den Tanzschuppen der Umgebung. Die Tage tanzte und sang ich stundenlang, vor Lebensfreude berstend, am Strand entlang, nur unterbrochen von wilden Stürzen in die atlantische Brandung und den mir eigenen und in Portugal ungewöhnlichen weiten Schwimmausflügen in den Atlantik hinaus.

Am letzten Tag in Caminha kam mir auf einem meiner Spaziergänge an einem verwaist liegenden Strand eine junge zierliche Frau mit langen braun flatternden Locken entgegen, barfuß, in einem langen, weißen, luftig verwehenden Kleid, mit einem hellen, breitkrempigen Sonnenhut, den sie mit der rechten Hand gegen die Windböen festhielt. Eine Erscheinung wie auf einem spätromantischen Gemälde. Unsere Blicke trafen sich, ich sprach sie an. Sie war eine Studentin aus Porto und lud mich zum Abendessen auf den Zeltplatz der Familie ihres Onkels ein, mit der sie in Caminha Urlaub machte. Ich wurde Teilnehmer eines typischen portugiesischen Fisch-und-Meeresfrüchte-Gelages, bei dem reichlich Rotwein floss. Ich führte ein langes Gespräch mit dem Onkel, einem Philosophieprofessor aus Porto und hedonistischen, dickbäuchigen Nietzscheaner, über portugiesische Literatur und deutsche Philosophie, bevor ich mit Alma auf ein paar Drinks ins Städtchen ging und wir uns zu später Stunde im hellen Mondschein in der kleinen Burgruine über dem Ort liebten.

Am nächsten Tag saß ich mit einem leichten Schnupfen im Bus nach Lagos, an der Algarve, wo ich mich mit Kerstin, einer Freundin aus Hessen, verabredet hatte. Die Fahrt nach Süden führte durch sonnendurchtränkte Ebenen und hügelig gewelltes Hinterland, das die Meereswogen des Atlantiks fortzuführen schien, mit leuchtenden Weizenfeldern, weißen Segelwindmühlen, terrassierten Weinbergen, mit Korkeichen, Lorbeerbäumen und Eukalyptuswäldern, hinter denen sich im Osten die bewaldeten Rücken der Mittelgebirge erhoben. Wir machten einen kurzen Stopp in Coimbra, der alten Universitätsstadt am Mondego, dem

»Dichterfluss«, wo die Gebirgszüge in die fruchtbare Küstenebene auslaufen.

Als wir nach Lissabon hineinfuhren, erfasste mich ein seltsamer Erregungszustand. Ich versuchte von der weißen Stadt so viel in mich aufzunehmen, wie es mir von meinem Sitzplatz aus möglich war. Unterdessen kämpfte sich der Bus die Auffahrt zur Ponte 25 de Abril hoch. Vor dem unermesslich blitzenden Atlantik schwebten wir auf der mächtigen Revolutionsbrücke zwischen dem goldblauen Himmelsbogen und der silberblau schimmernden Mündung des Tejo-Flusses, auf der zwischen Fähren, Containerschiffen, Tankern und Kreuzfahrtdampfern kleine weiße Segeljollen tanzten – im Angesicht des sich in weißsilbrig flirrender Pracht die Hügel zum nördlichen Flussufer hinunterstürzenden Lissabon, während am südlichen Ufer, schräg unter uns, wo sich der Tejo zum Landesinneren hin zu einem seenhaften riesigen Naturhafen ausbuchtete, die gigantische Lisnave-Werft in winziger Spielzeughaftigkeit lag und sich vor uns die Silhouette der cognacfarbenen Hügel der Serra da Arrabida ausbreitete. Der Anblick der weißen Stadt, der sich mir von der Brücke eröffnete, riss mir das Herz vollständig auf und öffnete es für den Beginn einer nie endenden Liebe. Ich wusste, dass ich schon sehr bald wieder hierher zurückkommen würde.

Ich erreichte Lagos am frühen Abend. Nachdem ich auf dem lautstark überdrehten Globetrotter-Campingplatz Trindade eingecheckt hatte, schlenderte ich durch die verwinkelten Gässchen hinunter zur Promenade und lief unter den leicht schwankenden Palmenbäumen hinaus zur Hafenmole, an dessen äußerstem Ende ein Leuchtturm die Hafeneinfahrt dominierte. Am Leuchtturm stehend, schaute ich zur Linken auf den kleinen Fischerhafen, auf dessen gegenüberliegender Seite ein offener Dünenstrand begann und sich in einem weiten Bogen in den Horizont streckte, während zu meiner Rechten, direkt neben der Molenmauer, Lagos' menschenverlassener Stadtstrand lag, eingerahmt von den typischen Felsformationen der Algarve, die hier begannen, in zerklüfteten Felsen und aus dem Atlantik ragenden bizarren Bögen und Obelisken aus dem Meer zu wachsen. Die rot brennend im Meer versinkende Sonne warf ihre blutigen Lichtkaskaden über die von der Natur geschaffenen Felsmonumente.

Nachdem ich eine Weile zwischen den grobkörnig verwitterten Obelisken und Bögen in die Dämmerung hinausgeschwommen war, machte ich mich auf den Weg ins Städtchen, um Kerstin im »Stones« zu treffen, einer von einem Briten geführten Bar, deren Name Programm war. Zusammen mit einer gemischten deutsch-holländischen Gruppe vom Campingplatz zogen wir, nachdem das »Stones« um zwei Uhr schloss, in den einzigen Tanzschuppen von Lagos.

Als ich zwischen all dem neckischen Gespringe der nordischen Urlaubsanarchisten eine schwarzäugige Schönheit allein an der Theke stehen sah, auf schwarzen Pumps, mit hochgestecktem schwarzem Haar, den geschmeidigen Leib von einem lose gegürteten schwarzen Paillettenkleid umschmiegt, stürzte ich mich auf sie wie ein Verdurstender. Sie war jedoch keine Portugiesin, sondern eine frankokanadische Studentin auf Europatour. Nachdem der Club geschlossen hatte, morgens um vier Uhr, ging ich mit ihr zu dem verwaisten Stadtstrand, wo wir den Rest der Nacht verbrachten.

Am nächsten Tag schnallte ich meine Sachen auf eine geliehene Vespa. Den wild zerrenden Meereswind im offenen Haar, trunken von den Sonnendüften des Südlands, flog ich auf der hitzeflirrenden Küstenstraße durch hügelig wogendes Land bis zum Cabo São Vicente, dem südwestlichsten Ort des Kontinents, dort, wo Europa steil ins Meer bricht und die Ewigkeit beginnt. Ich ließ meinen Blick über das wild antobende Meer hinüber in den Steilküstenbogen wandern, an dessen anderem Ende das Sagres vorgelagerte windumtoste Felsplateau lag, auf dem einst Heinrich der Seefahrer seine legendäre Seefahrerschule errichtet haben soll.

Ich ging bis an den Rand der Klippe und kletterte hinunter zu einer verwunschenen kleinen weißsandigen Bucht, der letzte verwaiste Strand vor dem Kap. Ich sprang nackt durch die wild schäumende Brandung, tauchte durch die Wellenberge und ließ mich auf dem Rücken sanft durch das kühle gebirgige Meer tragen, über mir nur schroffe Felsen und der blaue tropfende Honighimmel.

Nach einem Schwertfischfilet im kleinen Kap-Restaurant fuhr ich hinüber auf das fast nackte, von einer riesigen Windrose ornamentierte Felsplateau, dem »Vorgebirge, auf dem die Götter schlafen«. Von Heinrichs legendärer Festungsschule waren nur noch wenige verstreute Zeugnisse erhalten, nachdem der Ort zunächst, Ende des 16. Jahrhunderts, von dem Freibeuter Ihrer Majestät, Sir Francis Drake, und später vom großen Erdbeben von 1755 heimgesucht worden war. Tief unter mir wippten die Nussschalen der kleinen bunten Fischerboote. Vor mir versank die Augustsonne im Atlantik, umrauschte die Kap-Felsen mit einem hellen rotgoldenen Licht und überstreute das Meer mit Kaskaden goldener Falter. Die Unermesslichkeit an diesem Ort, an dem der Kontinent so jäh endet, die Stille des ewigen Windes und das warm leuchtende lusitanische Licht erfüllten mich mit stiller Andacht.

Nachts schlief ich im Schlafsack auf dem einsamen weißen Strandbogen vor der Brandung. Am Morgen, nach einem Sprung ins Meer, frühstückte ich auf dem zentralen Platz von Sagres, gemeinsam mit einem Haufen verkaterter Rucksacktouristen, und brauste dann zurück nach Lagos – um dort den Bus nach Lissabon zu nehmen.

Nachdem ich wieder durch den hitzeverschleierten Alentejo geschnurrt war, schlug mein Herz heftiger, als der Bus am frühen Abend auf der Südseite des Tejo durch das Tal mit den hässlich zersiedelten Schlafstädten fuhr. Wir erklommen die Hügelkante mit der steinernen, die Arme weit ausbreitenden Christusfigur, hinter der sich die Brückeneinfahrt öffnete und sich Lissabon in seinem Abendlicht vor mir ausbreitete.

Die Abendsonne, die blutig silbern vor der Flussmündung in den Atlantik brannte, schüttete in einem letzten Aufbäumen ihre roten bis blaugoldenen Lichtkaskaden über die weiße Stadt, deren glühende Häuserornamente sich in verworrenen Perlenschnüren die lichtdurchfluteten Hügel hinunterstürzten.

An der Algarve hatte ich von Costa da Caparica gehört, dem Seebad von Lissabon am gegenüberliegenden Ufer des Flusses. Dort, auf dem Campingplatz direkt am Meer, schlug ich mein Lager auf. Morgens zog es mich ans sonnendurchflutete Meer, dessen weite, dünengesäumte Strände sich südlich von Caparica in einem sanften dreißig Kilometer langen Bogen bis zum Cabo Espichel erstreckten, während sie einen Kilometer nördlich des Seebads am Tejo-Mündungsrand ausliefen, auf dessen gegenüberliegender Seite die Vorstädte Lissabons hell in der Morgensonne lagen. Die eigentliche Krönung in diesem funkelnden Paradies war jedoch die portugiesische Weiblichkeit, die mich, seit ich die portugiesische Grenze übertreten hatte, in ihren Bann schlug. Während die Wellenreiter an der berühmten Surferküste von Caparica durch die tosend blauen Brandungskanäle jagten, bewegten sich am Strand gazellenschlanke Portuguesas, mit freundlich leuchtenden Madonnengesichtern, umflossen von dunkler Lockenflut. Ich sah sie wie scheue Katzen vorsichtig ihre zierlichen Füße ins Meer tauchen, sie fröstelnd wieder herausziehen, um dann doch wie junge Delfine über die auslaufenden Brandungswogen zu tauchen, sah sie, wie sie dicht aneinandergedrängt in Gruppen am Strand lagen, die dunkelmähnigen Köpfe einander auf den Bauch, die Schenkel oder die Taillenbeuge gebettet, sich gegenseitig die Haare kämmten und dabei mit glockenhellem Lachen über die Burschen schwatzten, sah sie in der Abenddämmerung auf den Promenadenfelsen sitzen und sich mit der ihnen eigenen Grazie den Sand von den Füßen streifen.

Manchmal blieb ich ganze Tage am Strand, manchmal fuhr ich schon morgens mit dem Bus über die Tejo-Brücke oder mit einer der orangenen Fährlinien über den Fluss in die »weiße Stadt«. Schon wenn ich unter einem leuchtend blauen Himmel durch das helle kristalline atlantische Licht mit den alten Fähren über den Tejo glitt und meine Beine durch das flackernde Flusswasser schleifen ließ, erfasste mich die rauschhafte Rätselhaftigkeit dieser erotischen, vollkommen weiblichen Stadt.

Stundenlang ließ ich mich durch die Stadt treiben, in deren von Meereskristallen durchstäubter Luft sich nicht nur Licht und Farben beständig brachen und veränderten, sondern auch die Perspektiven und Schatten dieses von Hügeln, Wellen, Mulden gezeichneten weiblichen Stadtkörpers, der sich in geheimnisvoller Asymmetrie in schrägen, sich windenden und verwinkelnden Gassen, Bögen, Treppen und Patios dem Fluss hinunter und dem Meer entgegenbeugte. Ich trieb die wogenden Stadthügel entlang, glitt träumerisch durch das Schwebende, das für Lissabon typische Wölken zwischen Traum und Wirklichkeit, in dem sich alltägliche Momentaufnahmen mit historischen und fiktiven Bildern mischten. In dieser Stadt des Unvorhersehbaren und der ständigen Überraschungen, mit ihren vielen unpragmatisch kostbaren Feinheiten – entlang buntglänzender Azulejo-(Kachel)-Bilder, die häufig die die Hügel entlangkletternden Gebäude verzierten, über Treppen, Bürgersteige, Plätze, die von Lissabons Pflasterjuwelieren mit Wellen, Fabelwesen und anderen sinnlichen Mustern ornamentiert waren und sich zu einem uneinheitlichen Gesamtkunstwerk fügten. Hindurch durch dieses geheimnisvoll atmende Labyrinth knirschte ich mit den poetischen, bunt gesprenkelten Eléctricos, den kleinen Straßenbahnen aus dem 19. Jahrhundert, mit denen ich die verwinkeltsten Schrägen und Mulden der Hügel entlangkeuchte, in die sich niemals eine der modernen Bahnen der Unterstadt wagen konnte.

Als Kind hatte ich mich immer wieder aus der öden Wirklichkeit hinausgeträumt und in schillernden Fantasielandschaften Zuflucht gesucht. Jetzt hatte ich zum ersten Mal das Gefühl, dass es eine solche Zuflucht auch in der Realität geben könnte, und zwar hier, in Lissabon. Im Gegensatz zu allen anderen Weltstädten, ob New York, Rio de Janeiro oder Shanghai, die allesamt dem trügerischen Gott des Strebens und Aktionismus huldigten, die ausschließlich von Tempo und Hektik bestimmt waren, bekannte sich Lissabon auch zu dessen Antipode – zur Melancholie. Hier konnte sich meine schwermütige Sehnsucht ungehindert entfalten und sich an diesem Meeresufer gleichzeitig beständig neu entfachen lassen.

Erstmals fühlte ich mich verbunden mit den Menschen – wie dem verträumt am Tejo-Ufer sitzenden Mädchen, der stillen ernsthaften Frau am Nachbartisch im Straßencafé mit dem wehmütig glänzenden Schleier in den Augen oder auch dem stummen Fado-Sänger am Atlantikstrand, der mit keinem Menschen, sondern nur mit den Meereswellen sprach. Erstaunlicherweise hatte ich bis dahin noch nie einen portugiesischen Dichter gelesen. Ich wünschte, ich hätte Fernando Pessoa früher kennengelernt, er hätte mir im Kampf gegen die verhasste »wirkliche Welt«, gegen die Normen und vorgegebenen Sichtweisen viel Kraft gegeben. Wie heißt es bei Pessoa: »Ich habe es stets abgelehnt, verstanden zu werden. Verstanden werden heißt sich prostituieren. Ich ziehe es vor, als derjenige, der ich nicht bin, ernst genommen und als Mensch mit Anstand und Natürlichkeit verkannt zu werden.«

Nachts, wenn ich aus einem Lissabonner Club kam und kein Mädchen gefunden hatte, sprang ich manchmal in eine der spottbilligen Taxen, legte dem Fahrer 4000 Escudos (40 DM) aufs Armaturenbrett und ließ mich stundenlang durch Lissabons bunt erleuchtetes Hügelmeer fahren, bis ich völlig das Gefühl für Ort und Zeit verlor. Ich ließ mich zu obskuren Kaschemmen, Fado-Lokalen und Nachbarschaftspuffs der Stadt fahren, die noch nie ein Estrangeiro gesehen hatte. Sie waren von außen auch gar nicht als solche erkennbar – Bars und Schnapsbuden, die zumeist aus körperengen, fensterlosen Schankhöhlen bestanden. Dort nahmen der Taxifahrer und ich auf ein Schwätzchen, von dem ich kein Wort verstand, einen Drink und fuhren dann weiter zur nächsten Tränke, sodass am Ende der Nacht der Fahrer gewöhnlich genauso betrunken war wie ich.

Ich gab mich Lissabon vollständig hin, wobei ich ständig um meine eigene Achse taumelte, um mit meinen Sinnen ungläubig einer neuen weiblichen Offenbarung hinterherzustürzen und mich gleichzeitig von den vielfältigen Reizen und Überraschungen dieses nicht fassbaren Stadtweibs verzaubern zu lassen.

Mitte September veränderte sich alles. Als ich an einem Vormittag den Campingplatz verließ, Iggys »Open Up and Bleed« auf den Lippen, schwebte mir ein bezauberndes Geschöpf entgegen. Unsere Augen trafen sich, leuchteten ineinander auf, die Lippen formten die notwendigen Belanglosigkeiten der ersten Begegnung, und am nächsten Tag verließ ich den Campingplatz und zog in ihr Hochhaus-Apartment in Caparica ein, mit Balkonblick über das Meer, die Tejo-Mündung und die westlichen Hügelausläufer Lissabons. Angelina hatte ein meereswehmütiges Sonnenantlitz, in dem sich afrikanische, asiatische und europäische Blutlinien mischten, geadelt von zwei großen, mandelförmigen, dunkelbraunen Augen und einem volllippigen traurigen Mund. Um das Gesicht und den warmen Schlangenleib rankten sich hüftlange schwarze Korkenzieherlocken. Sie studierte in Lissabon Philosophie und wohnte, bis auf die Urlaubszeit, allein in der Ferienwohnung ihrer Familie. Verloren im Rausch der Sinne, verließen wir tagelang nicht das Apartment. Wenn es uns irgendwann wieder hinaustrieb, verbrachten Angelina und ich die Tage im hellen Septemberlicht an den mittlerweile von Touristen befreiten Stränden, zogen durch Lissabon und gingen in alte Jugendstilkinos und Museen. Im Museu Nacional dos Coches in

Belém wurden wir von Sicherheitsmännern aus einer Kutsche von Ludwig XIV. gezerrt, als wir uns im passenden Ambiente der Liebe hingeben wollten. Nachts zogen wir durch die Lissabonner Clubs und besuchten die wenigen winzigen Fado-Lokale in den Altstadtvierteln, wo die einfachen Leute aus der Nachbarschaft sich abends zusammenfanden, um den portugiesischen Blues anzustimmen. Manchmal suchten wir auf Angelinas Drängen im Bairro Alto das »Fragil« auf, die angesagteste Diskothek von Lissabon – für Selbstverliebte, Prominente und die »Diamond Dogs«, die überall dort auftauchten, wo man sich im Scheinwerferlicht jener Prominenten sonnen konnte. Mich ödete dieser glitzernde Selbstdarstellungsschuppen mit seiner öden Rave-Musik nur an, während Angelina darauf stolz zu sein schien, dort Einlass zu finden.

Angelina und ich besuchten Légia in Porto, wo die ersten Misstöne zwischen uns laut wurden. Dunkle Wolken zogen im Paradies auf. Nach den ersten Wochen hormonbedingter Glückseligkeit vergifteten immer öfter Angelinas Eifersüchteleien mein träumerisch schwebendes Lebensgefühl im Dreiklang von Meer, Fluss und Lissabon. Es waren sinnlose Machtkämpfe, die Angelina auch mit gewaltsamen Mitteln ausfocht. Immer wieder flogen mir spitzhackige Schuhe um die Ohren. Es wurde immer schlimmer. Eines Abends, nach einem erneuten, völlig sinnentleerten Streit, packte ich in stiller Wut meine Sachen, schlief die Nacht am Strand und fuhr am nächsten Tag nach Lissabon.

Der Regen kam, und zwei Wochen später entschied ich, nach Deutschland zurückzukehren. Es war ein dunkler, heftig verregneter Spätherbstabend in Porto, als mich Légia zum Nachtzug nach Paris brachte. In einem einsamen Abteil lag ich mit einer lähmenden Melancholie auf dem Rücken und starrte stumm in den novemberkalten iberischen Sternenhimmel.

Ich verbrachte den kommenden Frühling in Lissabon und an den Stränden der weißen Stadt, kam noch einmal mit Angelina zusammen, trennte mich endgültig von ihr und trampte Ende Juni nach Dänemark auf das Roskilde-Festival.

5 Marburg, Oktober 1988

Es wurde höchste Zeit, wieder eine Bank zu überfallen. Die letzten fünfzehn Monate waren für meine Verhältnisse finanziell ziemlich aufwendig gewesen. Ich überlegte, wo ich mich nach einem geeigneten Objekt umsehen sollte, und ich dachte mir: Warum in die Ferne schweifen ... Warum sollte ich nicht die Zweigstelle der KKB nehmen, die schräg gegenüber dem Haus lag, in dem ich in der Gießener Innenstadt wohnte. Von meinem Fenster im vierten Stockwerk waren es Luftlinie keine vierzig Meter bis dorthin. Ich musste zur Ortsbesichtigung nicht einmal in die Bank hineingehen, da das Kassenhäuschen mit den Kameras sich direkt gegenüber der Eingangstür befand und von außen ebenso einsehbar war wie der sich nach hinten verlierende Schlauch des Kundenraums.

Gleich am nächsten Tag machte ich mich fertig. Es war kurz vor dem Ende der Mittagspause der Bank. Ich schlenderte in die Fußgängerzone und stellte mich dort vor das Schaufenster eines Kaufhauses, das sich direkt der Bank gegenüber befand. Ich betrachtete die Auslage mit den Campingutensilien, während ich aus dem Augenwinkel den Besuchsverkehr in die Bank verfolgte. In dem Moment, als ich losmarschieren wollte, spürte ich, dass ich beobachtet wurde. Dann sah ich sie: Im Nachbarhaus der Bank hatte es sich auf einem Fenstersims des dritten Stockwerks eine Hausfrau mittleren Alters bequem gemacht. Aus irgendeinem Grund beobachtete sie mich interessiert. Ich brach die Aktion ab. Mir war klar, dass dieses Objekt verbrannt war.

Zu Hause disponierte ich um. Mir war eingefallen, dass eine Liebschaft aus der Zivildienstzeit, die im nahen Marburg wohnte, ihre Wohnung ebenfalls in einer Straße hatte, in der sich eine Bankfiliale befand. Iris pendelte momentan zwischen Marburg und Paris. Ich sagte ihr, dass ich gerne ein paar Tage in Marburg verbringen würde, und ließ mir die Wohnungsschlüssel für die Zeit ihrer kommenden Abwesenheit geben.

Kurz darauf war ich in Marburg. Nachdem ich mir die Bank angeschaut hatte, entschied ich, sie am nächsten Tag zu überfallen. Ich war mal wieder völlig pleite, hatte mir bereits Geld bei Freunden geliehen, stand also unter einem produktiven Druck, der mir half, mich auf mein Ziel zu konzentrieren.

Es war früher Nachmittag. Auf dem Weg zu der Bank folgte ich dem gleichen Prinzip wie in Frankfurt und ging nicht den direkten Weg, sondern umlief das Objekt auf dem Hin- wie Rückweg weiträumig. Es war das erste Mal, dass ich nicht in einer Großstadt zuschlagen würde. Schon als ich aufbrach, spürte ich den Unterschied. In einer Stadt mit einem idyllisch kleinstädtischen Kern wie Marburg fehlte mir die anonyme Menschenmasse der Großstadt. Ich hatte das Gefühl, kenntlich zu sein. Natürlich war das Unsinn, doch die wenigen Gesichter kamen mir zu nah und verhakten sich in meinem Gedächtnis, anstatt durch mich hindurchzufließen. Auch bei den Attacken in den Großstädten drangen einzelne Gesichter aus den Menschenströmen bis zu mir durch. Doch sie flossen in dem Moment, in dem sie mir begegneten, als harmonischer Teil des ganzheitlichen Flusses, in dem ich mich bei den Bankangriffen befand, durch mich hindurch, ohne mich in meiner Bewegung hemmen zu können. Der Banküberfall wurde so zu einer von vielen Nervenzuckungen des Großstadtkörpers, so wie das aggressive Verkehrschaos eine war.

Natürlich war das Gefühl der »Sichtbarkeit« nicht objektiv. Ich war hier ebenso »sichtbar« oder »unsichtbar« wie in Hamburg, München oder Köln. Ein grauer Nieselregen ging nieder, die Menschen hatten, unter den Kapuzen und Schirmen, die Köpfe zwischen die Schultern gepresst, sodass ich nicht auffiel mit der bis zu den Augenbrauen heruntergestreiften schwarzen Wollmütze, während ich den schwarzen Schal fröstelnd bis über die Nase gezogen hatte.

An einer Bushaltestelle, am Fuß der Marburger Oberstadt, blieb ich stehen. Von hier aus konnte ich gut den Publikumsverkehr in der Bank verfolgen. Plötzlich sah ich ein bekanntes Gesicht: Ingo, der junge Bruder von Iris, der ebenfalls in Marburg studierte, trat unter das Wartedach der Bushaltestelle. Ich entschied, wenn mich Ingo erkannte, würde ich die Sache abblasen, wenn nicht, würde ich sie durchziehen. Auf jeden Fall würde das der letzte Überfall in einer Provinzstadt sein!

Im nächsten Moment kam der Bus. Ingo stieg ein, ohne dass er mich erkannt oder sich auch nur nach mir umgedreht hätte. Die Entscheidung war gefallen. Das Adrenalin, das durch den Vorfall ausgeschüttet worden war, versetzte mich in die nötige Euphorie, ich fühlte mich stark, sicher und leicht.

Bevor ich in die Bank trat, schob ich mir eine Sonnenbrille über die Augen. Nun war nicht ein einziges Fleckchen der Hautoberfläche sichtbar, sodass auch die feinste anthropologische Gesichtsmerkmalserfassung unmöglich war.

Als ich in der Bank den Kassierer aufforderte auszuzahlen, war es anders als bei den vorangegangenen Überfällen, wo die Kassierer entweder in Erstarrung verfielen, mit fahrigen Bewegungen den Anweisungen folgten oder, wie in einem Fall, elegant und souverän reagierten. Dieser Mann hier schien richtiggehend sauer zu sein. Er schaute mich mit wütender Abscheu an, seine Augen glommen vor Hass, so als würde ich seinem ohnehin schon miesen Tag den Rest geben. Mir schoss durch den Kopf: »Vielleicht hat er letzte Nacht schlechten Sex gehabt oder gar keinen, oder vielleicht drücken die Bankhypotheken, während ihm täglich Hunderttausende durch die Hände gleiten, oder seine Frau betrügt ihn mit einem Windhund wie mir ...«

Aber darauf konnte ich schlecht Rücksicht nehmen, also forderte ich ihn ruhig, aber bestimmt auf: »Reichen Sie mir das Geld. So schnell als möglich. Dann haben wir das alle in zehn Sekunden hinter uns.«

Während er mich weiterhin mit brennendem Blick fixierte und offensichtlich nach Wiedererkennungsmerkmalen suchte, zog er die Scheine aus den Fächern und reichte sie durch den Schlitz. Als ich, meinem Ritual folgend, ein Bündel 20-Mark-Scheine mit dem Spruch *»Pour les employés«* auf seine Kassentheke warf, wollte er vor Empörung fast platzen. Ich kam ihm mit einem freundlichen »Nehmen Sie's nicht persönlich« zuvor, drehte mich um und bewegte mich, geschmeidig nach allen Seiten sichernd und die Tür im Blick, zum Ausgang.

Wie in Frankfurt verwandelte ich mich in einem offenen Hofeingang in einen lustlosen Studenten und umlief weiträumig den verregneten Block zu Iris' Wohnung, ohne dass ich irgendwelche anrückenden Polizeikräfte vernehmen konnte.

Es ist erstaunlich, wie unterschiedlich ich die emotionalen Zustände nach den Banküberfällen jeweils erlebte. Manchmal durchströmte mich, tief vom Magenboden kommend, ein heißer stiller Frieden, der mich dazu veranlasste, direkt im Anschluss an die »Umverteilungsattacke« ein Gedicht zu schreiben (begleitet von der Musik von Marianne Faithfull oder Sinéad O'Connor) oder einen Hafenspaziergang zu machen oder einen Riss in meiner Lederhose zu flicken – während draußen vor der Tür die aufgeschreckten Polizeikräfte umherschwirrten. Es war dann, als hätte sich die ganze Anspannung nach innen gesaugt, wo sie sich in eine stille Glut verwandelte, die mich der Welt entrückte, ohne diese mit hochsensiblen Sinnen aus den Augen zu verlieren. Andere Male, so auch heute, explodierte ein funkensprühender euphorischer Tumult in mir, und ich tanzte und tobte zu der Musik von Gun Club und den schwedischen Nomads durch die glücklicherweise schon ziemlich ausgeräumte Zweizimmerwohnung von Iris.

Später an diesem Tag rief ich meinen Flohmarkthändler-Freund Jonny an und verabredete mich mit ihm am Abend im »Delirium«, der zeitlosen Marburger Rockkneipe in den Gassen der Oberstadt, in der man einen Panoramablick über das den Hügel abfallende Blätterdach der idyllisch verwinkelten Studentenstadt hat. Vorher war ich nahe dem »Delirium« in dem Chinarestaurant, in das ich einst schon mit meiner Jugendliebe Jessica gegangen war, wenn wir als

Schüler aus unserem muffigen Kleinstadtkaff flohen und in das nahe gelegene Marburg trampten. Bei Wein und Ananas-Ente schwelgte ich in wilden Rock-'n'-Roll-Fantasien, träumte vom nächsten Aufenthalt in Portugal, vom Meer, von Lissabon, ich sah das explodierende atlantische Licht und überirdisch schöne Portuguesas, sodass die Melancholie, die mir immer irgendwo auflauerte, keine Chance hatte, mich zu erwischen. Dann wechselte ich ins noch fast leere »Delirium«, bestellte Bier und Tequila, lauschte der Musik von Nick Cave allein am Fenster und schaute in das Marburger Tal, dessen Lichter im stürmischen Novemberregen wie Aquarellfarben zerflossen. Ich mochte Marburg und besuchte es gern, hätte in dieser Idylle, die von einer zeitlosen studentischen Atmosphäre dominiert war, jedoch nicht leben wollen. Ich bevorzugte das hässlich zersiedelte, mit Studenten, GIs, Hausbesetzern und schmuddeligen Underground-Winkeln vielschichtigere Gießen.

Als Jonny eintraf, war er bereits völlig bekifft. Das passte zum Kneipennamen und zu meiner Gemütsverfassung. Als später zwei gelackte Burschenschaftsschnösel uns zu einem Dart-Duell herausforderten, nahmen wir begeistert an. Während Jonny zwei zerfledderte Kneipenpfeile von der Theke holte, entnahmen die beiden Lackaffen zwei samtausgeschlagenen ledernen Schatullen, die ich für ihre Herrenhandtäschchen gehalten hatte, zwei chromblitzende, diamantgespitzte Luxuswurfspieße. Sie legten mit einstudierter Eleganz vor. Jonny und ich, die wenig Erfahrung mit diesem Spiel hatten, schleuderten, rüpelnd, trinkend und lachend, unsere Pfeile mit derselben lebenstrunkenen Unschuld und Ignoranz, derselben Verachtung aller physikalischen Gesetze und mit der unbezwingbaren Hingabe und Nonchalance ins Schwarze, die einen Analphabeten ein liebestrunkenes Gedicht aufs Papier werfen lässt, in einer geschwungenen Formvollendung, die an den Körper der jungen Brigitte Bardot erinnert. Wir gewannen, die Schnösel zogen zerknirscht ab.

Nach einem unergiebigen Flirt mit zwei angetrunkenen, zu viel plappernden Lehramtsstudentinnen machten wir uns auf den Weg zu Jonny, der in einem Dorf in der Nähe wohnte. Von dort wollten wir zum Tanzen nach Gießen fahren. (Jonny, der keinen Alkohol trank, hatte als Autofahrer nie Probleme mit der Polizei, da man in jenen Tagen zwar auch mit ein paar Bier seinen Führerschein verlor, es aber noch nicht, wie heute, nachweisliche Drogenkontrollen gab.) Unterwegs hörten wir im Radio, dass die Lyres, eine Underground-Band aus Boston, im Frankfurter »Cooky's Club« eines der legendären Nachtkonzerte gaben, bei denen wir schon Dream Syndicate, Herman Brood, Beasts of Bourbon, Nikki Sudden und Maureen Tucker gehört hatten. Wir waren sofort entflammt.

Einen Moment später stoppte uns eine Polizeikontrolle. Jonny, der als mein ältester Freund von meinem verborgenen Gesicht als Bankräuber eine Ahnung haben konnte, blieb völlig ruhig. Ich hingegen, mit offenen Haaren, in einem schwarzen Sweatshirt mit einem irrblickenden Iggy Pop drauf sowie rot-schwarz gestreiften Samtjeans, bewehrt mit einer halb vollen Flasche braunem Tequila, mimte den alkoholverblödeten Hippie, während unter meinem Sitz in einem geschmackvollen Wildlederbeutel 42 370 DM pochten.

»Was gibt es für ein Problem?«, fragte Jonny mit seinem unschuldigen Jungengrinsen.

»Wir machen aus gegebenem Anlass Routinekontrollen«, entgegnete der Beamte knapp. »Kommen Sie aus Marburg?«

»Ja«, nickte Jonny.

»Was haben Sie dort gemacht?«

Es war Zeit, sich einzumischen. Ich hatte mich lümmelnd, mit einem debilen Grinsen, in den Beifahrersitz gestreckt, den Kopf mit der Wange im Rahmen des heruntergekurbelten Fensters, und lallte dem Polizeibeamten auf meiner Wagenseite von unten entgegen: »Wir haben in Marburg den Verlust meiner langjährigen Freundin gefeiert, er mit Apfelsaft, ich mit Tequila. Salute!«

Die Beamten schauten sich übers Wagendach an, so als wollten sie sagen: »Die Penner sind harmlos«, und ließen uns ziehen. Augenblicklich war es um Jonnys Ruhe geschehen.

»Reiner, ich will nichts von dem Zeug im Haus haben. Wir müssen es irgendwo außerhalb deponieren!«

»Okay«, nickte ich. Ich wollte ihn auf keinen Fall in Gefahr bringen. Jonny schlug vor, das Geld in einem Plastikbeutel unter dem Schotter des Bahndamms zu vergraben, der an seinem Dorf vorüberlief. So stolperten wir im Dämmerlicht des abnehmenden Novembermonds am Bahndamm entlang, bis wir einen, nach Jonnys Ansicht, perfekten Ort gefunden hatten, der aufgrund der speziellen Baum-Busch-Konstellation problemlos wiederzufinden wäre. Ich hatte mich ganz dem Tequila-Rausch und der belebend kühlen Regennacht hingegeben und vertraute völlig meinem pragmatischen Freund, obwohl mir persönlich die Baum-Busch-Konstellationen allesamt völlig gleich erschienen.

Wir rauschten nach Frankfurt und trafen Nikki Sudden, von Nikki Sudden and the Jacobites (später Last Bandits), an der Theke des »Cooky's«. Er war ein guter Freund und Stones-Tour-Kumpel von Jonny und sollte mir später eine Karte mit der knappen Bemerkung »Keep on broothing« in den Knast schicken. Das Konzert war, wie ein Rockkonzert sein sollte – enthusiastisch mitreißend und schweißtreibend energetisch, es hatte seinen ganz persönlichen Stil und eine sich nur an diesem Abend in dieser Weise entfaltende Magie.

Auf der Rückfahrt fuhren wir noch den Sperrmüll in der Nähe ab. Jonny machte diese Sperrmülltouren eisern in jedem Zustand, wie sein ganzes Leben eine klar fokussierte, unbeirrbare Stoßrichtung hatte: All seine Anstrengungen waren seinem Leben im Rolling-Stones-Land geweiht. Er polierte in seiner Sieben-Tage-Arbeitswoche antiquarische Möbel auf, fuhr die Sperrmüllveranstaltungen ab und besuchte mehrmals die Woche Flohmärkte, um Antiquitäten und Trödel zu erstehen und selber zu verkaufen. Alles verfügbare Geld wurde für Stones-Platten (Bootlegs) und Devotionalien sowie seine Stones-Reisen ausgegeben – denn Jonny fuhr der Gruppe auf jeder Tour hinterher und sah so viele Konzerte wie möglich. Den Stones galt seine große Liebe, noch vor den Frauen, die natürlich mindestens Stones-Fans sein mussten. (Einst trennte sich seine langjährige Liebste, eine chilenische Modedesignerin aus Mailand, von ihm: Er, der unter heftigster Flugangst litt, hatte sich jahrelang geweigert, den einstündigen Flug nach Mailand für sie in Kauf zu nehmen. Als die 89/90er-Tour der Stones in den USA startete, nahm er den achtstündigen Transatlantikflug, bibbernd und mit Pillen vollgepumpt, allerdings in Kauf.)

Oft trafen Jonny und ich uns während der Tourneen, ob nun in Rotterdam, Lissabon, Köln, München oder Frankfurt. Hatte ich im Vergleich zu Jonny auch nur lächerliche fünfzehn Stones-Konzerte in meinem Leben gesehen (er knapp dreihundert), so sah ich 1995 doch die beiden ersten Stones-Konzerte in Rio de Janeiro überhaupt, für die ich für Jonny Karten besorgt hatte. Er konnte jedoch nicht, und ich konnte dafür ein paar süße Cariocas (Mädchen aus Rio) glücklich machen.

Was Jonny und mich verband, war zum einen die gemeinsame Sozialisation durch die Rockmusik, aber auch eine innere Unruhe, die uns immer wieder ganze Nächte auf die Straße gehen ließ, auf der wir uns, zumeist schweigsam, dem Mysterium der Nacht und dem Rhythmus von Straße und Musik hingaben. Außerdem achteten wir uns und stellten das, was der andere machte, niemals infrage: Ich machte mich nicht lustig über seine besessene Reise durchs weltweite Stonesland, deren aufregenden Geschichten ich immer gerne lauschte, er sich nicht über meine einsame Desperado-Existenz.

Als die offenen Ermittlungen gegen mich einsetzten, war Jonny der einzige meiner deutschen Freunde und Bekannten, der seine Freundschaft zu mir nicht verleugnete, der mich nicht denunzierte und der Polizei nicht, wie so manche andere, zuarbeitete. Er war der Einzige, der mich im Gefängnis besuchte.

Am nächsten Vormittag war der Himmel wolkenverhangen, doch es regnete nicht mehr. Wir begaben uns hinaus und gingen zum Bahndamm, um die Tasche zu suchen. Wir durchwühlten stundenlang den Bahndamm zwischen Gießen und Marburg, da bei Tageslicht auch für Jonny die Baum-Busch-Konstellationen alle gleich aussahen. Nachdem wir drei Stunden lang im mittlerweile wieder einsetzenden Regen auf allen vieren durch den glitschigen Schotter gerutscht waren und zudem einen übereifrig hilfsbereiten Förster mit seinem Deutsch-Drahthaar-Vorstehhund abgewimmelt hatten, der uns unbedingt bei der Suche nach Jonnys verlorener Brille helfen wollte, fanden wir die Plastiktüte mit der Beute.

Am selben Tag hörten wir im lokalen Radio, dass die Polizei in der vergangenen Nacht im Raum Marburg weiträumige Kontrollen durchgeführt hatte infolge eines Banküberfalls in der idyllischen Studentenstadt Marburg. Bei den Kontrollen wurde zwar nicht der Bankräuber gefasst, jedoch ein Fahrer ohne gültigen Führerschein aufgegriffen, drei Drogendealer sowie zwei mit Haftbefehl gesuchte Männer.

Mea culpa.

Apropos Haftbefehl: Nachdem ich 1996 aus der portugiesischen Auslieferungshaft nach Deutschland überstellt wurde, war einer der ersten Häftlinge, die ich in deutschen Gefängnissen traf, ein Junge, der sich ebenfalls in Marburg als Bankräuber versucht hatte.

Naturgemäß traf man im Gefängnis nur die gescheiterten Bankräuber. Doch am Ende scheitern alle Bankräuber, auch die professionellen, wenn sie nicht rechtzeitig den Absprung schaffen und sich aus dem Geschäft zurückziehen. Sie scheitern, weil sie sich überschätzen, weil sie nachlässig werden und Fehler machen, weil sie ihr Mitteilungsbedürfnis nicht im Zaum halten können. Weil es nur eine Frage der Zeit ist, wann zum Beispiel gerade während eines Überfalls zufällig die Polizei in der Nähe ist und die Bank abriegelt. Oder es hält sich zufällig ein Rambo oder ein Polizeibeamter außer Dienst in der Bank auf, der sich bemüßigt sieht, den Helden zu spielen. (Ich hatte in all den Jahren diesbezüglich einfach Glück gehabt.) Vor allem aber scheitern sie, weil sie unfähige Stümper sind.

Die gescheiterten Bankräuber, die ich im Gefängnis traf, waren allesamt keine hartgesottenen Profis, sondern tölpelhafte Amateure, tragikomische Pechvögel und Versager – die von ihrer Beute noch nicht einmal etwas hatten. Sie hatten alle keinen einzelnen Fehler gemacht – denn wer Fehler macht, hat ja auch etwas richtig gemacht, sondern bei ihnen war der grundsätzliche Fehler, die prinzipielle Fehlentscheidung gewesen, überhaupt zu versuchen, eine Bank zu überfallen.

Pagonis zum Beispiel: Dem jungen griechischen Studenten aus Marburg hatte man das BAföG gestrichen, deshalb fuhr er im Stadtzentrum mit seinem klapprigen türkisgrünen Opel direkt vor einer Bank vor. Als er, mit einer Schreckschusspistole und einer zu engen Damenstrumpfhose über dem Kopf, die ihm die Augen zupresste, die Herausgabe des Kassenbestandes verlangte, erwiderte die Kassiererin dreist, sie habe kein Geld. Pagonis nickte »Okay« und verließ die Bank wieder. Drei Seitenstraßen weiter wurde er anhand der Wagenbeschreibung und des Kennzeichens gestellt. Zweieinhalb Jahre.

Im Gießener Gefängnis traf ich auch »Django«, einen ganzkörpertätowierten Berufsgauner, der von seinen siebzig Lebensjahren über vierzig im Knast verbracht hatte. Bei seinem letzten Banküberfall hatte er eine orangene Wasserpistole benutzt. Bevor die Polizei ihn festnahm, hatte er in der Bank einen Tobsuchtsanfall bekommen, weil niemand ihn ernst nahm. Als ich mir die Frage nicht verkneifen konnte, ob er denn geschossen hätte, ging er mir im Sportraum mit einer solchen Kraft an die Gurgel, dass drei Mitgefangene ihn von mir losreißen mussten. Fünf Jahre und Sicherheitsverwahrung.

In einer Freistunde in Gießen erzählte Kalle, zweiundvierzigmal vorbestraft, seine Geschichte: »Also, ich in die Bank rein, ›Los, Kohle raus!‹ gebrüllt. ›Und keinen Mucks, sonst knallt's.‹« Ich: »Warst du maskiert?« Er: »Klar, du Lutscher, hatte 'ne schwarze Sturmhaube über, sah affentittengeil aus, und 'ne hübsche kleine Walter in den Flossen – hab ich im Bahnhofsviertel gekauft. Also, der Penner von Kassierer stopft mir die Kohle in 'ne Plastiktüte, und ich raus in meine Karre. Will gerade durchstarten – Puff – explodiert so 'ne scheiß Farbpatrone, mit der die Arschlöcher die Geldtüte präpariert hatten. Alles rot in der Karre, und ich seh aus wie 'n blutiger Volltrottel. Hab den Bullen dann aber nicht nur was von der Farbe eingeschenkt!« Sechseinhalb Jahre.

Karl-Heinz traf ich im Kölner Knast. Er war ein verschreckter, dünnblütiger Geschäftsmann, Ende zwanzig. Er war so verklemmt, dass er selbst Oralsex für eine Sauerei hielt. Wenn er mit flackernden Augen und süßlich schwitzend wie ein frisch eingelieferter Kinderschänder durch die Freistunde schlich, sah man ihm sein Unverständnis darüber an, dass man einen so treu sorgenden Familienvater wie ihn in diese Schlangengrube, mit all diesen degenerierten Tieren, werfen konnte.

Karl-Heinz hatte sich geschäftlich verkalkuliert und musste innerhalb von vierzehn Tagen 15 000 DM für die Bank aufbringen, oder er würde Insolvenz anmelden müssen. In letzter Verzweiflung entschied er sich für einen Banküberfall. An einem Montagmorgen stürzte Karl-Heinz in eine Bank am Kölner Ring, mit einer scharfen (!) Pistole bewaffnet und einer Sturmhaube maskiert, die ihm ständig über die Augen rutschte. Beim Betreten des Bankraums stolperte er und schoss sich fast in den rechten Fuß. – »Dies ist ein Banküberfall!«, rief er und ergänzte sofort: »Ich will aber nur 15 000 Mark!« Der Kassierer raffte eifrig das Geld zusammen ... »Es reicht, es reicht«, stieß Karl-Heinz reuig hervor.

Auf dem Rückweg durch den Schalterraum stolperte er wieder, weil die Maske ihm fast vollständig über die Augen gerutscht war, wieder löste sich ein Schuss, diesmal ging er in die Decke. Zweihundert Meter weiter, auf dem Kaiser-Wilhelm-Ring, fuhr ein Polizeiwagen langsam neben ihm her. Karl-Heinz konnte die Spannung nicht ertragen. Er hob die Hände und rief: »Ich ergebe mich.«

Richter lieben solche reumütigen Sünder: zwei Jahre, sofortige Verlegung in den offenen Vollzug und Entlassung zur Halbstrafe, also nach wenigen Monaten. (Obwohl dieser Bursche eine scharfe Waffe benutzt hatte und gefährlicher für seine Mitmenschen war als jeder Profi.)

Tony aus Leverkusen hatte seinen Wagen direkt vor der Bank geparkt. Als er nach erfolgreichem Überfall wegfahren wollte, sprang der Wagen nicht an. Er ließ sich widerstandslos festnehmen. Vier Jahre.

Stephan aus Gummersbach war zweiunddreißigmal wegen kleinerer Delikte vorbestraft und wollte in die Riege der Bankräuber aufsteigen. In der Bank vergaß er die Maske überzuziehen, ohne sich weiter große Gedanken darüber zu machen. Als die Polizei bei ihm eintraf, hüpfte er auf seinem Wasserbett herum und duschte im Geldregen seiner Beute. Fünfeinhalb Jahre.

Keine von all diesen gescheiterten kleinbürgerlichen Existenzen war im Grunde ein richtiger Bankräuber, oder das, was ich darunter verstehe. Ihre Versuche waren weder vom Willen zum Perfektionismus noch von Charakterstärke geprägt, sie hatten keinen Esprit, hatten weder Stil noch Eleganz – und sie scheiterten deswegen kläglich. Ihr Tun hatte nichts Subversives, Rebellisches an sich, und wenn sie denn überhaupt in den Genuss ihrer Beute kamen, nutzten sie sie nicht als Sprungbrett und Möglichkeit der Befreiung vom Zwang konventionellen »Broterwerbs«, der ja bedauerlicherweise immer mit Abhängigkeit, knechtenden Strukturen, zumeist unliebsamen Tätigkeiten und verschwendeter Lebenszeit verbunden ist.

Ich hatte immer die Vorstellung gehabt, im Gefängnis würde man unter der Masse der Zukurzgekommenen, der Durchgeknallten und Kaputten auch ein paar Desperados und Outlaws treffen – die Jesse James', John Dillingers und Jacques Mesrines – die schönen Verlierer, lustvolle Anarchisten, Träumer und Visionäre, die über den Tabubruch und die Grenzüberschreitung kleinbürgerlicher Beschränkung die bürgerliche Ordnung infrage stellten. Ich habe sie in all den Jahren nicht getroffen. Im Gegenteil, ich traf fast nur unterprivilegierte, schwache, an den Rand der Gesellschaft gedrängte Verlierer – und die gebildeten, privilegierten Gefangenen, zumeist Mörder, Sexualstraftäter und Betrüger, hatten ebenfalls verloren. Allen gemeinsam war nicht etwa ein rebellischer Zug, sondern sie waren im Gegenteil stärker von kleinbürgerlich-materiellen Wertvorstellungen und Sehnsüchten durchdrungen als der brave Kleinbürger selbst. Die unterprivilegierten Verlierer sehnten sich im Gefängnis nach der brüchigen Sicherheit kleinbürgerlicher Behütetheit umso mehr, als sie an diesem Ort in noch unerreichbarere Ferne gerückt war – und die privilegierten trauerten ihrem Verlust nach.

John Dillinger war ein Outlaw. Er war der landesweit erfolgreichste Bankräuber der USA zur Zeit der Großen Depression. Das FBI belegte ihn als ersten Straftäter überhaupt mit der Bezeichnung »Staatsfeind Nr. 1«. Dillinger narrte jahrelang die Polizei, aber auch die Gefängnisse, aus denen er immer wieder ausbrach. Er befreite auch andere Häftlinge und konnte selbst die organisierten Umzingelungen und Zugriffe des FBI durchbrechen und machte damit die von J. Edgar Hoover geleitete Behörde zum Gespött des ganzen Landes. Dillinger starb in Freiheit, nachdem er von einer Frau verraten worden war und vor einem Kino, ohne Chance auf Gegenwehr, von wartenden Bundespolizisten mit mehreren Schüssen niedergestreckt wurde. Fünfzehntausend Menschen kondolierten an seiner aufgebahrten Leiche. Ein letzter Triumph über seine Häscher und Denunzianten, die allesamt keine Spuren hinterließen, während Dillinger auf ewig eine Legende wurde.

Er war schon zeitlebens ein Medienstar. Ein Foto zeigt ihn, wie er im Hochsicherheitsgefängnis in Crown Point mit dem dümmlich lächelnden Staatsanwalt posiert, wobei er diesem lässig einen Ellenbogen auf die Schulter stemmt. Das Lächeln sollte dem Staatsanwalt allerdings bald vergehen. Dillinger schnitzte sich in dem als ausbruchsicher geltenden Gefängnis aus Holz einen Revolver, nahm zwei Geiseln, sperrte sechsundzwanzig Gefängnisangestellte ein, schnappte sich den nagelneuen Ford des Sheriffs und fuhr damit nach Chicago.

Dillinger war ein Bewunderer von Jesse James. Er sah gut aus und legte auf Stil und Eleganz wert – ein draufgängerischer Künstler des Bankraubs. Die Bevölkerung Amerikas bewunderte ihn und fieberte bei seinen abenteuerlichen Aktionen landesweit mit. Dillinger war ein Mythos und ein neuer Robin Hood, der zwar kein Geld verteilte, doch aus den verhassten Banken, die in der Depressionszeit große Teile, vor allem der ländlichen Bevölkerung, in den Ruin trieben, auch Hypothekenbriefe und Schuldscheine mitnahm und sie damit neutralisierte.

An einem klaren kühlen Vorfrühlingstag im März 1934 hatte sich in Sioux Falls, im Bundesstaat Dakota, eine aufgeregte Menge vor der Security National Bank eingefunden. Eine Filmproduktion war vor Ort und wollte einen Film drehen über einen Banküberfall. Die gesamte Polizei der Stadt war vor Ort, sperrte die Bank weiträumig ab und machte den Weg frei für – John Dillinger, der die Bank mit seiner Gang unbehelligt ausräumte! Die Polizisten begriffen die Situation erst, als die Gangster längst über alle Berge waren. Wutschnaubend nahmen sie die Verfolgung auf, die allerdings bereits hinter der Stadtgrenze in einem über die Straße gestreuten Nagelfeld schmählich verpuffte. Am Tag zuvor hatte sich ein Gangmitglied bei der Bank und der örtlichen Polizei als Filmproduzent aus Hollywood ausgegeben und nicht nur die Polizisten, sondern auch die Bevölkerung des Ortes eingeladen, als Zuschauer und Komparsen an dem Ereignis mitzuwirken. Eine wahrlich perfekte Inszenierung! Es wäre mir eine Ehre und Freude gewesen, an dieser Bankräuberei, organisatorisch wie in der Ausführung, teilzuhaben.

Nach meinem Marburger Auftritt im Oktober 1988 fuhr ich erst einmal mit dem Bus nach Porto zu Légia, bevor ich den Zug nach Lissabon nahm. Einen verregneten Monat lang streifte ich allein durch die Stadt und am Meer entlang. Dann kehrte ich nach Deutschland zurück. Jonny und Kerstin holten mich am Frankfurter Hauptbahnhof ab, und wir fuhren direkt zu einem fantastischen Iggy-Pop-Konzert nach Offenbach.

Wenige Tage später traf ich im Scarabée in Gießen Helene wieder, die ich dort im Februar im Karneval kennengelernt hatte. Helene war eine losgelöst tanzende Chefsekretärin eines Frankfurter Luxusgeschäftshauses, mit dessen Chef sie liiert war. Ich hatte mit der langhaarigen Blondine zunächst ausgiebig im Scarabée und später im Bett gefeiert und unterhielt einige Wochen lang eine wilde Wochenendromanze mit ihr. Jetzt frischten wir unsere Romanze wieder auf. Helene kam nun jeden Freitagabend und blieb bis zum Montagmorgen bei mir. Dann fuhr sie zurück nach Frankfurt und arbeitete wieder als verantwortungsvolle Chefsekretärin. Ihrem Freund und Chef, einem freundlichen Geschäftsmann, erzählte sie, dass sie am Wochenende ihre Freundin oder ihre kranken Eltern besuchte.

Für Helene kam das Leben mit mir einer Verwandlung gleich, bei der sich ihr völlig neue Himmel öffneten. Die Woche über war sie als apart distinguierte Cheforganisatorin tätig, die elegant mit großbürgerlichen Kunden verhandelte und in feinen Restaurants speiste. Am Freitag eilte sie zu mir, und ich riss ihr als Erstes Kostüm, Pumps und Nylons vom Leib. Wir vögelten, tanzten und soffen uns durch die Wochenenden, fuhren auf Konzerte und machten Touren in ausgeborgten Luxusschlitten, mit denen sie freitagabends bei mir eintraf. Als wir einmal sonntags mit dem neuesten Jaguar, einem weinroten XJR-S, von einem Rockfestival kamen und im Westerwald an einer Tankstelle hielten, kam, während Helene tankte, der Besitzer zu mir. Ich stand mit einer Flasche Rotwein lässig an den Wagen gelehnt da und blinzelte wohlig in die Nachmittagssonne, als er ehrfurchtsvoll nach Zylinder, Nockenwellen und Schaltgetriebe fragte. »Keine Ahnung«, erwiderte ich aufrichtig gelangweilt. »Solange die Kiste läuft, interessiert mich das nicht.« Daraufhin sah er mich nur umso bewundernder an. Er hielt mich, der ich ja nur ein unverschämter Vagabund war, wohl für irgendeinen Rockstar, der so reich war, dass es ihm völlig egal war, was für einen Traumwagen er fuhr.

Die Zeit mit Helene war wundervoll. Unsere Begegnung hatte in ihr einen Lebenshunger geweckt, den sie nun unbedingt stillen wollte. Die Mädchen in der WG, die meinen exzentrischen Frauengeschmack kannten, amüsierten sich, wenn wir durch die Wohnung tosten, das Badezimmer im Sex- und Alkoholrausch unter Wasser setzten und ihre Schreie durchs Haus gellten.

Anfang des Jahres trennte sich Helene von ihrem Freund, weil sie die Situation »nicht länger ertragen« konnte. Es kam, wie es kommen musste: Wir führten zwar weiterhin unsere erotisch aufgeladene rauschhafte Wochenendbeziehung, doch Helene hatte nun eine ganz andere Erwartungshaltung, sie stellte Ansprüche an mich, wie sie es vorher nie getan hatte. Es kam zu Streitereien, Helene reagierte auf meinen Unabhängigkeitsdrang mit hysterischen Wutausbrüchen. Das Urteil der Mädchen in der WG kippte, sie hielten Helene jetzt für eine durchgeknallte Edelgöre.

Im Februar nahm Helene Urlaub, und wir machten eine zweiwöchige Tour durch Italien – Mailand, Pisa, Venedig, Florenz, Rom, Adria, Garda- und Comer See ... In Erinnerung geblieben ist mir noch, dass wir in Rom ein Hotelbett zu Bruch rammelten. In Pisa hingegen bekam Helene bei einem albernen Streit einen solchen Schreianfall, dass wir noch des Nachts das Hotel verlassen mussten.

Aber wir blieben zusammen. Im Frühjahr machten wir uns für drei Wochen auf nach Griechenland. Wir kamen abends in Athen an und nahmen uns im Rotlichtviertel ein morbides, von abgetakelten Transvestiten geführtes Horrorhotel, in dem auf der vormals weißen Badezimmertür zwei blutrot geronnene Händeabdrücke sich in einer Schleifspur bis zum Boden hinabzogen. Und das war kein Theaterblut. In den Straßen prangte uns von den Plakatwänden Nick Cave entgegen, der am nächsten Abend in Athen spielen würde, und ich erklärte Helene begeistert, dass wir auch einen Tag später als geplant nach Kreta übersetzen könnten. Riesiges Genörgel und Gezeter: »Wir wollten aber morgen ... und du hast gesagt ...« Es war nicht mehr viel übrig von ihrem Lebenshunger, der Lust an der Verwandlung, der Gier nach Neuem. Ich verkürzte das mittlerweile vertraute Theater, indem ich ihr sagte, sie könne ja morgen fahren, ich würde einen Tag später nachkommen. Das ging natürlich auch nicht, und so stand sie am nächsten Abend mit vorwurfsvollem Gesicht neben mir, während ich ein fantastisches Nick-Cave-Konzert genoss und mich mit jungen griechischen Gothic-Rockern unterhielt. Auf Kreta mieteten wir uns im Süden der Insel ein weißes Häuschen am Meer und kamen überein, uns für ein paar Tage zu trennen. So konnte sie zur Ruhe kommen, und ich mietete mir eine Vespa und rauschte eine Woche lang über die Insel und schlief in irgendeiner Bucht, so wie ich es bereits in den Siebzigern getan hatte.

Die kurzzeitige Trennung tat uns beiden gut. Die alte Vertrautheit schien sich nach meiner Rückkehr wieder einzustellen, und wir genossen gemeinsam die verbleibende Zeit auf den griechischen Inseln.

Später im Frühling machte ich auch noch allein eine Tramptour – durch die Beneluxländer, Frankreich und die Schweiz. Meine aufregendsten Begegnungen hatte ich in Grenoble, wo ich direkt im Zentrum, am Ufer der Isère, schlief. Nachdem ich von einem Zigeuner-Campingplatz geflohen war, an dessen Imbissbus ich die falsche Frau zu lange angeschaut hatte, ging ich in eine düstere Araberkaschemme und setzte mich an die Bar. Augenblicklich kamen aus dem schummrigen Halbdunkel, von beiden Seiten, zwei Araber mittleren Alters auf mich zu, grinsten mir breit ihre Goldzähne ins Gesicht und ließen ihre Hände freundschaftlich langsam meinen Rücken hinuntergleiten, wobei sie mir das Gefühl vermittelten, komplett schwachsinnig und lebensmüde zu sein. Kurz vor meinem Hosenbund stockten die Hände plötzlich ungläubig, als sie auf den Knauf meiner Pistole stießen, die ich spaßeshalber mit auf die Tour genommen hatte, schlicht um zu sehen, wie sich das anfühlen würde. Nun, es fühlte sich in dieser Situation richtig gut an, denn augenblicklich änderte sich die Stimmung, ich wurde mit größtem Respekt von den Wüstensöhnen aufgenommen und herzlich eingeladen, sodass ich an diesem Abend keinen Franc mehr ausgeben musste. Später gingen wir gemeinsam in eine andere Araberkaschemme, wo nach zehn Minuten plötzlich ein Streit ausbrach und eine Massenschlägerei einsetzte, die mich an eine Hollywood-Saloonprügelei erinnerte und die die gesamte Kneipe in Trümmer legte. Ich hatte mich wie gelähmt an einen Pfosten gedrückt und zog nur immer mal wieder instinktiv den Kopf ein, wenn irgendwelche Stuhlbeine oder ein Körper an mir vorbeiflogen. Glücklicherweise war ich relativ betrunken. Nüchtern hätte ich höchstwahrscheinlich einen klaustrophobischen Angstanfall bekommen und wäre schreiend in irgendeine Faust oder ein Stuhlbein gestürzt. Abgesehen davon dauern solche Massenschlägereien nicht, wie man es aus dem Film kennt, Ewigkeiten, sondern sie sind vorüber, bevor man sie wirklich realisiert hat. Als die Polizei eintraf, wurde ich als Einziger nicht durchsucht, sondern freundlich aus der Bar eskortiert. Ich war glücklich, einige Minuten später allein in meinem Schlafsack in der nächtlichen Stille unter den Sternen am Fluss zu liegen, um mich her eine Stimmung wie auf dem Bild *Sternennacht* von van Gogh.

Im Sommer trampte ich allein zum Roskilde-Festival, und im Herbst bereitete ich mich auf den nächsten Banküberfall vor.

6 Frankfurt, Oktober 1989

Ich hatte mich entschieden, die Bank, die 1985 die erste war, die ich überfallen hatte, ein weiteres Mal aufzusuchen. Helene kam mittlerweile auch in der Woche häufig nach der Arbeit zu mir nach Gießen. So fuhr ich eines Morgens gemeinsam mit ihr nach Frankfurt, wo wir uns im Zentrum trennten, sie zur Arbeit weiterfuhr und ich mich unter dem Vorwand, den Zweitausendeins-Laden am Kornmarkt aufsuchen zu wollen, auf den Weg zu meiner Bank machte. Elvira, mein »Basislager« vor über vier Jahren, wohnte nicht mehr gegenüber der Bank, doch ich hatte bereits instinktiv einen anderen Fluchtweg aufgetan. Die Bank lag direkt an einem U-Bahn-Eingang, in dem ich verschwinden würde. Ich ging zur Öffnungszeit in die Bank, um mir anzuschauen, ob sich irgendetwas verändert hatte. Nein, in meiner »ersten Bank« war noch alles beim Alten, nur der Kassierer war ein anderer.

Kurz vor der Mittagspause stürmte ich in die Bank – dieses Mal nicht mit einem Motorradhelm, sondern mit einem schwarzen Halstuch maskiert, das ich mir bis zum unteren Rand der schwarzen Sonnenbrille hochzog, während ich eine schwarze Wollmütze bis zum oberen Rand hinabgestreift hatte. Im Schalterraum befand sich nur eine Kundin, offensichtlich eine Studentin, die vor der Kasse stand und hastig das abgehobene Geld in ihre Umhängtasche stopfte.

»Entspann dich«, sagte ich mit betont freundlicher Stimme. »Dein Geld will ich nicht. Hier geht es um Banken. Darf ich mal?«, und damit schob ich sie sanft beiseite.

Als ich sah, wie der junge Kassierer wie in Zeitlupe nach den Geldfächern fasste, erinnerte ich ihn an die Vorgaben für derlei Situationen.

»Sie kennen doch die Regularien: keine Verzögerungen, keine Gefährdungen von Kunden und Mitarbeitern. Also bitte!«

Er beschleunigte das Verfahren, und ich bedankte mich mit dem obligatorischen Trinkgeld. Dann verabschiedete ich mich stumm und bewegte mich Richtung Tür. In diesem Moment öffnete eine ältere Dame die Eingangstür zum Kundenraum. Ich hielt ihr die Tür auf und ließ ihr mit einem »Bitteschön« den Vortritt.

Nachdem ich unterwegs im Windfang das Halstuch heruntergezogen hatte, ging ich gemessenen Schritts zum U-Bahn-Eingang und verschwand in seinem Schlund. Auf der Treppe verstaute ich den schwarzen Parka, die Wollmütze, Lederhandschuhe und Sonnenbrille in meiner schwarzledernen Umhängetasche, in der sich schon Pistole und Beute befanden, und strebte in einem hellen, heiter gemusterten Norwegerpullover, wie ihn auch Studenten gerne tragen, mit offenem Lockenhaar und einer »Büchertasche« unter dem Arm, den Bahnsteigen entgegen.

Ich fuhr zum Hauptbahnhof und kam unterwegs in eine Fahrscheinkontrolle. Im Gegensatz zu einem Drittel der Fahrgäste hatte ich als braver Staatsbürger natürlich einen gültigen Fahrschein. Gewöhnlich fuhr auch ich schwarz, aber gewiss nicht, wenn ich eine Bank überfiel. Am Hauptbahnhof stieg ich aus und nahm den nächsten Zug nach Gießen, wo ich für Helene einen Strauß Schwertlilien kaufte. Am Abend lud ich sie und Kerstin zum Essen ein. Die beiden mochten sich nicht, waren überflüssigerweise aufeinander eifersüchtig, was sie hinter der übertriebenen Freundlichkeit, mit der sie einander begegneten, verbargen. Später, als der Prozess gegen mich lief, waren sie plötzlich ein Herz und eine Seele und überboten sich gegenseitig darin, sich von mir zu distanzieren und die Bedeutung der Beziehungen zu mir herunterzuspielen.

Ich weiß nicht, welcher narzisstische Dämon mich einige Tage später ritt und mir den Verstand trübte, doch ich offenbarte mich Helene gegenüber als der Bankräuber, der in Frankfurt eine Bank überfallen hatte (wobei ich es bei dem einen Banküberfall beließ). Helene war begeistert – und ich genoss es! Ich sollte diesen Fehler noch bitter bereuen.

(Helene war im Übrigen nicht die einzige Frau, die ich einweihte. Meiner langjährigen Freundin Kerstin hatte ich mich schon direkt nach dem ersten Banküberfall offenbart. Sie war meine engste Vertraute und auch meine »Finanzverwalterin« in Deutschland, die die Vollmacht hatte, in meiner Abwesenheit Gelder an Freunde auszugeben, die in finanziellen Nöten waren.)

Unmittelbar darauf nahm ich den Bus in die »weiße Stadt«, nach der ich schon lange Sehnsucht hatte. Auch Helene hatte das gespürt, sodass es zu keinem größeren Theater kam. Natürlich hätte ich fliegen können, doch ich liebte diese spätherbstliche, zweiundvierzigstündige Fahrt im halb leeren Bus, die mich mit jeder neuen Landschaft dem südwestlichen Ende Europas näher brachte. Ich schlief gewöhnlich nie auf diesen Fahrten, hatte dieses Mal aber bis kurz vor der portugiesischen Grenze zwei Flaschen Southern Comfort geleert, sodass ich kurz vor Eintritt in mein Gelobtes Land ins Delirium gefallen war. Die portugiesischen Grenzbeamten rüttelten an mir herum, bis sie es lachend aufgaben.

Am zweiten Tag in Lissabon traf ich Nadina, meine erste Lissabonner Bekanntschaft überhaupt, die jetzt eine Freundin mitbrachte, eine einundzwanzigjährige Philosophiestudentin. Nadina amüsierte sich, als sie sah, wie Graciana und ich sofort Witterung aufnahmen. Graciana, portugiesisch zierlich, trug ein knappes schwarzes Minikleid, ihr schwarz umlocktes Gesicht war stark geschminkt. Ich bevorzuge eigentlich das ungeschminkt Natürliche, doch verspürte ich bei Graciana den unwiderstehlichen Drang, ihr die süße Maske vom Gesicht zu reißen und die nackte Haut darunter freizulegen. Anfangs trafen wir uns noch zu dritt, doch bald zogen Graciana und ich allein los. Wie fast alle Studenten, die aus Lissabon kamen, wohnte auch Graciana noch bei ihren Eltern, die streng über ihre Kinder wachten. Eine Übernachtung außer Haus kam nicht infrage.

Als wir eines Freitagnachmittags mit der Fähre auf die andere Flussseite nach Costa da Caparica fuhren, schienen die Götter ihre segnende Hand über uns zu halten. Wir hatten gerade das südliche Tejo-Ufer erreicht, als ein orkanartiger Sturm einsetzte, sodass die Brücke gesperrt wurde und die Fähren ihren Betrieb einstellten. Ein Anruf genügte, und Graciana erhielt die notgedrungene elterliche Erlaubnis, mit ihrer »Freundin« zusammen in Caparica zu übernachten. Mit den Wolken öffneten sich für uns auch alle Himmel – im Zimmer eines kleinen Strandhotels, mit

Blick auf den tosenden Atlantik, in dem wir das Sturmwochenende im stürmischen Liebestaumel verbrachten.

Zurück in Lissabon, erzählte ich Helene bei unserem nächsten Telefonat von meiner Romanze mit Graciana. Ich war zwar häufig mit Frauen zusammen, die ihre Männer betrogen, und ein Teil von mir verachtete sie dafür (was ich ihnen auch sagte), doch versuchte ich selber immer, mit offenen Karten zu spielen. Helenes Reaktion: ein Tobsuchtsanfall, die hysterische Drohung, »ins Wasser zu gehen«. Ich blieb ganz ruhig, redete verständnisvoll auf sie ein, rief aber doch die Mädchen in der WG an und bat sie, ein wenig nach ihr zu schauen.

Als ich eines Abends durchs Bairro Alto, Lissabons Kneipen- und Bohemeviertel, zog, genehmigte ich mir in der legendären Taverne »Pontapé na Cona« (der Name bedeutet »Tritt in die Möse«, was zugleich der Name eines Cocktails ist), in gedankenlosem Überschwang einen kleinen Gin-Meskalin-Kokain-Cocktail. Einige Stunden später wurde ich in den Höllenschlund eines galaktischen Horrortrips geschleudert. Innerhalb kürzester Zeit ruderte ich hilflos immer tiefer in ein verklebendes Labyrinth entsetzlicher Halluzinationskanäle, in denen ich mich verzweifelt mit meinen Dämonen ringen sah, gepeitscht von psychotischen Schüben, die in nackten Todesangstzuständen gipfelten. Same old story, nur dass die Geschichte diesmal kein Ende zu nehmen schien.

Für gewöhnlich klang ein Trip bei mir nach zwölf Stunden wieder ab. Doch dieser hier hielt mich tagelang im Würgegriff. Anfangs ging ich noch in den nahe gelegenen Gulbenkian-Park und die umliegenden Tavernen. Nach einigen Tagen jedoch traute ich mich nicht mehr aus dem

Pensionszimmer, wegen der immer stärkeren psychotischen Schübe, mit heftigen Erstickungsgefühlen, Angstzuständen und zunehmenden motorischen Störungen. Aus Angst vor Kontrolllöchern schloss ich alle scharfen Gegenstände, wie Messer und Rasierklingen, weg und verrammelte die Fenster mit ihren alten Holzläden, um nicht auf die Idee zu kommen, mich durch das Glas zu stürzen. Das Frühstück brachte mir die Wirtin aufs Zimmer, ansonsten ließ ich mich von den umliegenden Chinarestaurants beliefern. Um die surrealen Visionen zurückzudrängen und das sich nicht beruhigende Speedgift in den Griff zu bekommen und einfach einmal schlafen zu können, trank ich täglich mindestens zwei Flaschen Gin, was dazu führte, dass die Nerven unter der Haut schon bei minimalstem Pegelabfall zuckend verrücktspielten. Kleine Käfer begannen über meine Arme zu schleichen, die Wahnvorstellungen ließen sich nur zeitweilig vernebeln. Natürlich war mir klar, dass ein psychoaktiver Stoff wie Alkohol die Psychose nur noch verstärkte, ich spekulierte aber darauf, mich über den Alkohol, wie über ein Sprungbrett, aus der Psychose herauskatapultieren zu können.

Eine Freundin, Ärztin und Psychotherapeutin, mit der ich im telefonischen Kontakt stand und der ich regelmäßig die Symptome schilderte, bekniete mich, mich in die Psychiatrie einzuweisen und mir eine Haldolinfusion verpassen zu lassen, allein könne ich diese Drogenpsychose nicht überwinden. In starrköpfigem Stolz erwiderte ich nur: »Ich schaff das schon.« Um mich vor allem in den Nächten in meinem Ringen nicht so verzweifelt verloren zu fühlen, hörte ich ständig Musik im Walkman und tanzte barfuß durch das kleine Zimmer. Immer wieder hörte ich Lou Reeds *Blue Mask*, auf der Louie auch solche Alkohol-Drogen-Psychosen behandelte und exakt die Gefühlsabgründe beschrieb, durch die ich mich gerade kämpfte (»Waves of fear«).

Ich wusste, dass ich mal wieder ein Opfer meines eigenen Rock-'n'-Roll-Prinzips geworden war – »no stone unturned« –, und erkannte nicht zum ersten Mal, dass, wenn man nur lange genug an die Tür des Teufels klopft, er irgendwann auch aufmacht. Heute weiß ich, dass man nicht jeden Stein umdrehen muss, unter dem ja nicht nur unentdeckte Edelsteinlichter schlummern, sondern auch allerlei hässliches Getier – all die Dämonen, die man nie mehr wirklich loswird.

Allerdings haben mir meine damaligen Drogen- und Alkoholexzesse, die sich immer auf höchstem Intensitätspegel bewegten, auch wundervolle Momente beschert. In Gießen nahm ich einst in den Siebzigern auf einer LSD-Reise aus einem Nachtclub ein süßes Mädchen mit und verstand weder ihre Verwunderung darüber noch die Bestürzung meiner Freunde. Als ich am Morgen bei klarem Verstand erwachte, sah ich, dass die Süße ein »Contergan-Kind«, mit zwei Flügelstümmelchen an den Schultern, war. Mia, die sich tief in meine Arme geschmiegt hatte, erzählte mir mit feuchten, glücklichen Augen, wie ich sie den Großteil der Nacht geliebt hatte und immer wieder zärtlich »ihre süßen kleinen Flügelchen«, wie ich sie nannte, gestreichelt und geküsst hatte, die ich im LSD-Rausch als völlig normal und natürlich verzaubernd angesehen hatte. Nach einem Moment des Erschreckens empfand ich die Flügelchen auch im drogenlosen Zustand so rührend zart und zerbrechlich, dass ich sie den ganzen Vormittag liebkoste und das süße Geschöpf mit aller Inbrunst liebte. Diese LSD-Geschichte lehrte mich, wie beschränkt unser gesellschaftlich normierter Blick von Schönheit ist – und wie viel auch ich von dieser Norm verinnerlicht hatte.

Als die Pensionsbesitzerin mich wieder einmal zum Telefon herunterrief, war nicht Kerstin am Apparat, sondern die völlig aufgelöste Helene, die mir heulend erklärte, sie sei bei ihrem Exfreund und habe ihm in ihrer Verzweiflung erzählt, dass ich in Frankfurt die Bank überfallen habe. Nach einer kurzen Pause fragte sie, mit deutlich lallender Stimme, was sie denn nun machen solle, eifrig hinzufügend, dass ihr Ex auch ganz bestimmt niemandem etwas sagen würde. Ich musste mich extrem zusammenreißen, um nicht die Beherrschung zu verlieren. So ruhig wie möglich sagte ich ihr, sie solle erst einmal in ihre Wohnung gehen und ihren Rausch ausschlafen. Dann würden wir weitersehen. Damit legte ich auf.

Abgesehen von der Bizarrerie, mich in hilfloser Rührseligkeit zu fragen, was sie machen solle, nachdem sie mich gerade verraten hatte, war diese Information genau das, was meine Psychose als letzten Schliff zu ihrer Vollendung noch gebraucht hatte. Zu der Angst vor und dem Ringen mit den Dämonen im Innern gesellte sich nun noch der paranoide Wahn einer Verfolgung von außen, sodass ich bei Schritten an der Tür oder meinen wenigen nächtlichen Gängen, im Schutz der Dunkelheit, in jedem Menschen einen polizeilichen Häscher sah.

Graciana kam regelmäßig zu mir in die Pension, je nachdem, wie es ihr Studium und ihre Eltern zuließen. Sie war ebenso liebevoll bemüht wie rührend hilflos, zumal ihr Drogen genauso fremd waren wie die sinnliche Erfahrung einer Psychose. Ihre einfühlsame sanfte Stimme, ihre nylonknisternden Frauendüfte und ihre heiße Hingabe konnten jedoch immer wieder den Gestank von Wahnsinn und Zerfall für eine Zeit lang zurückdrängen. Wenn ich in ihren warmen nachgiebigen Leib drang oder meinen Kopf wie ein Ertrinkender in ihren Schoß wühlte, fühlte ich mich für Momente von den Dämonen befreit und in alle Himmel geschleudert. Oft drängte ich mich fröstelnd zwischen ihre vollen Brüste, und sie las mir auf Deutsch aus Kerouacs *Tristessa* vor, mit sanfter Stimme und honigsüßem portugiesischem Akzent, der eine zusätzliche Magie dadurch gewann, dass sie, des Deutschen nicht mächtig, kein Wort von dem verstand, was sie vorlas. Ihre kleine Hand lag dabei auf meiner Wange und ließ friedlich warme Flutwellen durch meinen Körper strömen. Es waren einzigartige Momente, wie wir völlig abgeschottet, mit verschlossenen Fensterläden, bei Kerzenlicht ineinander verschlungen, im Bett lagen, während draußen das Leben und das atlantische Licht durch die Straßen Lissabons schäumten.

Immer tiefer zog es mich in den psychotischen Strudel. Nach zwei Wochen gab ich auf, packte meine Zahnbürste ein, teilte der Pensionsbesitzerin mit, dass ich für einige Tage ins Krankenhaus müsse, rief Graciana an und machte mich auf den Weg. Es war eine milde, flaumweiche Novembernacht, die Sterne blinkten freundlich am Himmel, und ich setzte mich in ein Straßencafé, um einen letzten Macieira-Brandy zu trinken, bevor ich ein Taxi ins Hospital São José nahm.

In der neonausgeleuchteten, schmutzig weißen Notaufnahme wartete ich zwei Stunden lang, umgeben von jammernden, stöhnenden, schreienden Menschen. Ein Krankenwärter stolperte über einen Mann, der sich auf einer Bahre auf dem Fußboden wälzte, während ich mir, mittlerweile auf den allerletzten Reserven laufend, in meinem

Rücken an der Wand die Fingerkuppen blutig kratzte, um nicht dem Drang zu folgen, schreiend aus dieser Vorhölle zu fliehen. Wieder kam mir in den Sinn, dass die Wirklichkeit viel wahnsinniger war als meine Imaginationen, die ja ohnehin nur ein Spiegel der äußeren Realität waren.

Als ich endlich an der Reihe war und mein Problem mit der gebotenen Dringlichkeit schilderte, winkte der junger Arzt ab. »Erst einmal die Personalien ... und Ihre Adresse in Lissabon.«

Als ich ihm das Viertel meiner Pension nannte, zerknüllte der Arzt gelangweilt das Anmeldeformular und erklärte müde: »Für den Distrikt sind wir nicht zuständig. Sie müssen das Hospital aufsuchen, das in Ihrem Distrikt liegt.«

»Und welches Hospital liegt in meinem Distrikt?«, fragte ich und starrte den miesen Bürokratenmediziner hasserfüllt an.

»Das Hospital de Santa Maria.«

Ich raste mit dem nächsten Kamikaze-Taxifahrer durch das nächtliche Lissabon ins Unversitätsviertel. Das Universitätshospital Santa Maria, das größte Krankenhaus Lissabons, thronte oberhalb der Universitätshauptgebäude wie ein düsteres kafkaeskes Schloss auf einem der Lissabonner Hügel. An der Notaufnahme leuchtete mich durch die Glasscheibe ein braunäugiges Engelsgesicht an. »Olá, wie kann ich Ihnen helfen?«

»Drogenpsychose«, antwortete ich kurz und knapp.

»Ja«, nickte sie verständnisvoll. »Ich rufe sofort jemanden, der holt Sie gleich ab. Außerdem ...«, sie lächelte wieder ihr Engelslächeln, »ich bin hier.«

Ich strahlte sie dankbar an, soweit meine blutunterlaufenen Fieberaugen das zuließen. Nach wenigen Momenten kam eine andere, ebenso bezaubernde Schwester, die mich zu der zuständigen Abteilung brachte. Auf der geschlossenen Psychiatrie-Station erwartete mich eine junge Ärztin in ihrem Sprechzimmer. Sie erklärte mir freundlich, dass ein Bett für mich reserviert sei und ich gleich eine Haldol-Spritze bekommen würde, um zur Ruhe zu kommen und schlafen zu können. Um Kosten müsste ich mir keine Sorgen machen, nach portugiesischem Gesetz würden alle Notfälle unentgeltlich behandelt, ob es sich nun um einen Portugiesen handelte oder einen Ausländer. In dem Vierbettzimmer lag nur noch ein anderer Patient. Ich fühlte mich hier sofort geborgen und spürte, wie Spannungen und Ängste von mir abfielen, so als hätte ich den sonnenwärmenden Ausgang eines düsteren Geisterlabyrinths erreicht.

Ich schlief die erste Nacht zehn Stunden am Stück. Am nächsten Tag spielte ich mit der Oberschwester Tischtennis und mit einem meiner Mitpatienten, die allesamt, mit Medikamenten ruhiggestellt, durch einen breiigen Nebel zu taumeln schienen, eine Partie Backgammon, ohne dass wir verbal kommunizierten. Ich war ein gern gesehener Gast im Schwesternzimmer, und abends saß ich am Fenster des dunklen Gemeinschaftsraums und schaute durch die Gitter hinaus über das hügelige Lichtermeer Lissabons und machte mir Notizen. Trotz der Gefangenschaft war ich dankbar. Ich fühlte mich bestens aufgehoben bei all den bezaubernden Portuguesas in Weiß und in meiner geliebten Stadt. Obwohl ich noch völlig erschöpft war, sah ich von ferne allerdings auch schon wieder die vertraute, nach Unabhängigkeit, Licht und Raum strebende Unruhe in mir aufziehen.

Graciana konnte mich an meinem zweiten Nachmittag in der Lissabonner Uniklinik besuchen. Sie saß auf meinem

Schoß im Besucherraum, und ich ermunterte sie, mir von der Sonne auf dem Campus zu erzählen, von dem Mensa-Essen und dem neuen Freund ihrer Schwester. Als wir uns am darauffolgenden Tag wieder im Besucherraum trafen, schwenkte sie aufgeregt die deutsche *Bild*-Zeitung und sprudelte atemlos hervor: »Die Berliner Mauer ist gefallen, die Menschen aus beiden Teilen der Stadt tanzen gemeinsam in den Straßen! Dein ganzes Land ist frei!«

Ich wehrte ärgerlich ab. »Ach, Prinzesschen«, sagte ich und nahm die Zeitung entgegen: DIE MAUER IST OFFEN, stand da. Ich brachte es nicht über mich, den Artikel zu lesen. »Weißt du, die *Bild* ist so ein kriminelles, verlogenes Schmierblatt, die würden auch jederzeit behaupten, dass Lissabon im August unter Schneemassen versinkt.«

Graciana begriff meine Ungläubigkeit nicht und redete auf mich ein, sie habe in den portugiesischen Nachrichten gesehen, wie die Menschen auf der Mauer getanzt hätten.

Ich nahm sie zärtlich in den Arm und erklärte ihr klugscheißerisch, dass sie da etwas verwechseln müsse: »Die Mauer wird, wie alle Mauern, irgendwann fallen, aber nicht in absehbarer Zeit.«

Graciana gab es auf, fragte mich aber noch behutsam, welcher deutschen Zeitung ich trauen würde. Dann verabschiedete sie sich. Es war der 10. November 1989.

Am nächsten Tag schleppte sie die *Süddeutsche Zeitung* an. Es war, als würde mich ein heißer Glücksstrom durchzucken, wie bei einer ersten glücksspendenden Welle einer starken Droge. Augenblicklich waren die bleiernen Nebel und die Schatten des vergangenen Seelenringens wie von einem atlantischen Sturm weggeblasen. Aufgeregt ließ ich die zuständige Ärztin rufen. Nach einem kurzen Gespräch unterschrieb ich eine Erklärung, dass ich auf eigene Verantwortung die Klinik verlassen würde. Noch vor dem Klinikausgang warf ich die mitgegebenen Psychopharmaka in einen Mülleimer. Auf der Straße sprang ich schreiend der Sonne entgegen und wirbelte die lachende Graciana durch das weiche Lissabonner Novemberlicht. Wir stiegen in ein Taxi und rauschten zum Castelo São Jorge hoch, um im Angesicht der Lissabonner Hügel, des silberblauen Tejo und des weiten, grün flimmernden Atlantiks unsere und die Wiedervereinigung Deutschlands in Freiheit zu feiern, bevor wir in meine Pension jagten und übereinander herstürzten.

Einige Tage später, als ich allein vom Meer vor Costa da Caparica nach Lissabon zurückkam und vom Busbahnhof an der Praça de Espanha zum Gulbenkian-Park schlenderte, sah ich am Straßenrand einen Trabi mit DDR-Kennzeichen stehen. In ehrfürchtigem Staunen betrachtete ich ihn von allen Seiten wie ein Raumschiff von einem anderen Stern.

»Da kiekste, wa?«, hörte ich eine lachende Stimme in meinem Rücken. Der junge Ostberliner hatte sich unmittelbar nach dem Mauerfall auf die Abenteuerreise in den Westen gemacht und war, ohne eine einzige Panne, am Südwestrand Europas, in Lissabon, gelandet. Wir verabredeten uns für den Abend, und ich machte mit ihm einen Zug durch die nächtliche Stadt, die ihm wohl auf ewig in Erinnerung bleiben wird. So feierte ich doch noch angemessen, wenn auch ein paar Tage verspätet, die innerdeutsche Befreiung.

Ich entschied, von Graciana unterstützt, zurück nach Deutschland zu fliegen. Sie musste sich auf eine wichtige Arbeit für die Uni konzentrieren und wollte danach, in zwei Wochen, zu mir nach Gießen kommen. Im Reisebüro übernahm meine kleine Portuguesa den Ticketkauf. Als ich tags darauf als Letzter die Gangway hochsprintete, erkannte ich, warum das Ticket überraschend teuer gewesen war: Die Sitzreihen des Flugzeugs waren ausschließlich mit Managertypen in Nadelstreifenanzügen, mit schwarzen Lederköfferchen auf den Knien, besetzt. Meine süße Graciana hatte mir einen Business-Class-Flug gebucht! Nun, wenn ich schon hier war, wollte ich auch den vollen Service genießen. Ich saß neben einem grau melierten Grandseigneur, der, als er sah, wie ich ohne Pause das zweite Schampusfläschchen kippte, lachend einstieg: »Ich mache mit!« So ließen wir uns dreieinhalb Stunden – das Flugzeug kreiste wegen Nebels eine Stunde über Frankfurt – mit Gratis-Champagner volllaufen, während der Siemens-Manager begeistert in mein Hohelied auf die funkelnde Sinnlichkeit und unberechenbare Poesie der Portugiesinnen einstimmte und irgendwann bekannte, dass er am liebsten sein ganzes Managerdasein in Deutschland aufgeben würde, um in der Glut des Südlands noch einmal ganz neu zu beginnen, im Alentejo Oliven zu züchten, auf dem Dorfplatz mit sonnenfaltigen Portugiesen Backgammon zu spielen und wie von Sinnen der rassigen Wirtstochter nachzustellen.

In Frankfurt holten mich Jonny und Kerstin vom Flughafen ab. Jonny warf mir zur Begrüßung das aktuelle Tour-T-Shirt der Stones ins Gesicht, das er letzte Woche aus New York mitgebracht hatte.

Zwei Wochen später holte ich Graciana vom Frankfurter Flughafen ab. Sie war wuschelig überdreht und aufgeregt wie ein kleines Mädchen, obwohl ihr als großbürgerlicher Tochter internationale Reisen vertraut waren. Ich sah sie wie von einem fernen Hügel. Hier in Deutschland, ohne die Magie der Ausnahmesituation, die Lissabon immer für mich darstellte, kam sie mir wie eine Fremde vor, ein unreifes Mädchen, mit dem ich nichts gemeinsam hatte. Verstärkt wurde dieses Gefühl dadurch, dass sie nur verhasste Techno- und Mainstream-Popmusik hörte und es ihr wiederum unangenehm war, wenn ich morgens als Erstes Iggy Pops »Cold Metal« durchs Zimmer hallen ließ.

Am 7. Dezember '89 fuhr ich mit Graciana und Jonny in die Frankfurter Music-Hall, und wir sahen ein fantastisches Akustik-Solo-Konzert von Neil Young auf seiner *Freedom*-Tournee, das Graciana ebenso wenig zu berühren schien wie mich ihr Computerlärm. Als Graciana mir tags darauf offenbarte, sie wolle mich heiraten (»Der unterschiedliche Musikgeschmack ist doch kein Hindernis«), fragte ich mich, was ich falsch gemacht hatte. Ich erklärte Graciana, dass ich sie mögen würde, aber nicht liebte, und wir keine Zukunft hätten.

Graciana fuhr am nächsten Tag zu Marc, einem Düsseldorfer Studenten, den sie von einem Studentenaustausch kannte, und begann eine Romanze mit ihm. Nach zehn Tagen rief sie mich aus Düsseldorf an, erzählte mir, dass sie eine schöne Zeit habe, gerne noch eine Woche mit Marc in Berlin anhängen würde und ob ich ihr 300 DM leihen könnte. Am nächsten Tag kam sie mit ihrem Düsseldorfer Freund bei mir in Gießen vorbei, als ich gerade vor dem Haus mit laufendem Motor, gemeinsam mit Jonny und meinem Kumpel »Dr. Mad«, nach Karlsruhe starten wollte, wo wir das erste Konzert der *UK Jive*-Tour der Kinks sehen wollten. Graciana war wieder so sonderbar aufgekratzt, ein wenig unsicher, doch sie schien auch wohlgemut fidel zu sein. Ich gab ihr einen 500-Mark-Schein aus der letzten

Bankraubbeute, wünschte ihr die Erfüllung all ihrer Träume und küsste sie zum Abschied auf die Stirn – und fühlte mich glücklich befreit, als ich – »Hit the road, Jack« – zu den Jungs in den laufenden VW-Bus sprang.

Als ich Graciana vier Jahre später in Lissabon auf der Straße traf, war sie doppelt so schwer, von drei kleinen Kindern umzingelt und plapperte ununterbrochen von drückenden Pampers und Hypotheken. In jenen Novembertagen des Mauerfalls 1989 war sie eine Zeit lang eine strahlende Prinzessin gewesen. Sie wird es in meiner Erinnerung immer bleiben.

Um meiner labilen Existenz etwas Bodenhaftung zu geben, gab ich wieder Nachhilfestunden und half außerdem Nazhin, meiner persischen Mitbewohnerin, bei der Vorbereitung auf ihre Prüfungen. Nach kurzer Zeit jedoch juckte mich wieder der Teufel. Ich dachte daran, eine Bank zu überfallen, und hatte zudem das unwiderstehliche Verlangen, Helene zu durchpflügen. Ich rief sie im Januar an, und wir trafen uns am Abend in der »Oktave«, einer Gießener Jazzkneipe. Sie hatte sich klassisch herausgeputzt, in einem schwarzen Kostüm, die langen blonden Haare hochgesteckt, mild umwabert vom vertrauten Parfüm.

»Ach Reiner, ich war ganz verrückt vor Eifersucht und habe überhaupt nicht mehr durchgeblickt. Kannst du mir verzeihen?«, schnurrte sie unter sanftem Augengeklimper.

»Nein, ich werde dich zur Strafe so durchvögeln, dass dir endgültig die Sinne vergehen.«

»Huch, guck, ich hab eine richtige Gänsehaut«, schmiegte sie sich schauernd an mich.

Im Morgengrauen fuhr sie zurück nach Frankfurt zur Arbeit. Wie ich erfuhr, hatte ihr jugoslawischer Exfreund

Helene in der letzten Zeit sehr umworben, um sie wieder zurückzugewinnen. Kurz vor Weihnachten war Helene auch bereit gewesen, mit ihm zu schlafen. Für den armen Jungen, der sich ständig anhören musste, wie Helene mich verteufelte, war der Druck jedoch zu groß, und er konnte den Anforderungen leider nicht genügen. Sie beschlossen, sich Zeit zu lassen. Er umwarb sie weiterhin auf das Rührendste. Und nun kam ich, pfiff nur einmal kurz, und Helene lag wieder in meinen Armen. Da war es nur verständlich, dass der gutmütige Bursche endlich seine dunklen Seiten entdeckte und die Beherrschung verlor. Als Helene wieder zurück war, bekam er einen Wutausbruch. Er zerlegte seine Wohnung und stieß gegenüber Helene wüste Drohungen aus: Er wolle mich umbringen oder mich bei der Polizei anzeigen oder von der kroatischen Mafia entführen und zu Tode foltern lassen. Doch nichts half. Helene gab ihre Wohnung in Frankfurt auf und zog, bis sie eine eigene Wohnung in Gießen gefunden hatte, zu mir.

Trotz allem stand mein Entschluss bereits fest, meine Zelte in Deutschland vollständig abzubrechen und ganz nach Lissabon zu ziehen. Eines grauen Aprilvormittags, Helene hatte mittlerweile eine Wohnung in Gießen gefunden, war ich gerade damit fertig, all meine Habe in Kartons zu verstauen, die ich am Abend mit Jonnys Bus auf seinen Bauernhof schaffen wollte, als Helene mich aus der Firma anrief. Sie klang völlig aufgelöst.

»Reiner, Josip ist gerade in meinem Büro gewesen«, sagte sie mit atemloser Stimme. »Er macht seine Drohung wahr, er ist auf dem Weg zur Polizei, er will dich anzeigen!«

»Okay, Schätzchen, mach dir keine Sorgen. Sie können ruhig kommen. Ich werde ihnen sagen, dass du mich über Josips Vorhaben informiert hast. Ansonsten weißt du von nichts, hörst du? Außer dass Josip vor Eifersucht ganz zerfressen ist und sich rächen wollte. Bleiben wir doch ganz einfach bei der Wahrheit, das ist immer am überzeugendsten.«

Ich rekapitulierte mögliche Spuren, doch ich konnte mich an nichts Verdächtiges erinnern, das nicht bereits vernichtet war – außer der verbliebenen Beute, die sich außer Haus befand.

Eine halbe Stunde später trafen die Gießener Kriminalbeamten ein, die mich in Amtshilfe für die Frankfurter Kollegen, die bereits auf dem Weg nach Gießen waren, wegen des Verdachts eines bewaffneten Banküberfalls in Frankfurt im Oktober 1989 festnahmen.

Als die drei Cops in mein Zimmer traten, begrüßte mich der erste mit der triumphalen Süffisanz, wie man sie aus Kriminalfilmen zu Genüge kennt: »Ach, das Vögelchen will ausfliegen! Da sind wir ja gerade noch mal rechtzeitig gekommen.«

»Das Vögelchen fliegt, wann immer es kann, das liegt in seiner Natur«, lachte ich. »Sie sind bestimmt hier, weil Sie ein junger Jugoslawe, dem ich die Freundin ausgespannt habe, geschickt hat. Meine Freundin, Frau Helene Nordermann, hat mich telefonisch informiert, dass Sie kommen würden.«

Auf dem Gießener Polizeipräsidium wurde ich sehr höflich und zuvorkommend behandelt. Die Eifersuchtsgeschichte und meine selbstbewusste Gelassenheit schienen Wirkung zu zeigen. Als die Frankfurter Kollegen eintrafen, schilderten die Gießener ihnen den Fall und schlossen mit der Bemerkung: »Typischer Fall von Eifersuchts- und Rachegeschichte, wenn Sie uns fragen.« Doch die Frankfurter waren nicht so leicht zu überzeugen. Nach einem kurzem Verhör, in dem ich meine Äußerungen wiederholte, hieß es nur knapp: »Wir nehmen ihn mit.«

Auf dem zur Straße hin offenen Parkplatz kehrten sie mir, der ich ohne Handschellen fünf Meter hinter ihnen stand, den Rücken zu und machten sich an der Wagentür zu schaffen, während sie sich scheinbar unverfänglich unterhielten.

»Ich habe nicht vor zu flüchten«, sagte ich und grinste die Polizisten freundlich an, die sich unwirsch zu mir umdrehten. Eine Weile sahen sie mich stumm an, dann öffneten sie mir die hintere Wagentür.

Nachdem man mich auf dem Frankfurter Kriminaldezernat Mitte für Kapitalverbrechen »erkennungsdienstlich behandelt« hatte, wurde ich in das Büro des Beamten gebracht, der für »meinen« Banküberfall zuständig war. Hinter dem Schreibtisch saß ein kleiner, untersetzter Mann mittleren Alters, unscheinbar bis auf die wachen Raubvogelaugen, mit denen er mich als seine Beute taxierte. Gleich zu Beginn trat ein anderer Beamter in den Raum, bemerkte laut: »Frank, Frau Nordermann ist eingetroffen«, und verschwand wieder. Der Kriminalhauptkommissar verhörte mich drei Stunden lang, nachdem ich anwaltlichen Beistand abgelehnt und mich zur vollständigen Kooperation bereit erklärt hatte. Wir sprachen über den Überfall, meine Biografie, über Beruf und Einkommen. Ich konnte auf jede seiner Fragen eine plausible Antwort geben.

Am Ende der Vernehmung verließ Hauptkommissar Frank den Raum, um einige Minuten später mit einem entspannten Lächeln zurückzukehren. Er setzte sich, lehnte sich mit einem lauernden Grinsen zurück und ließ einige Momente verstreichen, bevor er triumphierend anhob: »Herr Laux, im Nebenraum sitzt Frau Nordermann. Sie hat ein umfassendes Geständnis abgelegt und bestätigt, dass Sie am

3.10.1989 in Frankfurt-Bornheim die Filiale der Commerzbank überfallen haben. Kommen Sie, machen Sie reinen Tisch, es wird nur zu Ihrem Vorteil sein!«

Ich wunderte mich, dass diese Burschen, die in der gefährlichsten Stadt Deutschlands das Verbrechen bekämpfen sollten, nicht mehr zu bieten hatten. Andererseits bewies mir das nur, dass sie absolut nichts in der Hand hatten.

»Beleidigen Sie doch nicht Ihre Menschenkenntnis«, sagte ich und lächelte ihn weiterhin freundlich an. »Bringen Sie Frau Nordermann herein! Ich habe meinen Ausführungen jedenfalls nichts hinzuzufügen. Es gibt für meine Freundin keinen Grund, etwas zu behaupten, das nicht stimmt.«

Der Hauptkommissar begann stumm das Vernehmungsprotokoll abzutippen und las es mir daraufhin vor. Ich ließ den Beamten einige verschwommene Details präzisieren und unterschrieb. Der Hauptkommissar übergab mich mit einem gewollt nachlässigen »Wir werden uns morgen weiter unterhalten« in die Obhut eines anderen Beamten, der mich durch verschiedene graue Gänge in den Keller führte und für die Nacht in ein fensterloses, enges, stinkendes Verlies sperrte.

Es wurde meine erste Nacht in einer Gefängniszelle, deren schmutzige, uringraue Wände mit obszönen Kritzeleien und dümmlichen Weisheiten beschmiert waren. In Erstickungsängsten keuchend, rannte ich zwölf Stunden lang, bis zum offiziellen Wecken um sechs Uhr, den zweieinhalb Meter langen Schlauch von der Eisentür bis zur gegenüberliegenden Wand hin und her.

Am nächsten Morgen wurde ich in eine neongrell mit hellen Kacheln ausgeschlagene Gemeinschaftszelle gesperrt, gemeinsam mit wechselnden Gefangenen, die gebracht oder abgeholt wurden. Nach fünf Stunden Wartezeit öffnete sich die Stahltür auch für mich, und der uniformierte Kerkermeister offenbarte mir knapp, dass der Haftrichter den Haftbefehl aufgehoben habe und ich frei sei. Als ich aus dem Polizeipräsidium trat, schrie ich meine aufgestaute Spannung und Lebensfreude hinaus in den sonnigen Frühlingsnachmittag, während die Passanten sich indigniert abwandten. Allerdings sah ich nach diesen dreißig schlaflosen Stunden Gefangenschaft auch nicht mehr ganz taufrisch aus.

Nachdem ich aus Frankfurt mit dem Zug zurück nach Gießen gefahren war (schwarz, denn ich hatte keinen Pfennig in der Tasche), schaffte ich noch am selben Abend meine Sachen zu Jonny.

Auf Anraten meines Anwalts, Christoph, einem Kumpel aus gemeinsamen Zivildiensttagen, der auch als Clown, Schriftsteller und später als Intendant an verschiedenen Theatern arbeitete, zeigte ich den Jugoslawen wegen uneidlicher Falschaussage an. Der Bursche wurde zu einer Geldstrafe für die SOS-Kinderdörfer verurteilt. So hatte die ganze Sache doch noch etwas Gutes. Ich hegte nie einen Groll gegen den jungen Kroaten und hätte ihn auch nicht angezeigt, doch Christoph meinte, es nicht zu tun, würde verdächtig wirken.

Josip war wirklich gestraft genug. Zunächst wurde er von Helene betrogen, was ihn derart außer sich geraten ließ, dass er zum Denunzianten wurde, wofür er sich immer schämen würde, und dann musste er auch noch die Demütigung einer öffentlichen Gerichtsverhandlung und Verurteilung ertragen.

Helene nahm eine Woche Urlaub, und wir fuhren erst einmal nach Holland, wo wir einige Tage am Meer verbringen wollten. Unterwegs erklärte ich ihr, dass wir das Auftaktkonzert der 90er-Europa-Tournee der Stones in Rotterdam sehen würden, und dirigierte sie zu einem kleinen Abstecher in Hollands große Hafenstadt um. Am frühen Nachmittag trafen wir ein. Jonny war bereits da. Helene und ich hatten keine Karten, die Schwarzmarktpreise lagen bei 750 DM pro Ticket. »Kein Problem«, sagte ich zu Helene, um erst gar keine Entrüstung aufkommen zu lassen. »Wir machen erst mal einen Zug durch die Gemeinde, kommen kurz vor Konzertbeginn wieder und kaufen dann Karten zu erschwinglichen Preisen.«

Wir liefen durch das heimelige rotbacksteinerne Arbeiterviertel von Feyenoord, in dem das Stadion lag, und stießen auf die Fankneipe des Fussballclubs von Feyenoord Rotterdam. Aus dem Innern drang »Brown Sugar«, wir gingen rein. Der mit Fan-Nippes aller Art gepflasterte Raum war gefüllt mit Hardcore-Feyenoord-Fans und Hardcore-Stones-Fans, die sich zu Stones-Musik innig in den Armen lagen, auf der Theke tanzten und hektoliterweise Bier durch die von den gemeinsamen Gesängen aufgerauten Kehlen rinnen ließen.

Wir standen in einer Ecke, und ich kam mit einem alten hageren Holländer ins Gespräch. Als er merkte, dass wir aus Deutschland kamen, wurde er nachdenklich, dann sagte er mit warmer Stimme, ohne Anklage oder Ressentiment, eher so, wie ein Großvater zu seinem Enkel sprechen würde, dass es ein unschätzbares Geschenk sei, dass Deutsche und Holländer jetzt wieder so einträchtig nebeneinanderstehen könnten, dass all die Wunden, die das verfluchte Dritte Reich auch hier in den Niederlanden geschlagen habe, endlich verheilen würden. Er gestand aber auch, dass er die Bilder nie wieder loswerden würde, wie deutsche Wehr-

Zorro: „Geld her!“

Statt mit dem Degen fuchtelte er bei Banküberfall mit der Pistole

Köln – Den Kunden und Angestellten der Commerzbank auf der Venloerstraße stockte der Atem, als nachmittags plötzlich ein schwarz gekleideter Mann mit Pistole das Geldinstitut betrat. Der Gangster hatte sein Gesicht mit einer Zorro-Maske verdeckt!

Kripo: „Der Mann hatte außerdem ein schwarzes Tuch bis zum Mund hochgezogen und den Kopf verdeckt. Er sah damit aus wie der bekannte Freiheitskämpfer in den mexikanischen Western-Filmen.“ Doch statt mit einem Degen fuchtelte der Ganove mit einer Pistole 'rum. Er bedrohte die Kassiererin (34) und forderte: „Alles Geld her, aber schnell.“

Die 34jährige gehorchte, packte dem Räuber bündelweise das Geld in die schwarze Umhängetasche. Dann stürmte Zorro aus der Bank und verschwand mit 25 000 Mark. Die Polizei: „Wer den Mann auf dem Foto erkennt oder ihn auf der Flucht gesehen hat, soll sich dringend melden.“ ☎ 22 9-1

Wer kennt diesen Mann? Der Gangster mit der Zorro-Maske überfiel die Commerzbank auf der Venloerstraße, machte 25 000 Mark Beute.

Maskierter Mann überfiel Bank

Der Bankräuber wird gesucht.

Überfallen wurde die Commerzbank an der Venloer Straße. Ein mit einer schwarzen Maske, Schal und Kapuze vermummter Mann betrat am Freitag nachmittag gegen 15.50 Uhr den Kassenraum. Mit vorgehaltener Pistole zwang er den Kassierer zur Herausgabe des Geldes. Mit seiner Beute – nach Angaben der Polizei handelt es sich um „eine fünfstellige Summe“ – floh der Mann dann zu Fuß. Die kurz darauf ausgelöste Fahndung blieb erfolglos. Hinweise nimmt die Polizei unter der Nummer 229-1 entgegen. (det)

Natürlich entsprang der Ausruf »Geld her!« nicht meinem Munde, sondern der unerschöpflichen Fantasie unseres allseits beliebten deutschen Massenblatts.

Anfang der Sechzigerjahre am Strand von Rimini/ Italien. Noch ein Knirps, doch schon jeder Zoll Rock 'n' Roll.

Mit Eltern und Bruder während eines Skiurlaubs.

Mit meinem großen Bruder im winterlichen Kassel (Wilhelmshöhe).

Fünfzehnjährig auf der Internatsstube, versunken in ferne Traumwelten.

Siebzehnjährig nach erfolgreichem Rauswurf aus dem Internat.

Neunzehnjährig.

Herbst 1988. Die Nacht nach einem Banküberfall.

1990 in Portugal. Die zwei ungleichen Brüder, der Banker und der Bankräuber, am Meeresstrand von Lissabon, als mein Bruder mich für ein Wochenende in Portugal besuchte.

Gefangenenporträts nach sechseinhalb Jahren Knast. Unverändert: Ihr könnt mich alle mal.

1990. Mit einem Kumpel am portugiesischen Atlantik.

Mai 2003 am Kölner Hauptbahnhof. Frei nach siebeneinhalb Jahren Gefängnis.

Sommer 2003 am Cap São Vicente, Portugal. Heimkehr.

Frühjahr 2014. Im Museum Ludwig in Köln.

machtssoldaten auf dem Rückzug aus einem verlorenen Krieg durch sein vor Rotterdam liegendes Dorf gekommen seien und einfach aus Frust und Hass in die Häuser um den kleinen Marktplatz geschossen hätten. Seine Eltern waren damals tödlich getroffen worden.

»Aber das ist Geschichte, und es ist nicht eure Geschichte. Die Zukunft gehört euch jungen Leuten in Europa.«

Am frühen Abend verabschiedeten wir uns von dem alten Mann, und ich wünschte, mein Vater hätte etwas von diesem warmherzigen, weisen Holländer gehabt.

Am Stadion war nur noch ein einziger Schwarzmarktkartenhändler aus Manchester zurückgeblieben, der uns seine letzten Tickets für 150 DM das Stück verkaufte. Das Konzert war ein einziger sinnlicher Donnersturm, der das Feyenoord-Stadion, unter dem Herzschlag der Stones und der Begeisterung der Massen, rhythmisch erzittern ließ.

Die Tage am Meer vergingen wie im Flug. Helene und ich liebten und stritten uns, immer im harmonischen Wechsel. Ansonsten fühlte ich mich in dieser Urlaubssituation äußerst unwohl. Der höchst kultivierte Strand war mit geordneten deutschen Ferienfamilien übersät, und das gezähmte schmutzige Kanalmeer löste bei mir, der ich die wilden einsamen Atlantikstrände Portugals gewöhnt war, mehr Sehnsucht denn Freude aus.

Aber die Sehnsucht sollte ja bald gestillt werden. Meinen Flug nach Lissabon hatte ich bereits gebucht. In gut zwei Wochen, am 1. Juni, würde ich fliegen. Allerdings entschied ich, vorher noch eine Bank zu überfallen, zum einen weil die Situation mich reizte, gerade jetzt, nach der ersten Ermittlung gegen mich, einen weiteren Coup zu landen, zum anderen konnte ich ein paar Escudos als Startkapital für mein neues Leben in Portugal gut gebrauchen.

7 Dortmund, Mai 1990

Ich erklärte Helene, dass ich für zwei Tage zu Freunden nach Köln trampen würde, und fuhr mit dem Zug nach Dortmund. Mein Fahrrad, das ich sowieso nicht mehr brauchen würde, nahm ich mit. Ich mietete mir für eine Nacht ein Zimmer in einer kleinen, zwielichtigen Pension und schaute mir am Nachmittag eine Bank im erweiterten Zentrum aus. Am nächsten Morgen überfiel ich die Bank ohne irgendwelche Komplikationen. Während der Kassierer mir das Geld zuschob und ich meine Blicke unentwegt durch den Schalterraum schweifen ließ, sah ich, dass eine Angestellte zu telefonieren begann. Ich ließ sie einfach gewähren. Wie beim ersten Überfall 1985 wollte die Angestellte wohl eine direkte Beschreibung des Täters bei der Polizei abliefern. (Wie in allen anderen Lebensbereichen auch, waren die Frauen auch im Bankwesen eindeutig das mutigere Geschlecht: Sie griffen beherzt zum Telefonhörer oder verfolgten mich auf eigene Faust auf dem Fahrrad, während die Männer in der Regel in Schockstarre verfielen.) Als ich nach erfolgreichem Vollzug die Bank verlassen hatte und auf die dreißig Meter entfernt liegende Straßenecke zuschlenderte, wo mein Fahrrad in einer Seitenstraße stand, rannte plötzlich die Angestellte aus der Bank auf die belebte Straße und schrie: »Banküberfall! Banküberfall!« Um nicht aufzufallen, schloss ich mich den anderen Passanten an, die von allen Seiten auf sie zudrängten, und stimmte in den aufgeregt fragenden Chor mit ein: »Wo, wo?« Nach dem ersten Moment der allgemeinen Verstörung beruhigte sich die Situation schnell, und ich verließ mit den ersten Passanten den Ort des Geschehens und mimte kopfschüttelnd den Empörten: »Wo soll das alles noch hinführen?« Die Bankangestellte hatte mich in der Menge nicht erkannt, was auch schwierig gewesen wäre, da ich die Zorromaske unter ein helles Sweatshirt gezogen und den schwarzen Parka in dem Wirrwarr abgestreift und in meine schwarze Umhängetasche gestopft hatte.

Als ich auf mein Fahrrad stieg, sah ich den ersten Polizeiwagen am Eingang der Nebenstraße vorbeifahren. Auf dem Weg zum Hauptbahnhof kam ich in einer Einbahnstraße an einem geparkten roten Mercedes SL 450 Coupé vorbei, als plötzlich die Wagentür geöffnet wurde. Ich rammte mit dem Vorderrad direkt dagegen, konnte aber die Rolle über die Wagentür abstoppen und landete stattdessen mit dem Steißbein auf der Fahrradstange.

»Ich klatsch dir eine, du Spasti.« Der Wagenbesitzer war ausgestiegen, ein ungefähr zwanzigjähriger türkischer Goldkettchenlude, und blaffte sofort los. »Ich mach dich platt, wenn du dich nicht sofort verpisst, du Müsli.« Er schloss seinen Edelbenz ab und verzog sich auf die andere Straßenseite, wo seine Kollegen vor einem einsamen Table-Dance-Schuppen standen und die Szene feixend verfolgten. Ich hatte den Burschen stumm, mit brennendem Hass in den Augen, angeschaut, was ihn wohl ein wenig verunsichert hatte, denn er hatte sich nicht einmal die Tür näher angesehen, sondern war ziemlich zügig zu seinen Kollegen verschwunden.

Ich fuhr mit einem stark eiernden Vorderrad weiter, immer noch vor Wut zitternd, als ein weiterer Lude mir, aus einer Querstraße kommend, mit einem goldmetallenen Mercedes 560 SEC Coupé so scharf die Vorfahrt nahm, dass ich fast gestürzt wäre. Der mit einer glitzernden Spiegelsonnenbrille bewehrte Ruhrpottloddel mit blondierter Lockenpracht, das weiße Seidenhemd bis zum feisten, behaarten Wanst aufgeknöpft, den Arm lässig aus dem Fenster gelehnt, grinste mir im Vorbeifahren ölig ins Gesicht, während ich auf dem goldschimmernden Heck der Luxuskarosse einen diamantphosphoreszierenden Aufkleber aufblitzen sah: EURE ARMUT KOTZT MICH AN.

Die Situation war so absurd, dass ich lachen musste. Doch meine Wut war damit nicht verraucht, und wie schon häufiger kam mir der Gedanke: »Warum lebe ich nicht in einer anderen Zeit? Er hat eine Kanone, ich habe eine Kanone, wir ziehen, ich bin schneller, er hat seinen Frieden, ich habe meinen Frieden, die Welt kann sich entspannt weiterdrehen, ohne dass ein weiterer Konflikt ungelöst vor sich hin schwelt.«

Als ich am Ende der Straße einen Taxistand sah, machte ich gegen alle Vernunft kehrt und fuhr die hundert Meter zu dem Jungtürkenbenz zurück. Die Burschen waren mittlerweile in der Bar verschwunden. Spontan entsorgte ich mein Fahrrad auf andere als geplante Weise, indem ich es dem Luden mit voller Wucht auf den rot lackierten Kühler pfefferte. Äußerst zufrieden mit mir, ging ich zu dem Taxistand und stieg in das vorderste Taxi ein, in dem ein junger arabischer Fahrer saß, der mich in schönstem Ruhrpottplatt darüber aufklärte, warum Deutschland mit der momentan in Dortmund Dienst tuenden »Heulsuse« Andy Möller bei der in wenigen Wochen beginnenden Fußballweltmeisterschaft in Italien den Titel davontragen würde. Er sollte recht behalten.

Im Zug nach Gießen verspürte ich plötzlich eine aufkommende starke Beklemmung. Ich stieg daher in Wetzlar aus, verstaute den Rucksack mit Arbeitsgerät und Beute in einem Schließfach auf dem Bahnsteig und nahm ein Taxi nach Gießen. Am frühen Abend fuhr ich mit meiner alten Freundin Susie, die es längst aufgegeben hatte, mir Fragen zu meinem sonderbaren Verhalten zu stellen, zum Wetzlarer Bahnhof zurück. Was ich dort erlebte, ist ein wahres Mysterium, das ich bis heute nicht auflösen kann. Als ich mit dem Schlüssel mein Schließfach öffnen wollte, war es offen und leer, ohne dass ein Schlüssel in der Klappe steckte. Im ersten Moment erwartete ich, dass eine Hundertschaft Polizei hinter der Bahnhofsmauer hervorbrechen würde, um mich festzunehmen, im zweiten sagte ich mir, dass die Polypen natürlich viel eher abgewartet hätten, bis ich den Rucksack mit der Beute an mich nähme, außerdem sah ich keine Anhaltspunkte, dass mir jemand auf der Spur sein könnte. Nach dem ersten Schreck erfasste mich eine wilde Enttäuschung, über die ich wiederum herzlich lachen musste. Dann begann ich ruhiger nachzudenken. Der Schlüssel passte, es war das richtige Schließfach, doch warum sollte es offiziell geöffnet und geleert worden sein? Ich hatte den Rucksack vor gerade einmal fünf Stunden eingeschlossen. Ich fand keine Erklärung. In meiner Ratlosigkeit versuchte ich, wider alle Vernunft, alle Schließfächer zu öffnen, ob nun ein Schlüssel im Schloss steckte oder nicht. In einem angelehnten, mit einem Schlüssel versehenen offenen Fach, schräg über meinem leeren, fand ich schließlich meinen Rucksack, der friedlich in der Tiefe des Metallschachts ruhte. Der Rucksack war offensichtlich nicht geöffnet worden. Es fehlte nichts.

In Gießen lud ich Susie in eine bessere Pizzeria ein. Als ich am nächsten Tag meine Beute vom Vortag zählte, war das Ergebnis ernüchternd. Ich hatte es schon beim »Abheben« gefühlt, dass das Bündel recht mickrig ausgefallen war. Tatsächlich waren es nicht einmal 15 000 DM.

Als ich am 1. Juni in Lissabon eintraf, hatten gerade die Festas de Lisboa begonnen. Einen Monat lang würde es in der ganzen Stadt Straßenfeste und Aufführungen jeglicher Art geben mit einheimischen und internationalen Künstlern. Höhepunkt war die Nacht auf den 13. Juni, dem Tag von Santo António, des Schutzheiligen von Lissabon. Vor allem in der Alfama, dem verwinkelten Maurenviertel, wurde jeder freie Platz mit Bänken vollgestellt, wo die Feiernden unter scheppernden Musikboxen und bunten Girlanden und Papierlaternen mit gegrillten Sardinen, Wein und anderen Köstlichkeiten bewirtet wurden. Die Leute tanzten und drängten sich zu Zehntausenden durch die engen Gassen.

Dieses Jahr traten im Rahmen der Festas erstmals die Stones in Portugal auf – am 10. Juni, dem Nationalfeiertag des Landes. Ich hatte Nadina zu dem Konzert eingeladen. Im Stadion trafen wir vor der Bühne Tó und seine Frau. Tó war ein portugiesischer Banker, den ich bei meinem ersten Portugalaufenthalt in Costa kennengelernt hatte und mit dem mich seitdem eine lose Freundschaft verband. Hinzu kamen Ray, ein amerikanischer Austauschstudent, Ulf, ein Student aus Leipzig, Mats, ein junger Holländer, sowie Janka, eine Prager Kunststudentin.

Nach dem Konzert nahm ich Janka, Ray, Ulf und Mats mit und machte mit ihnen einen Zug durch den Bairro Alto. Ray, der aus San Francisco kam, hörte nicht auf zu plappern: »Mann, wie in Frisco, wie in Frisco!« Als er zum wiederholtesten Male schwärmte: »Mann, wie in Frisco, die Bay, die Brücke, die Hügel, die Kabelbahnen – und es soll hier ja sogar auch manchmal Nebel über der Bay geben«, reichte es mir.

»Ja, es soll in Europa sogar manchmal Nebel geben.« Ich funkelte ihn an. »Mann, wovon redest du eigentlich?! Dein wundervolles San Francisco, das euch eigentlich gar nicht gehört, ist noch nicht einmal zweihundert Jahre alt, und du wagst es mit einer vieltausendjährigen Kulturstadt zu vergleichen? In Lissabon herrschte schon lange eine Hochkultur, als deine Vorfahren noch in Felle gehüllt als Kleinbauern in Irland oder Russland Ziegen hüteten und das Einzige, was von deinem Frisco existierte, ein Zeltlager der Ohlone-Indianer war, die später von deinen Vorfahren ausgerottet wurden.«

Der Ami duckte sich unter meinen Worten, nur um einige Momente später wieder denselben Psalm herunterzuleiern. Ich ignorierte ihn einfach und konzentrierte mich auf Janka, die ebenfalls von Lissabon ganz hingerissen war. Doch ihr Herz war in Prag. Sie erzählte mir mit heißem Atem, wie im Moment in Prag alles, was jahrzehntelang im Verborgenen und Verhüllten geschwelt hatte, ans Licht drängte und in revolutionärem Überschwang explodierte.

»Ich muss zurück nach Prag«, sagte sie mir mit erregter Stimme. »Ich reise morgen ab. Lissabon ist ein Traum, aber wir haben jetzt in Prag die Chance unseres Lebens, wie alle osteuropäischen Länder, die sich von ihren Ketten befreit haben.«

»Du hast recht«, erwiderte ich. »Käme ich aus Ostdeutschland, wäre ich jetzt auch dort und an keinem anderen Ort.« (Und bestimmt nicht, um Banken zu überfallen.)

Ende August erreichte mich in Lissabon ein Päckchen aus der Tschechoslowakei. Darin lag das Tour-T-Shirt des ersten Auftritts der Rolling Stones in Prag, mit dem legendären Aufdruck THE TANKS ARE ROLLING OUT, THE STONES ARE ROLLING IN.

Wie auch die folgenden Jahre in Portugal mietete ich mir in den Herbst-, Winter- und Frühlingsmonaten ein Apartment in Costa da Caparica. Im Sommer, wenn die Bewohnerzahl von Caparica um das Zehnfache anschwoll und die Mietpreise in die Höhe schossen, wohnte ich direkt in Lissabon in der Pension »Londres«, einem klassizistischen Altbau mit hohen weißen Stuckdecken, Kronleuchtern und schmiedeeisernen kleinen Balkonen im Bairro Alto. Ich hatte immer ein Zimmer im obersten vierten Stock, mit Blick über das westliche Hügelmeer Lissabons, über den Fluss, die Brücke und den Atlantik. Im Parterre des Hauses befand sich die legendäre Jugendstilbäckerei »Catedral do Pão« (Brotkathedrale), in der ich manchmal frühstückte und man auch zu Mittag essen konnte.

Der Sommer 1990 verstrich im schwebenden Dreiklang zwischen Lissabon, Fluss und Meer. Zum Ende der portugiesischen Sommerferien fing ich an als freier Sprachlehrer zu arbeiten. Ich wollte den gesamten Winter unbedingt in Lissabon und am Meer verbringen und unabhängig von einem Banküberfall sein.

Im Oktober besuchte mich überraschend mein Bruder mit seiner Frau. Im Gegensatz zu mir hatte sich mein zehn

Jahre älterer Bruder dem unerbittlichen Autoritätsanspruch meines Vaters stets unterworfen, hatte meinem Vater sogar nachgeeifert, unablässig bemüht, ihm zu gefallen. So lebte er meinem Vater, dem jungen Weltkrieg-II-Leutnant und späteren hohen BGS-Offizier, auch dahingehend nach, dass er früh die Offizierskarriere anstrebte. Allerdings war er untauglich und wurde ausgemustert, wohingegen ich mit dem höchsten Tauglichkeitsgrad, mit dem ich zu jeder Eliteeinheit hätte gehen können, den Kriegsdienst verweigerte und Zivildienst machte.

Nachdem eine militärische Karriere nicht möglich war, wollte mein Bruder nach der mittleren Reife eine KFZ-Lehre machen, da er sich für alles Motorisierte begeisterte. (Ich hingegen verstand von Technik rein gar nichts. Meine Leidenschaft galt der Literatur und Musik, die meinen Bruder wiederum völlig kaltließen.)

Der Wunsch meines Bruders wurde empört abgelehnt. Mein Vater hatte entschieden, dass er eine Banklehre machte, und das direkt mit dem örtlichen Volksbank-Direktor, einem Spezi aus dem Jagdverein, geregelt.

Die ewige Litanei, dass ich der Begabtere in der Familie sei, die mein Bruder und ich uns regelmäßig anhören mussten, war für ihn bestimmt ein wichtiger Antrieb – denn während ich von Schulen und Internat flog, mich in meiner Rebellion und Verweigerung immer weiter radikalisierte und als Bohemien, Taugenichts und vagabundierender Frauenliebling (der inzwischen regelmäßig Banken überfiel) mein Leben verschwendete, bildete mein Bruder sich weiter, machte Schulungen und Spezialkurse und startete eine von niemandem erwartete Karriere im Bankenwesen, die ihn bis auf den Posten des Außenhandelsdirektors einer großen deutschen Bank katapultieren sollte.

Mein Bruder heiratete mit einundzwanzig, weil ein Kind unterwegs war, und verbrachte sein weiteres Liebesleben wahrscheinlich in der Monotonie der Monogamie, während ich den größten Teil meines Lebens der Polygamie die Treue hielt. War mein Bruder ein sentimentaler Familienmensch, war ich ein leidenschaftlicher Einzelgänger.

So wie ich keine Sprache zu meinem Vater fand, konnte ich auch keine zu meinem Bruder finden. Mein Vater und mein Bruder hingegen verstanden sich prächtig und schienen sich im Rhythmus eines Signalhorns zu bewegen, dessen Klang und Vibration ich wohl niemals wahrnehmen würde. Natürlich spielten beide Tennis in ihren jeweiligen Clubs und am Wochenende auf den Plätzen meines Vaters. Sie liebten all das, was mich entweder überhaupt nicht interessierte oder was ich verabscheute.

Ließ ich mich nach meiner Schulzeit nicht mehr in meinem Elternhaus blicken, fuhr mein Bruder an den Wochenenden regelmäßig mit seiner Familie zu den Eltern. Wenn er in der Zeit, in der ich als Teenager noch im Elternhaus leben musste, am Wochenende zu Besuch kam, führte mein Bruder zumeist das große Wort, pries seine jeweils aktuellen materiellen Errungenschaften, beschrieb minutiös die neueste Luxus-Ausstattung seiner tollen Autos und schilderte genießerisch, wie er in der vergangenen Woche mal wieder einen Untergebenen (»So eine Niete mit Abitur und abgeschlossenem Studium«) zusammengestaucht hatte. Ich schwieg zu all dem, wie ich in dieser Familie, abgesehen von den immer wieder aggressiv aufflackernden Kampfgesprächen mit meinem Vater, ohnehin schon lange nichts mehr zu sagen hatte.

So redselig mein Bruder am Familientisch war, so machte er doch keinen Mucks, wenn ich mit meinem Vater ein politisches Streitgespräch führte, wenn ich eine Auseinandersetzung provozierte, meine rhetorischen Schläge austeilte und meinen Vater so weit reizte, dass seine Maske des jovialen Familienoberhaupts in tausend Stücke zersplitterte und die hasserfüllte Fratze darunter zum Vorschein kam, während meine Mutter die Hände rang und jammerte: »Womit haben wir dieses Kind nur verdient?«

Mein Vater hatte eigentlich Architekt werden wollen. Übrig geblieben von diesem Traum war nur eine geradezu krankhafte Heimwerkermentalität. Er war davon überzeugt, dass er – mit der tatkräftigen Unterstützung seiner Söhne – im Zweifelsfall alles selber bauen konnte. Mein Bruder, der die Anfälle von Arbeitswut meines Vater teilte, war begeistert, wohingegen ich es hasste, ganze Wochenenden, Ferientage und Sommerabende das Loch für einen Swimmingpool auszuschachten oder bunte Betonplatten für Terrasse und Garten zu gießen, anstatt Fußball zu spielen, zu lesen oder allein durch die Natur zu streifen.

Als mein Vater, mein Bruder und ich (meine Mutter war zu ihrer Schwester nach Hamburg geschickt worden) einmal in den Osterferien eine erweiterte Unterkellerung der verfluchten Villa vornahmen, hatte ich am Abend mal wieder eine der hochgradig aggressiven politischen Auseinandersetzungen mit meinem Vater. Ich war in jenen Tagen Mitherausgeber der anarchistischen Schülerzeitung an unserem Gymnasium, deren Verkauf auf dem Schulgelände verboten war. Dort hatte ich einen Artikel veröffentlicht über die Honoratioren der oberhessischen Kreisstadt Alsfeld – der »Europäischen Modellstadt«, wie sie wegen ihrer Verdienste um den Denkmalschutz tituliert worden war. Darin hatte ich mich über die wirklich modellhafte Verflechtung von Wirtschaft, Politik, Justiz, Polizei und Bundesgrenzschutz (dem mein Vater vorstand) ausgelassen, deren führende Vertreter fast alle Duzkumpane im heimischen Jagdverein waren.

Mein Vater tobte, und ich fläzte mich lang gestreckt im Wohnzimmersessel herum. Irgendwann stand er hasserfüllt, mit einer um den Hals gefassten Bierflasche, über mir, während ich ihn nur angrinste: »Na, schlag doch zu!« Mein Bruder, der wie gewöhnlich während der Auseinandersetzung kein Wort verloren hatte, meldete sich in diesem Moment überraschend zu Wort: »Also, wann stehen wir morgen früh auf und machen weiter?«

Seit meiner frühesten Jugend kam ich über den Banker-Beruf meines Bruders mit der Bankenwelt in Berührung. Bei den Pflichtmahlzeiten wurde in der Familie nicht über Literatur, Musik oder Philosophie gesprochen – das interessierte niemanden. Nein, es wurde über Börsen, über Kreditgeschäfte, Zinsen, Anlagen und Aktiendepots palavert, von denen meine Mutter als ehemalige Großkauffrau und mein Vater als Spielgeldspekulant ganz fasziniert waren – und wo mein Bruder in seinem Element war. Ich verstand nicht viel davon, fand das Ganze so interessant wie eine Tupperparty, doch bekam ich zum einen einen Einblick in das ganz persönliche Innenleben eines Bankers, wie sich mir auch zwangsläufig immer mehr die kalten Zusammenhänge einer menschenfeindlichen zynischen Welt eröffneten, die mich abstieß, deren lebensfeindliche Mechanismen ich aber erfassen wollte. So begann ich, das gehörte Erfahrungswissen mit theoretischem Wissen zu unterfüttern und begriff schon damals nicht, mit welcher skrupellosen Dreistigkeit sich diese Spezies auf Kosten der Masse der Menschen mästete – und sich darüber auch noch in arrogant elitärem Einverständnis amüsierte.

Unabhängig vom Wirken des Bankers schnürte mir dieser ganze Kosmos vor Widerwillen die Kehle zu. Ein Kosmos voll dröger Blutleere, spießiger Angepasstheit, eiskalt rücksichtslosen inneren Konkurrenzkämpfen, berechnendem kleinem Vorteilshaschen, einer so wohltemperierten wie klar abgezirkelten Gedanken-, Gefühls- und Verhaltenswelt, über deren gestreiften Krawattenhemden, froschäugigen Hornbrillen und adretten Kurzhaarschnitten immer ein Hauch fein dosierten Rasierwassers hing.

Andererseits war ich in romantischer Verklärung von großen Bankräuber-Outlaws wie Jesse James fasziniert, die für das Ganz-Andere standen – für aufregende Abenteuer und wilde Sinnlichkeit, in der sie, hohnlachend alle spießbürgerlichen Regelkorsette aufbrechend, unter einem flammenden Horizont in eine grenzenlose Freiheit ritten. Ich ahnte nicht, dass sich das alles einmal verknüpfen und in einer grandiosen Bruchlandung hinter Gittern enden würde.

Ich hatte Bruder und Schwägerin in meinem Apartment in Costa da Caparica untergebracht. Gegen Abend machte ich mit den beiden einen Spaziergang auf der Uferpromenade. Wie gewöhnlich war die Stimmung zwischen uns angespannt. Es hatte mir immer leidgetan, dass mich mein Bruder von jeher als unberechenbar, ja geradezu bedrohlich empfunden hatte, was ihn stets verunsicherte, was sich dann wiederum auf mich übertrug, sodass ich schon früh meine Unbefangenheit ihm gegenüber verloren hatte. Während mein Bruder und ich die Promenade entlangschritten, lag es an dieser Spannung sowie dem etwas überdrehten Schritt meines Bruders, der brodelnden Unruhe in ihm und seinen umherflitzenden Augen, die nicht im Hier und

Jetzt verweilen und die unermessliche Schönheit des Augenblicks genießen konnten, dass dieses hektische Herumgelaufe nicht in das genießerisch-entspannte Flanieren münden konnte, dem die Abendspaziergänger um uns herum angesichts eines betörenden atlantischen Sonnenuntergangs in träumerischer Versunkenheit verfallen waren.

Später, als die beiden zu Bett gegangen waren, verschwand ich in friedloser Unruhe ans Meer und ging in eine Strandbar, um noch ein paar Bier und Gin Tonic auf den Wein zu schütten, den wir zuvor in einem Strandrestaurant zu uns genommen hatten. Als der Morgen anbrach, saß ich allein auf dem kleinen Marktplatz von Costa und wartete, bis über mir die in den Baumkronen schlummernden Singvögelchen in der Morgendämmerung zu Tausenden zwitschernd lostoben würden.

Am nächsten Tag zeigte ich meinen Besuchern Lissabon. Schon auf der Überfahrt über den Tejo begann die wohlbekannte, spießig ignorante »Am deutschen Wesen soll die Welt genesen«-Arroganz durchzuschlagen. Mein Bruder, der weder Sinne für die Einzigartigkeit des Ausblicks auf die im Sonnenlicht flimmernde weiße Stadt hatte noch für das tausendfach gebrochene, leuchtende atlantische Licht oder die milde Meeresbrise, bemerkte direkt nach Besteigen der orangenen Fähre triumphierend: »Deutsche Wertarbeit, Baujahr 1936, so was bekommen die Portugiesen natürlich nicht hin.« Und er wies stolz auf das mir geläufige alte gusseiserne Schild der norddeutschen Werft.

So ging es in Lissabon weiter. Im Laufschritt wurden die Sehenswürdigkeiten abgehakt. Im Park von Belém zeigte er vorausstürmend auf eine Statue, rief: »Wer ist das?«, und hetzte, ohne meine Antwort abzuwarten, auf das nächste Monument zu: »Die Figur da müssen wir auch noch sehen.«

Als meine Schwägerin und ich meinem Bruder durch das Gassengewirr des Bairro Alto hinterherhechelten, sah er dort natürlich nicht die überwältigende Poesie und bunte Vielfältigkeit des Viertels, sondern nur bröckelnden Putz, brüchige Fensterrahmen und marode Bausubstanz: »Hier sieht's ja aus wie in der DDR.« Einzig das Mosteiro dos Jerónimos, die monumentale manuelinische Kathedrale, die zu Ehren und als Grabstätte Vasco da Gamas mit den aus den Eroberungen zusammengeraubten Reichtümern errichtet worden war, schien ihm zu gefallen. Wenn sie auch Anlass zum nächsten Seitenhieb war: »Damals waren die Portugiesen noch fit. Jetzt ist ja nicht mehr viel mit ihnen los. Wenn wir sie nicht mit unseren EU-Geldern finanzieren würden, würden die doch noch mit dem Eselskarren nach Porto zuckeln.« Mein Bruder machte noch ein Foto von mir vor der steinernen Grabstätte Vasco da Gamas, dann ging es weiter.

Nachdem wir durch das alte Maurenviertel der Alfama gestapft waren (»Hier stinkt's aber!«) und in einem kleinen Viertelcafé eingekehrt waren (»Kennen die keine Aschenbecher?«), wollten Bruder und Schwägerin »in ein süßes kleines Restaurant mit portugiesischem Ambiente«.

Ich hatte an eins der kleinen portugiesischen Nachbarschaftsrestaurants gedacht, die gut, schlicht und gemütlich waren und wohin sich selten Touristen verirrten. Wundersamerweise waren an diesem Sonntagabend aber alle Restaurants geschlossen und nur ein paar wenige Cafés und Bierbuden geöffnet. Also fuhren wir auf den Bairro-Alto-Hügel, doch auch hier waren ausnahmslos alle Restaurants mit den schweren Eisentüren verrammelt. Selbst die Leuchtschriften der Touristen-Fado-Lokale waren erloschen. Ich lächelte sanft. Mein geliebtes Lissabon, die schöne barfüßige Frau im zerschlissenen Ballkleid, hatte sich den ganzen Tag den hämischen Spott meines Bruders anhören müssen, und nun hatte sie sich verschlossen und ihm am Abend die Tür vor der Nase zugemacht.

Wir fuhren nach Costa und aßen in dem Strandrestaurant des ersten Abends. Am nächsten Tag wollten Bruder und Schwägerin mit ihrem Mietwagen allein losziehen.

Als sie am Vorabend ihrer Abreise zurückkamen, brachte ich sie in ein Hotel in Lissabon, da sie Angst hatten, ihren Flug am nächsten Morgen nicht rechtzeitig zu erreichen. Im Zentrum verabschiedeten wir uns. Ich fuhr mit der Kabelbahn hoch ins Bairro Alto. Ich wollte allein sein, und so ging ich nicht in die Clubs, in denen die Bekannten verkehrten, sondern ins verqualmte Café »Stadion«, mit den stummen alten Männern und den hitzig palavernden Studenten und (Möchtegern-)Künstlern. Langsam fiel die hässliche Anspannung von mir ab. Doch noch immer flackerten die ewig gleichen Bilder durch meinen Schädel, die immer gleichen Szenen und Erinnerungen, an den Bruder, an uns beide, an die ganze Familie, ohne dass es zu einem läuternden Prozess des Vergebens und Vergessens gekommen wäre, der zu innerem Frieden geführt hätte – oder zu einem »heiteren Darüberstehen«. Mein Bruder mochte die Spannung zwischen uns noch stärker gespürt haben – und ihr war wohl auch teilweise geschuldet, dass er so überdreht reagiert hatte. In diesen wenigen Tagen hatte ich gesehen, wie sehr mein Bruder mit dieser Bruderschaft überfordert war.

Nach ein paar Bier riss ich mich aus der deprimierenden Endlosschleife und ließ mich den Hügel hinuntertreiben. Im größten afrikanischen Club Lissabons, am Cais de Sodré, sollte ein Nachtkonzert steigen.

Der afroportugiesische Club war ein schmutzig gelber Rokoko-Palast, ein vielräumiges Labyrinth, mit nackten rauen Wänden, an denen weiß tropfende Kerzen flackerten, die Luft gebeizt von Rauch und Schweiß. Das fast ausschließlich afrikanische Publikum wogte zum verlangsamten Groove einer kapverdischen Band. Diese afroportugiesischen Schwestern und Brüder waren so ganz anders als die vertrauten afroamerikanischen Soulbrothers and -sisters. Hier zuckte kein funkiges Feuer, hier wurde kein »Black is beautiful«-Stolz in Kaugummi kauende Coolness und spöttisch überzogene Breitbeinigkeit übertragen. Diese Menschen hier glichen mit ihren sanften, traurigen Gesichtern eher den Portugiesen, während sie sich geschmeidig zum Groove ihrer schleppend melancholischen Musik bewegten.

Anfang des Jahres 1991 spürte ich, wie mich die Lust auf Gefahr und Risiko zu kitzeln begann, ganz abgesehen davon, dass meine Geldreserven zur Neige gingen. Ich brach auf zu einem neuen Banküberfall und fuhr Ende März mit dem Bus nach Deutschland. Während einer nächtlichen Rast in einer Kaschemme in Zentralspanien stahlen mir drei halbwüchsige Profis mein sämtliches restliches Geld und meine Papiere. An der spanisch-französischen Grenze kümmerte sich allerdings niemand um mich, den offensichtlichen Nordländer. Die Grenzpolizisten waren ganz auf fünf Afrikaner fokussiert, die brutal aus dem Bus gezerrt wurden.

In Köln überließ mir ein ehemaliger Kumpel aus der Zivildienstzeit, der mit seiner jungen Familie in einem Mietshaus seines Vaters wohnte, das unbenutzte Dachstudio im Haus. Ich konnte also völlig unabhängig agieren.

8 Köln, April 1991

Es war ein verregneter Vorfrühlingstag in Köln. Ich hatte mir die Stadtsparkasse am Reichenspergerplatz, die direkt gegenüber dem Oberlandesgericht lag, auserwählt. Mich reizte der exponierte Standort, niemand würde auf diese Bank einen Überfall erwarten, und sie lag direkt neben einem U-Bahn-Eingang. Ich wollte die Kasse vormittags, kurz vor der Mittagspause, überfallen, da kurz vor Schalterschluss für gewöhnlich der geringste Publikumsverkehr herrschte.

Am festgesetzten Tag machte ich mich gegen Mittag in aller Ruhe fertig. Als ich schließlich das Haus verließ, wurde ich von einem schäbig gekleideten Mann bestürmt. Aus einem unrasierten Gesicht funkelten mich zwei fiebrige Augen an:

»Kann isch mich bei dir waschen? Isch hab drüben in der Wirtschaft«, er zeigte auf die Kneipe schräg gegenüber, »'nen Superschuss getroffen und fühl misch so versifft.«

Wer hat schon das Recht, sich der Liebe in den Weg zu stellen, und so nickte ich seufzend. Wir gingen hoch ins Dachstudio, und der Fremde wusch sich am Waschbecken. Er erzählte mir, dass er am Morgen aus dem Gefängnis entlassen worden sei. Der Mann wünschte etwas zu essen, und er bekam es; er wünschte ein Bier und ich brachte ihm eins; er wünschte meine Zahnbürste, doch die bekam er nicht. Mein Gast redete viel und hastig, wie einer, der lange in Sprachlosigkeit gefangen war, sodass ich ihn nachdrücklich an sein Vorhaben erinnern musste. Wir verabschiedeten uns herzlich, auch wenn ich ihm nicht, wie gewünscht, mit einem 10-Mark-Schein dienen konnte. Ich hatte selbst nur noch das Fahrgeld für die Kölner Stadtbahn.

Wieder allein, wusste ich, dass mein gesamter Zeitplan zusammengebrochen war und ich es bis zur Mittagspause der Bank nicht mehr schaffen konnte. Ich entschied mich daher, die Bank erst am späten Nachmittag, kurz vor Schalterschluss, aufzusuchen. Oben im Dachstudio legte ich die Platte mit Marianne Faithfulls *Blazing Away*-Konzert auf und studierte die U-Bahn-Fahrpläne, um den Überfall zeitlich neu auf die Abfahrtszeiten abzustimmen.

Am Nachmittag machte ich mich schließlich erneut fertig, küsste Jessicas Bild und fuhr zum Hansaring, wo ich am *Saturn* (damals der größte Vinylplattenshop Europas) ausstieg. Da ich noch Zeit hatte, ging ich hinein und suchte die Ecke mit den Neuerscheinungen auf. Ich hörte mir die neueste Platte von John Lee Hooker an. Den Groove von John Lees wundervollem Blues im Ohr, ging ich den geplanten Ablauf noch einmal in Gedanken durch, dann machte ich mich geradezu beschwingt auf den Weg.

Es fiel ein gleichförmiger Dauerregen. Schon von Weitem konnte ich den Schauplatz klar überblicken: Die Bankfiliale befand sich an der Hauptstraße, die hier sechsspurig war, unmittelbar neben einem U-Bahn-Eingang. Vor dem doppeltürigen Eingang an der Kopfseite standen dicht nebeneinander zwei Telefonzellen. Linker Hand, durch den

Reichenspergerplatz von der Hauptstraße getrennt, lag das schwere, sandsteingraue Gebäude des Oberlandesgerichts, vor dessen imposanter Fassade zahlreiche Autos parkten.

Es war 15.45 Uhr. Ich zog den Schal über die Nase, gab mich fröstelnd und hastete gegen den Regen gebeugt hinüber zum Gerichtsgebäude. Dort stellte ich mich zu den Schutzsuchenden auf die große Eingangstreppe. Es waren Richter, Staatsanwälte, Anwälte, Büropersonal, die Dienstschluss hatten und darauf warteten, dass der Regen nachließ. Es kamen immer noch Menschen aus dem Gebäude, stellten sich unter oder hasteten über den Platz zu ihren Autos. Unter den Heraustretenden waren auch Kriminalbeamte, die Gefangene an Handschellen mit sich führten. Ich stand am äußeren Rand der Freitreppe neben zwei jungen Anwälten, die sich köstlich über die Eheprobleme eines Kollegen amüsierten. Ich genoss die Situation, war aber gleichzeitig hoch konzentriert.

Mein Instinkt ließ mich eine Minute vor der beabsichtigten Zeit die Treppe verlassen und über den Platz in eine der beiden Telefonzellen schlendern. Ich hatte gerade den Hörer abgenommen, als ein Polizeistreifenwagen am Bankeingang einbog, langsam an mir vorüber über den Platz fuhr, noch langsamer an der voll besetzten Treppe vorüberglitt und wieder auf der Hauptstraße in dem dichten Feierabendverkehr verschwand.

Mein Instinkt hatte mich nicht getäuscht – und es war ein idealer Zeitpunkt, denn mit der Wegfahrt des Polizeiautos in den immer zäher werdenden Verkehr brach eine Zeitspanne an, in die der Überfall fallen würde und in der diese Staatsorgane die Bank mit Sicherheit nicht mehr passieren konnten. Ein unkalkulierbares Risiko waren jetzt nur die schnellen Polizeimotorräder, die auch ein Verkehrsstau nicht aufhalten konnte. Aber ein Restrisiko blieb schließlich immer.

Von meinem Posten aus konnte ich in der Bank zwei Kunden und einen Teil der Bankangestellten erkennen. Ich ging von insgesamt sieben Mitarbeitern aus. Um 15.59 Uhr, eine Minute vor Schalterschluss, legte ich den Telefonhörer auf, zog meinen Schal höher und betrat die Bank.

Ich ging, mich nach allen Seiten absichernd, durch den Schlauch der Bank auf die einzig besetzte Kasse zu, aus der mich ein regungsloser Kassierer mit großen Augen anschaute. »Das ist ein Überfall! Sie haben zehn Sekunden Zeit auszuzahlen. Bitte nur große Scheine!«

Eine ältere Dame, die vor der Kasse stand und an ihrer Handtasche nestelte, sprach ich mit den Worten an: »Machen Sie sich keine Sorgen, es wird Ihnen nichts geschehen«, und führte sie zu einer Sitzbank am Fenster. Als ich mich umdrehte, sah ich einen Jungen in der Tür stehen. Ich winkte ihm mit der Pistole hereinzukommen, doch er war klug genug, sich auf dem Absatz umzudrehen und nach draußen zu verschwinden. Ich dachte nicht weiter an ihn, sondern konzentrierte mich auf mein Vorhaben.

Ein Angestellter, der rechts neben der Kasse vor seinem Tisch stand, lachte verunsichert. »Das ist ein Scherz, oder?«

»Ich zähle bis zehn, und dann lachen Sie«, erwiderte ich, ruhig und kühl, ohne jeden Anflug von Aggressivität oder Hast, richtete die Pistole auf ihn und begann zu zählen. Der Kassierer begriff, dass es sich nicht um einen verspäteten Karnevalsscherz handelte, und begann eifrig, die Geldbündel aus den Fächern zu ziehen. Als er mir anbot, die Scheine in eine Tüte zu packen, wies ich ihn freundlich an, mir die Bündel einfach durch den Schlitz zu reichen. Ich steckte alles Geld ein, auch das, was mein engagierter Kassierer vor mir verstecken wollte, und warf zum Abschluss ein druckfrisches Bündel 20-Mark-Scheine mit einem freundlichen *»Pour les employés«* auf den Kassentresen.

Im Windfang steckte ich die Pistole in die Lederumhängetasche hinter meinem offenen Parka und zog die kleine Dose mit Tränengas heraus. Ich hob sie demonstrativ, wie ein Tennisspieler den Ball vor dem Aufschlag, in Richtung des Schalterraums in die Höhe und sprühte eine kleine Gaswolke in den Vorraum, um meinen Rückzug zu decken. Darauf drehte ich mich um und zog die Zorromaske unter meinen Schal. Ich trat aus der Bank, ging ruhigen Schritts um die Ecke und verschwand im U-Bahn-Eingang. In der kamerafreien Zone der Treppe lud ich die Pistole mit der scharfen Patrone – für den letzten Schuss – in der Tasche durch, sicherte sie und steckte sie mir griffbereit hinten in den Hosenbund. Ich zog Mütze, Parka und Schal mit der dahintersteckenden Zorromaske aus, rollte alles in die Ledertragetasche und hängte sie mir lässig über die Schulter wie der ewige Student auf dem Heimweg. Die zusammengebundenen blonden Locken und der heiter gemusterte peruanische Wollpullover unterstrichen den Eindruck.

Es waren nach Plan noch fünfzehn Sekunden Zeit, bis die Bahn kommen sollte. Vorsichtig drängte ich mich durch die Menge der Feierabendpendler, um zum hinteren Ende des Bahnsteigs zu gelangen. Dort war Platz, und ich konnte überschauen, was auf mich zukam.

Nach einer halben Minute Wartezeit musste ich plötzlich laut auflachen. Bei aller minutiösen Planung hatte ich nicht bedacht, dass am Feierabend vor dem 1. Mai nicht nur die Autos über mir im Stau standen, sondern auch die überfüllten Bahnen erhebliche Verspätungszeiten haben konnten. Noch immer kam keine Bahn, und die U-Bahn-Station hatte nur einen Ausgang, den, durch den ich eben hereingekommen war. Ich kam mir vor wie eine in die Falle gegangene Raubkatze. Es war nur eine Frage der Zeit, bis die staatlichen Häscher hier unten auftauchen würden.

Durch die Wildlederhandschuhe fühlte ich die Pistole hinten im Bund und bereitete mich auf den letzten Tanz vor. Mit dem Rücken zur hinteren Wand, neben mir den dunklen Schienenschlund, verfolgte ich unablässig die Menschenbewegungen. Die Situation erinnerte mich an die unvermeidliche Showdown-Szene in zahllosen Western, und genauso unwirklich empfand ich sie. Neil Youngs düster funkelndes »Powderfinger« hallte durch meinen Kopf. Ich dachte an Jessica und dass sie mir einst sogar einmal eine Platte von Neil Young geschenkt hatte, *Harvest*.

Doch dann riss ich mich aus meinen cineastischen Endzeitgefühlen. Ich sagte mir, dass veränderte Situationen veränderte Maßnahmen erfordern. Und da Angriff bekanntermaßen die beste Verteidigung war, beschloss ich, anstatt wie das gefangene Tier in der Falle auf die Jäger zu warten, die Jäger selbst aufzusuchen. Ich stieg also wieder aus dem U-Bahn-Schacht nach oben und stellte mich neugierig interessiert zu den Schaulustigen und Kripobeamten vor die Bank und sprach eine Zeit lang mit einigen von ihnen. Nach einer Weile schlenderte ich zurück in den U-Bahn-Schlund, den noch immer kein Polizeibeamter aufgesucht zu haben schien. Durch den Kopf summte mir Nietzsches frivoles Reimchen »Glattes Eis, ein Paradeis für den, der gut zu tanzen weiß«. Als ich den Bahnsteig erreichte, fuhr gerade eine Bahn ab, doch eine nächste folgte nur zwanzig Sekunden später. Am Hansaring stieg ich aus und warf einem jungen schlafenden Obdachlosen, unter den wachsamen Augen seines Schäferhundmischlings, einen zusammengefalteten Hundertmarkschein in den Hut. Dann lief ich über die Treppe nach oben. Ich betrat erneut den *Saturn* und verstaute die Beute (24100 DM) in einem Kundenschließfach.

Es hatte aufgehört zu regnen. Die Wolkendecke war an einigen Stellen hell aufgerissen. Ich stieg auf das abgestellte Fahrrad um und fuhr, heiter Jefferson Airplanes »Lawman« pfeifend, durch die nun völlig verstopften Straßen, in deren Staus so mancher Polizeiwagen düster vor sich hindümpelte. In Ehrenfeld, wo sich mein »Basislager« befand, entsorgte ich die Überfallausrüstung.

Gegenüber von meinem Hauseingang erblickte ich einen Polizeiwagen. Ein wimpernschlagkurzer Schreck durchzuckte mich, doch als ich die Haustür aufschloss, sah ich, wie mein vormittäglicher Gast, fluchend und in Handschellen, aus der gegenüberliegenden Kneipe geführt wurde. Etwas war wohl schiefgelaufen.

Oben im Studio stand ich am großen Fenster, das auf den Hinterhof rausging, und schaute hinaus über den verwaisten Spielplatz. Die grünenden Kastanienbäume und blühenden Sträucher neigten sich wie schützend über die Spielgeräte und den aufgeweichten Sandkasten, in dessen kleinem Teich sich junge Frösche tummelten. Ich dachte an Steve Marriott, dem ich den Überfall gewidmet hatte. Marriott, der große Rockblueser und charismatische Kopf der Small Faces und von Humble Pie, war vor genau zehn Tagen in seinem Landhaus in Essex verbrannt. Er war im Vollrausch mit brennender Zigarette eingeschlafen.

Ich zündete eine Kerze an, legte die zweite Seite von Marianne Faithfulls *Blazing Away* auf und flickte meine schwarze Lederhose. Die Nacht des »Rock in den Mai« wartete auf mich mit einer süßen kleinen Halbkolumbianerin, von deren Existenz ich zu diesem Zeitpunkt noch gar nichts wusste.

Am 2. Mai fuhr ich morgens zum *Saturn* und holte die Kohlen aus dem Schließfach. Vom nahe gelegenen Hauptbahnhof aus fuhr ich mit der Bahn nach Gießen und traf mich kurz mit Kerstin. Danach fuhr ich am frühen Nachmittag zum Frankfurter Flughafen und hob ab nach Portugal.

Zurück in Lissabon, ging ich am ersten Abend in die Bar »Nova«, die von zwei schwedischen Jugendfreunden geführt wurde. Hier hatte ich mich schon 1989 mit Graciana zu meinem ersten Rendezvous getroffen. Das »Nova« war der angesagte Treff für die portugiesische Rock- und Künstlerszene, für Lissabonner Studenten und internationale Globetrotter und Models, wobei Letztere gewöhnlich in meiner »Pensão Londres« ihre Zimmer hatten. An diesem Abend lernte ich Rui, den Türsteher, und Marco, der an den Tischen bediente, näher kennen. Es sollte der Beginn einer langjährigen Freundschaft sein.

Beide waren echte *lisboetas*, also gebürtige Lissabonner. Ich hatte Rui den Spitznamen d'Artagnan gegeben, wegen seiner schwarzen Lockenpracht und dem hochgezwirbelten Schnurrbart, unter dem er seitdem in der Lissabonner Szene und selbst in Touristenführern bekannt ist. D'Artagnan, siebenundzwanzig Jahre alt, war ein so begabter wie unzuverlässiger, sein Talent verschleudernder Künstler, Marco war ein nachlässiger Student.

Wie so viele Portugiesen, die sich als Nachfahren einer einstigen See- und Weltmacht sahen, schwankte d'Artagnan ständig zwischen selbstgefälligem Größenwahn und kleinmütiger Zerknirschtheit, wobei der Größenwahn überwog.

Anders Marco. Er blieb, trotz seines Status als *der* portugiesische Mädchenschwarm in der Lissabonner Szene (weißes weiches Mädchengesicht, sinnlich aufgeworfene Lippen, dunkle melancholische Augen, gewelltes, seitengescheiteltes langes Haar), immer bescheiden. Marco war zweiundzwanzig und mochte sein Land und selbst Lissabon nicht. Er hielt seine Landsleute für einen Haufen entwicklungsunfähiger, selbstgefälliger Verlierer und war von dem in Portugal so verbreiteten Hang zur Geschichtsverklärung nur angewidert. Gleichzeitig war Marco von einem schwermütigen Pessimismus, den er in einen beißenden Sarkasmus kleidete, in dem wir beide uns auch mit d'Artagnan prächtig verstanden, bei dessen narzisstischen Husarenritten Marco mir regelmäßig ein kopfschüttelndes »Oh, Mann« zugrinste. Marco träumte davon, ins Ausland zu gehen.

D'Artagnan, Marco und ich wurden irgendwann in der Lissabonner Szene nur noch »die drei Musketiere« genannt, weil wir tatsächlich so unzertrennlich waren – bis uns das Schicksal einige Jahre später auseinanderreißen sollte. Obwohl wir alle drei Lieblinge der Frauen waren (»Ihr seid drei Teufel, die aussehen wie Engel«), kamen wir uns bei unseren amourösen Streifzügen niemals in die Quere, da ich den Latinas verfallen war, während Marco und d'Artagnan sich vornehmlich mit nordischen Models und Touristinnen vergnügten, die sie sich brüderlich teilten.

Durch d'Artagnan lernte ich die Lissabonner Szene der Rockmusiker und Künstler näher kennen, wobei mir besonders Zé Pedro, der Kopf von Xutos & Pontapés, der bekanntesten portugiesischen Rockband, ein lieber Freund wurde. Aber auch zu Jorge Palma, dem bekannten portugiesischen Rocker und Chansonnier, entwickelte sich ein besonderes freundschaftliches Verhältnis. Patricia, eine süße Lissabonner Fotografin, von der die meisten der Pressefotos, Tourplakate und Plattencover der portugiesischen Bands stammten und mit der ich stundenlang über Kino, Literatur und übers Unterwegssein diskutieren konnte, liebte ich wie eine Schwester.

Langsam wurde ich Teil des inneren Kreises der Lissabonner Boheme, was bedeutete, dass ich zu allen Partys eingeladen wurde, freien Zugang zu allen Konzerten hatte und für mich, als Mitglied der sogenannten *»família«*, in allen angesagten Bars, Clubs und Diskotheken der Eintritt und die Drinks frei waren. 1987, in meinem ersten Jahr, wollte man mir im »Alcantara«, der größten Diskothek Lissabons, noch 10 000 Escudos (100 DM) Eintritt abknöpfen (die ich natürlich nicht zahlte), jetzt wurde ich am Promi-Hintereingang von Gorillas im Smoking mit Handschlag und artigem Diener hereingebeten, und die Mädels hinter der Theke setzten die Cocktailshaker in Bewegung, wenn sie mich sahen. Ich wusste zunächst gar nicht, wie mir geschah, doch gewöhnte ich mich schnell an diesen Luxus, ohne die Wertschätzung dafür zu verlieren.

Die *família* war unantastbar. Es schien, als könnten wir alles machen, als könnte uns nichts und niemand aufhalten. Einmal kamen wir an einem Sonntag im Morgengrauen aus dem Ostlissabonner Xabregas-Viertel von einer Rock-Session-Party in einer alten heruntergekommenen Fabrikhalle, die direkt am Tejo lag. Wir fuhren die breite Uferstraße entlang. Zé Pedro saß am Steuer, neben ihm hing Xana, die Sängerin von Rádio Macau, aus dem Fenster, auf der Rückbank lagen »Dosty« (Dostojewski) Alex, ihr manisch-depressiver Bassist, und ich. D'Artagnan und Marco waren im Wagen des volltrunkenen Jorge Palma vorgefahren. Plötzlich hielt uns ein Polizeiwagen an.

»Na, was nicht in Ordnung?« Zé Pedro lehnte sich mit brennenden Koksaugen und seinem lässigen, unwiderstehlichen Jungenlachen aus dem Cabriolet-Fenster.

»Ach, du bist es, Zé!«, rief der Beamte freundlich beflissen. »Tut mir leid, wir haben deinen Wagen nicht erkannt. Wir haben auch schon Jorge Palma angehalten. Tja, nichts für ungut.« Er salutierte, zum Zeichen, dass wir weiterfahren konnten.

»Kein Problem«, grinste Zé Pedro mit schwerer Zunge und fingerte etwas aus dem Schubfach. »Hier, vier Konzertkarten für dich und deine Kollegen. Noch 'ne ruhige Nacht.«

»Vielen Dank. Euch noch einen schönen Sonntag. *Adeus.*« Er salutierte noch einmal glücklich, und Zé Pedro gab Gas.

Vor den Konzerten von Jorge Palma oder von Xutos & Pontapés, die im Alvalade-Stadion von Sporting Lissabon, aber auch in Paris oder Toronto, vor sechzigtausend begeisterten Fans spielten, traf sich der innere Kreis der *família* für gewöhnlich in einem Restaurant zu einem mehrstündigen Gelage. Ich war der einzige Ausländer, der hier Zutritt gefunden hatte. Portugiesen sind zumeist freundlich, höflich und zuvorkommend, doch wenn man länger mit ihnen zu tun hat, stößt man bald auf eine unsichtbare Mauer, eine Mauer des sanft nachsichtigen Spotts, mit dem man unerbittlich auf Distanz gehalten wird. Warum man mich aufnahm, erklärte mir Xana, die exaltierte Sängerin und damalige Freundin von Zé Pedro, in einer whiskygeschwängerten Nacht: »Du bist ein Einzelgänger, ein ruheloser einsamer Fantast. Man sieht dir an, dass du von allem träumst und an nichts glaubst. In dir ist eine grenzenlose Traurigkeit. Du schwärmst nicht einfach von Lissabon, du liebst es. Du gehörst nirgends dazu und willst es auch nicht, und darum lieben wir dich.«

Ich, der ich niemals ein Heimatgefühl für einen Ort entwickelt hatte, hatte dieses Gefühl vom ersten Moment an im geheimnisvoll vertrauten Lissabon erlebt. Jetzt erweiterte sich dieses Gefühl um die Zuneigung, Freundschaft und Liebe von Menschen, die allesamt privilegierte, aber doch rebellische, anti-bürgerliche Rocker und Künstler waren. Niemals hätte ich dieses Geschenk für möglich gehalten.

Es war eine magische Zeit, noch zusätzlich befeuert durch das besondere Lebensgefühl in der damaligen Lissabonner Szene. Wie es immer wieder an bestimmten Orten vorkommt, dass sich für einige Jahre alle kreativen Energien und Hoffnungen an einem Ort magisch bündeln und in überbordender Fruchtbarkeit aufbrechen, so hatte ich das Glück, genau in einem solchen historischen Moment in Lissabon zu sein. Natürlich ist die Katerstimmung umso bitterer, wenn solche magischen Zeitabschnitte zu Ende gehen und dionysische Kreativität, Hoffnungen und Zusammenhalt zerbröckeln. Ich sollte diese Auflösungserscheinungen in Lissabon erleben, als ich im Frühjahr 1995 aus Brasilien zurückkehrte, und konnte den bitteren Kelch des Verlustgefühls nach meiner Verhaftung im Dezember 1995 in der portugiesischen Auslieferungshaft bis zum Bodensatz auskratzen.

Ende Januar 1992 flog ich zurück nach Deutschland. Das aufregend schwerelose Leben und der Bankräuber in mir forderten ihren Tribut.

9 Köln, Februar 1992

In Deutschland angekommen, wo ich wieder das Dachstudio in Ehrenfeld bezog, schob ich die Entscheidung zur konkreten Umsetzung des Banküberfalls erst einmal hinaus. Wieder einmal zerwirbelten mich die Selbstzweifel bis in die existenziellsten Winkel meiner Seele, während mich gleichzeitig eine lähmende Schwermut umschloss wie zähes, bittersüßes Harz. Ich stellte mich mal wieder in all meinen Lebenspfaden, und nicht nur denen des Bankräubers, infrage. Zudem zweifelte ich erstmals auch an meinen sinnlichen Sensoren, da die erotischen Eroberungen in diesen Wochen in Deutschland (aber auch die letzte in Portugal) allesamt einen leichten sexuellen Dachschaden hatten beziehungsweise mir etwas absonderlich vorkamen.

Das änderte sich erst, als ich auf einem meiner einsamen Streifzüge durch die Kölner Stadtbibliothek in der philosophischen Abteilung eine Musikstudentin aus Peking kennenlernte. Linhs in sich ruhende geistvolle Klarheit, ihre vertrauensvolle Offenheit, ihre sanfte Stimme, die ein so ordentliches Schulmeisterdeutsch modulierte, und ihre weiche katzenhafte Sinnlichkeit sorgten dafür, dass sich die Einzelteile meines zerfledderten Ichs allmählich wieder zusammensetzten.

Die Selbstzweifel wurden in den Hintergrund gedrängt, ich konnte mich wieder konzentrieren, die Tage wurden mir wieder leicht. Ich nutzte den Stimmungsumschwung, um Erkundungen in der Stadt zu unternehmen und eine Liste geeigneter Objekte zusammenzustellen, bevor ich Linh abends von der Uni abholte und wir die Nächte zumeist auf ihrer Stube im Studentenwohnheim verbrachten.

An einem unserer gemeinsamen Abende hatte ich, behutsam in westlich behaglicher Diskussionslaune, die Okkupation Tibets und die Unterdrückung des tibetanischen Volkes durch die chinesische Politik angesprochen. Noch eben hatte Linh neben mir im Bett auf dem Bauch gelegen, ein neckisches Lächeln hatte ihre Lippen umspielt, während ich mit einer langen weißen Feder die Furche ihrer Hinterbacken durchzog, nachdem wir uns zuvor geliebt hatten. Jetzt sprang sie auf, sie verfärbte sich, die Augen weiteten sich zu fast europäischen Ovalen, und sie tobte, dass Tibet schon immer chinesisch gewesen sei und dass die Behauptung, ihr Volk würde die Tibeter unterdrücken, nur westliche Gräuelpropaganda sei. Ich erschrak, wie sich dieses schöne, friedliche Geschöpf, das nicht nur Konfuzius zitieren konnte und Bachsche Violinsonaten spielte, sondern sich auch mit Goethe und Heine besser auskannte als ich, von einem Moment auf den anderen in eine solche Furie verwandeln konnte. Ich stürzte mich auf sie, nahm sie fest in die Arme und überhäufte sie mit zärtlichen Worten und Küssen, tief gerührt von diesem Gefühlsausbruch, der mir zeigte, dass auch sie ihre Traumata mit sich herumschleppte. Lange wiegte ich sie, bis sie in meinen Armen schließlich einschlief. Nachdem ich sie sanft auf die Schläfe geküsst hatte, stand ich auf, leise Iggy Pops »China Girl« summend, und machte mich daran, meine Neun-Millimeter-Röhm-Gaspistole zu ölen.

Ich zog die Zorromaske übers Gesicht und trat in die Commerzbank-Filiale am Ebertplatz. Die Kassenbox war leer. Vor und hinter der Kundentheke gähnende Leere. Die einzig anwesende Bankangestellte verließ gerade den Schalterraum in Richtung der inneren Büroräume.

»Unverschämtheit«, knurrte ich in den Schal. Ich machte auf dem Absatz kehrt, ließ die Zorromaske verschwinden und verließ unverrichteter Dinge den unwirtlichen Ort. Es war neun Uhr in der Frühe. Die morgendlichen Nebelschwaden lösten sich gerade auf.

Zur Auflockerung und um einen Entschluss zu fassen, suchte ich den *Saturn* um die Ecke auf und hörte mir einige Neuerscheinungen an. Am nächsten Tag sollte mein Flug nach Lissabon gehen, und ich hatte nicht vor, ihn zu verschieben. Ich akzeptierte, dass die morgendliche Commerzbank-Filiale ihre Arbeit nicht machen wollte, doch hatte ich mir natürlich noch einige Alternativobjekte angeschaut. Ich nahm mir das nächste Objekt vor, die Filiale der Deutschen Bank am Barbarossaplatz, die ich am frühen Nachmittag aufsuchen wollte.

Auf dem Weg bog ich mit dem Fahrrad in die Aachener Straße. Als ich auf dem Fahrradstreifen die Mündung einer Seitenstraße querte, fuhr eine anthrazitfarbene Mercedes-Limousine heraus und mir ins Vorderrad hinein, was mich zu einer Rolle über die Kühlerhaube veranlasste. Noch im Flug galt meine Sorge der umgehängten Ledertasche, in der sich neben den Handschuhen auch die Pistole und die Tränengasdose befanden. Die Tasche hielt stand, und auch ich kam, leicht benebelt, mit ein paar Prellungen davon. Aus dem vollgepackten Wagen stieg ein dicker alter Pole, der sich angstvoll die Haare raufte und in gebrochenem Deutsch flehte, nicht die Polizei zu rufen. Da sich in dem Punkt unsere Interessen trafen, beruhigte ich ihn, die Angelegenheit schnell und unkonventionell zu regeln. Als er mir 50 Mark für das völlig verbogene Vorderrad anbot, war ich sofort einverstanden. In diesem Moment meldete sich in meinem Rücken die sonore Stimme eines grau melierten Managertypen, der seinen nachtblauen Jaguar angesichts des Unfalls gestoppt hatte.

»Ich kenne diese Brüder. Lassen Sie sich nicht über den Tisch ziehen. Ich habe Autotelefon, wir können sofort die Polizei holen.«

»Danke, es ist schon in Ordnung«, winkte ich scheinbar gelassen ab, während ich den Wichtigtuer innerlich verfluchte.

Ein junger Mann mit markant männlichem Burt-Lancaster-Gesicht und schwarzem Dreitagebart, der ein apartes rotes Glattlederkostüm, Pelzjacke, Netzstrümpfe und giftgrüne Lacklederpumps trug, stöckelte heran.

»Was treibt ihr Schlingel denn hier? Ach, du Armer, hat dich der böse Mercedes angestoßen?«, klagte er und legte mit theatralischer Geste seine tröstende Hand auf meinen geprellten Arm. Aus dem Grüngürtel strampelte eine blondmähnige Studentin heran. In der Sitzloge ihrer Köln-Rikscha saßen zwei hochgewachsene Schwarzafrikaner in weißen Pelzmänteln. Sie saugten lachend an dicken Zigarren und genossen die winterliche Stadtrundfahrt offensichtlich ebenso entspannt wie ein Stück historischer Wiedergutmachung. Ein aknegeplagtes Jüngelchen schlurfte vorüber. Seine Jeans hingen ihm in den Kniekehlen, und auf seinem feuerroten Strickpullover prangte in fetten weißen Lettern SUCK MY DICK. Aufmunternd zwinkerte er mir zu. In diesem Moment stolzierte vom Aachener Weiher her ein verirrter Schwan über die Straße und verursachte ein Verkehrschaos.

Der dicke Pole schien in Panik zu geraten. Er schaute verschreckt von mir zu dem übereifrigen Manager, auf die schnatternde Tunte, die lachende Fahrradrikscha, das schniefende Pickeljüngelchen, den quäkenden Schwan und das Verkehrschaos um uns herum, und ich konnte seinem Gesicht ansehen, dass er sich fragte, ob es richtig gewesen war, die beruhigende Sicherheit der masurischen Wälder für eine fragwürdige Zukunft im goldenen Westen aufzugeben.

»Das ist Köln«, zuckte ich entschuldigend die Schultern. Langsam wurde aber auch mir mulmig; ich musste etwas unternehmen. – »Gut. 50 Mark sind okay«, sagte ich zu dem Polen. »Halten Sie sich aus Sachen heraus, die Sie nichts angehen«, das war an den Jaguar-Fahrer gerichtet. »Und danke für eure Fürsorge, aber ich muss jetzt weiter.« Das galt der Tunte und dem Aknebürschchen, die sich im Verlauf unserer Versammlung nähergekommen waren.

Den Unfall wertete ich als warnendes Omen, die Bank am Barbarossaplatz *nicht* aufzusuchen.

Am nächsten Tag trat ich kurz nach Ende der Mittagspause in eine Filiale der Deutschen Bank in Köln-Ehrenfeld. Nachdem ich einen jungen, langhaarigen Türken freundlich gebeten hatte, zur Seite zu treten, ließ ich mir den Kassenbestand aushändigen, warf ein Bündel Geldscheine »für die Angestellten« auf den Tresen und verließ die Bank wieder, wobei ich wie bereits beim letzten Mal den Vorraum mit Tränengas einnebelte.

Ich ging um die nahe Ecke, an der mein Fahrrad stand, fuhr zur nächsten Straßenbahn-Haltestelle, sprang in die Bahn und fuhr eine Station weit. Dort stieg ich aus und lief die hundert Meter bis zu meinem »Basislager«. Es war ein kalter, sonniger Winternachmittag. Eine Möwe schrie im Flug. Auf der Subbelrather Straße kam mir ein Polizeibus entgegen, der sich ganz offensichtlich im Bankraubeinsatz befand. Die Gesichter der jungen Polizisten waren still und angespannt. Es würde für sie nicht viel zu tun geben.

Nach erfolgreicher Aktion (die Beute betrug 33 600 DM) flog ich dann doch nicht direkt nach Lissabon, sondern verbrachte noch ein paar Tage mit Linh in Köln. Einen Tag nach dem Überfall musste Linh zu ihrem Kreditinstitut, und ich begleitete sie. Beim Eintritt in die Bank sah ich mir instinktiv die örtlichen Gegebenheiten an. So wie ein Fußballer anfangen muss zu kicken, wenn ihm ein Ball vor die Füße fällt, oder ein Banker wie mechanisch zu kalkulieren beginnt, wenn er irgendwo einen Bildschirm mit den Börsendaten sieht, so prüfte ich eine Bank automatisch auf ihre Überfalltauglichkeit, auch wenn ich gar keinen Bedarf hatte. Ich registrierte die Aufteilung der Räumlichkeiten, die Distanzen, die Stellung der Kassenhäuschen, die Anzahl und Positionierung der Mitarbeiter, die Kundenfrequenz, die Zahl und Anordnung der Videokameras sowie eine mögliche elektronische Blockierung der beiden Zugänge, die den Windfang zu einem Käfig werden lassen konnte, in dem man ziemlich dämlich aussehen würde. Außerdem das Umfeld der Bank, die möglichen Fluchtwege und Besonderheiten wie Stauanfälligkeit oder ein nahe gelegener U-Bahn-Eingang.

Während Linh am Ende der geschwungenen Kundentheke mit einer Kundenberaterin sprach, kam mir die spontane Eingebung, ich könnte die Gelegenheit nutzen und mir den Bankraum einmal von der anderen Seite aus ansehen. Ich löste mich langsam von Linhs Seite und bewegte mich wie selbstverständlich um die Kante der Schaltertheke, sodass ich den Schalterraum aus der Perspektive eines Bankangestellten überschauen konnte.

Dann geschah etwas, was man vielleicht in einer Krimi-Kömodie erwarten würde, aber nicht im wirklichen Leben. (Aber das wirkliche Leben schreibt ja bekanntermaßen viel absurdere Geschichten, als sie sich ein Schriftsteller je auszudenken wagen würde.) Denn in diesem Moment kam ein über sechzigjähriger uniformierter Geldbote, ohne jeglichen absichernden zweiten Mann, durch den Eingang geächzt. Er hatte eine schwere Kanone im Halfter, die für ihn jedoch kaum einen Wert hatte, da er in jeder Hand einen silbernen metallenen Geldkoffer schleppte, mit denen er geradewegs auf mich zusteuerte. Er drückte mir die Koffer mit einem geschäftsmäßigen »Draußen habe ich noch zwei« in die Hand, und ich sagte freundlich: »Danke!« Leider sprang in diesem Moment eine humorlose Bankangestellte herbei und nahm mir die Koffer mit mürrischer Miene wieder ab.

Ich machte mir auf meiner imaginären Liste eine Notiz. Hier konnte man ja vielleicht einmal auf ganz andere Weise Geld abheben.

Oftmals werde ich gefragt, warum ich nur Banken in Deutschland, aber niemals in Portugal überfallen habe, obwohl ein Bankraub dort doch viel einfacher gewesen wäre. Für mich hat sich die Frage nie gestellt. Lissabon war die

Stadt, in der ich mich zum ersten Mal in meinem Leben heimisch fühlte, sie war mir heilig. Aber abgesehen davon wäre ein Banküberfall in Lissabon in der Tat lächerlich einfach gewesen. Das Geld lag in portugiesischen Banken zumeist offen hinter den ungesicherten Schaltertischen, man hätte also nur über den Tisch zu langen brauchen. Außerdem waren die Fluchtwege, die verwinkelten Gassen und Treppen in der Altstadt, natürlich der Traum eines jeden flüchtigen Bankräubers. Aber es mache sich niemand Illusionen: Die Zeiten des ungesicherten Bargeldangebotes sind lange vorüber, wie überhaupt der klassische Bankraub seit geraumer Zeit schon der Vergangenheit angehört: zeitschaltblockierte Kassenbestände, eine bessere Vernetzung der Polizei, umfassendere und ausgefeiltere Videoüberwachung, sensible DNA-Analysen und anthropologische Größen- und Bewegungsgutachten – all dem hat ein traditioneller Bankräuber nicht mehr viel entgegenzusetzen.

Aber meine Liebe zu Lissabon und Portugal insgesamt ändert natürlich nichts daran, dass es die portugiesischen Banken nicht weniger verdienen, überfallen zu werden, als deutsche oder schweizerische. Wobei schweizerische und portugiesische Banken, deren Staaten offiziell als neutral galten, während des Zweiten Weltkriegs von der vielmillionenfachen, als »Enteignung« euphemisierten Beraubung und Vernichtung der Juden profitierten und sich daran rattenfett fraßen.

Das »neutrale« faschistische Portugal, das dringend Goldreserven zur Deckung seiner Währung benötigte, und Nazi-Deutschland, das das für die Kriegsproduktion wichtige Wolfram brauchte, das Portugal besaß, kamen miteinander ins blutige Geschäft. Portugal lieferte Wolfram und erhielt dafür von Nazi-Deutschland Tonnen von Gold, das offensichtlich größtenteils aus geraubtem jüdischem Privatbesitz und dem Zahngold bestand, das jüdischen KZ-Häftlingen herausgebrochen worden war, und vermutlich noch heute in der Banco de Portugal lagert. Die portugiesischen Banken verhindern bis heute eine detaillierte Aufklärung der damaligen Transaktionen, um sich nicht möglichen Rückgabeforderungen und Schadensersatzansprüchen stellen zu müssen.

Apropos »klassischer Bankraub«: Im Gefängnis sollte ich 1999 die Zukunft des Bankraubs sozusagen in Person kennenlernen. Frédéric stammte aus Belgien. Er war ein fähiger Computerhacker, der sich in die Daten und Finanzströme internationaler Banken und Versicherungen eingeloggt hatte, viele Millionen Dollar abgezweigt und auf diverse Konten in verschiedenen Ländern der Welt transferiert hatte. Doch die Gier wurde ihm zum Verhängnis: Er konnte nicht aufhören, er hinterließ immer mehr Spuren im Netz und war letztlich gefasst worden. Er erhielt läppische vier Jahre, die er schon bald, nach zwei Jahren U-Haft, im offenen Vollzug genießen konnte – mit dem neuesten Jaguar vor der Tür und Luxusnutten auf Abruf.

Während eines einsamen Freistundenlaufs durch den Gefängnishof hatte ich mich gefragt: Was unterscheidet eigentlich den Cyber-Bankräuber vom traditionellen Bankräuber? Nun, der Computerbankräuber agiert aus der Distanz und setzt sich keiner unmittelbaren Gefahr aus. Er benötigt weder Pistole noch Schweißgerät, sondern lediglich einen Computer. Der Onlinebankräuber erzielt einen ungleich höheren Ertrag. Die durchschnittliche Beute beim traditionellen Bankraub betrug 14 000, beim digitalen waren es zwei Millionen Dollar. Der Cyber-Bankräuber muss kein Bankhaus betreten und ist folglich auch nicht physisch fassbar – weder durch Überfallzeugen noch durch auftauchende Polizei, noch durch irgendwelche Videokameras. Er kann seine Spuren leichter verwischen, und sein Aufwand ist ein bedeutend geringer. Der Computerbankräuber macht also eine um ein Vielfaches höhere Beute, sein Aufwand ist ein beträchtlich geringerer, er setzt sich keiner unmittelbaren Gefahr aus, zudem ist die potenzielle Strafe beim Computerbankraub erheblich niedriger angesetzt als beim traditionellen Bankraub, da der Onlinebankraub juristisch als Betrug und nicht als Raub behandelt wird.

Woran liegt es nun, dass der Computerbankräuber so erfolgreich ist, da doch das weltweite Datennetz einer engmaschigen Überwachung unterliegt?

Ein geschickter Hacker nutzt zunächst den offenen, unkontrollierten Zugang zum Internet. Er durchdringt den sich immer mehr öffnenden und immer weniger überschaubaren Finanzmarkt mit einem sich fortwährend ausweitenden Angebot an Anbietern, die mit den unterschiedlichsten Sicherheitsstandards arbeiten. Er studiert die vernetzten Geldkreisläufe, klopft sie nach undichten Stellen ab, dringt dort in sie ein, leitet Geldströme um, verwischt seine digitalen Fußstapfen und legt zur Absicherung falsche Spuren.

Ein kundiger Hacker bedient sich auf seinem Raubzug durch die vernetzte Finanzwelt verschiedenster Organisationen, Netze und Computersysteme, die in verschiedenen Ländern und Zeitzonen liegen, was die Fahndung und Aufklärung zusätzlich erschwert.

Ist der traditionelle Bankräuber meistens ein Einzelgänger, arbeitet der erfolgreiche Hacker entweder mit Insiderinformationen, die er aus dem System erhält, oder aber er ist selber der Insider, ein Mitarbeiter, der als Angestellter im System arbeitet. Damit ist er nichts anderes als ein veruntreuender Betrüger. Womit sich beim Cyber-Bankraub die Grenzen zwischen dem illegalen und dem »legalen« Bankräuber (also dem Banker) verwischen, und nicht nur weil der zukünftige illegale Bankräuber aus dem Innern des Systems kommt. Auch das Angriffsziel ist ein anderes als beim traditionellen Bankräuber. War beim traditionellen Bankraub das Opfer ausschließlich die Bank, so sind es beim Cyber-Bankraub häufig die Kunden selbst, die direkt betroffen sind.

Nachdem ich mit den Freunden im »Nova« meine Rückkehr nach Lissabon gefeiert hatte, sprangen wir nach Barschluss in ein Taxi und fuhren ins »Johnny Guitar«, Portugals ersten Rockclub, der unseren Musikerfreunden gehörte. Es war der Treff von Lissabons Rockjugend, und es war zugleich das Wohnzimmer der *família*. Die etablierten Bands traten hier in intimer Atmosphäre auf. Vor allem aber war das »Johnny Guitar« eine Plattform für unbekannte junge Bands, die hier dreimal wöchentlich eine Auftrittsmöglichkeit hatten. Gewöhnlich schlossen wir den Club morgens um fünf Uhr, und die *família* feierte, in Alkoholströmen und Koksschleiern versinkend, weiter. (Bei diesen Partys standen manchmal ganze »Zigarrenkisten« voller Koks zur freien Verfügung herum. Als Einziger in der *família* griff ich nicht zu, denn nach meiner 89er-Horrorerfahrung nahm ich grundsätzlich keine Drogen mehr, was von den anderen anstandslos akzeptiert wurde, wenn es auch für Verwunderung sorgte. Neulingen wurde erklärt: »Das ist unsere eiserne Jungfrau.«)

Ich lebte das Nachtleben Lissabons exzessiv aus. Die Tage verbrachte ich dagegen ruhig und besinnlich, am Meer von Costa da Caparica, manchmal an den Stränden von Estoril, wo ich zumeist allein oder mit jungen Portugiesinnen zusammen war, die nichts mit meiner exzessiven Nachtschwärmer-Existenz zu tun hatten. Regelmäßig fuhr ich in den Norden des Landes, machte im Frühjahr und Herbst Touren mit dem Motorrad die Küste entlang, durch den Alentejo und die Algarve, die im Frühling in leuchtend wogenden Blumenmeeren versanken, wobei die Kirschblüte an der Algarve die Landschaft für wenige Wochen in einen rosaweißen Märchenzauber hüllte. Manchmal blieb ich aber auch für Tage am Meer von Lissabon, allein oder mit einer Romanze, las und schrieb, machte lange Strandspaziergänge und weite Schwimmausflüge ins Meer hinaus. In diesen Zeiten trank ich Ströme frisch gepressten Orangensafts, allein der Gedanke an Alkohol, Drogen oder Nikotin verursachte mir Unbehagen. In den Monaten, in denen ich ein Apartment an Lissabons Sonnenküste hatte, wohnten d'Artagnan und Marco immer mal wieder für ein paar Tage bei mir, um zu Atem zu kommen. Manchmal arbeitete ich mit d'Artagnan Tage und Nächte an seinen Designaufträgen und Bühnenkonstruktionen, die er immer viel zu spät begann, gab nebenbei am Strand oder im schattigen Gulbenkian-Park Sprachunterricht und half bei der Organisation von Auftritten junger unbekannter Bands im »Johnny Guitar«. Hätte ich überhaupt nichts getan, als mich durch Lissabons träumerisch schwebende Tage und Nächte und am Strand entlangtreiben zu lassen, wäre ich genauso erfüllt und glücklich gewesen.

Wer macht sich in solch paradiesischen Zuständen schon Gedanken um Geld? Nun, ich jedenfalls nicht. Als mich an einem stürmischen Oktoberabend am Meer meine »Finanzverwalterin« in Deutschland am Telefon daran erinnerte, dass mein Gelddepot zur Neige gehe, entschloss ich mich seufzend zum Handeln.

Anfang November 1992 verabschiedete ich mich von den Freunden, gab Marco und d'Artagnan den Schlüssel für mein Apartment in Costa und flog nach Köln.

10 Köln, Dezember 1992

Ich traf am 8. November in Köln ein. Am nächsten Tag, dem Jahrestag der Reichspogromnacht 1938, fand in der Stadt ein Konzert Kölner Musiker gegen die zunehmenden Angriffe auf ausländische Mitbürger und Asylanten statt. Zwanzigtausend Besucher wurden erwartet, hunderttausend strömten an diesem kalten Herbsttag aus allen Himmelsrichtungen zum Chlodwigplatz in der Kölner Südstadt.

Im Strom der Menschenmassen lernte ich einen sympathischen jungen Mann kennen, der, in Anzug und mit Aktentasche, direkt aus seiner Bank zu der Demonstration eilte. »Ich bin der Einzige aus meiner Bank, der auf dieses Konzert geht. Eigentlich eine Schande«, gestand er mir. Er arbeitete wechselnd in verschiedenen Kölner Filialen der Dresdner Bank.

Am nächsten Tag wollte ich eigentlich am Rudolfplatz die dortige Dresdner Bank aufsuchen, diesen geschichtsträchtigen Profitverein »mit dem braunen Band der Sympathie«, wie einst eine WDR-Dokumentation, im Hinblick auf ihre verbrecherische Naziverstrickung, titelte, der sich ebenfalls am Leid der Verfolgten des Nazi-Regimes gemästet hatte. Doch die Dresdner Bank hatte Glück. Ich disponierte um. Ich wollte den sympathischen Jungen nicht zufälligerweise auf der anderen Seite meiner Kanone sehen.

Das Konzert am Rudolfplatz war, wie so viele dieser »Rock gegen Was-auch-immer«-Veranstaltungen, eine ungestörte Selbstfeier derjenigen, die sich natürlich ohnehin schon als aufgeklärt, tolerant und zivilcouragiert empfanden – mit dem für Köln so typischen Hauch lokalpatriotischer Karnevalsduselei. Die verschiedenen Wortbeiträge prominenter Intellektueller wurden gekrönt vom Auftritt von Willy Millowitsch (»Isch bin 'ne kölsche Jung«).

Das Gedränge auf dem kleinen Platz – Menschen hockten in Bäumen und auf Telefonzellen, wurden in Hauseingänge gepresst – war für mich als Mann der Meereseinsamkeit bald so unerträglich, dass ich das Konzert vorzeitig verließ.

In der halb leeren Kölner Stadtbahn begannen, kurz nachdem ich eingestiegen war, zwei junge Türken eine ältere deutsche Dame, die vor ihnen saß, zu beschimpfen: »Deutsche alte stinkende Möse, kriegst doch sowieso keinen Mann mehr. Was lebst du?«

Die ältere Dame setzte sich still auf einen anderen Platz, doch die beiden Türken lachten nur und hörten nicht auf, sie zu beleidigen: »Du alte Sau entkommst uns nicht. Bist nichts wert. Willst du Genickbruch oder was?« Ich verstand nicht, was hier vor sich ging, war eine ganze Weile wie gelähmt. Aber als keiner der Fahrgäste sich rührte, mischte ich mich ein.

»Lasst die Dame in Ruhe«, rief ich den beiden Halbstarken zu.

»Was willst du? Auch Fresse? Willst du Kieferbruch?«, stießen sie hervor, als hätten sie nur auf eine solche Gelegenheit gewartet. Ihre Sprache erinnerte mich an türkischstämmige Kabarettisten, die in ihren Stand-up-Nummern ihre eigenen Leute hochnahmen. Allerdings war mir nicht nach Lachen zumute, zumal die beiden türkischen Schmalspur-Rambos begannen, mich vom Sitz zu zerren und durch die Bahn zu prügeln, ohne dass ich allzu viel Gegenwehr aufbringen konnte.

Niemand in der Bahn rührte sich, niemand von den jungen Studenten und bärtigen Sozialarbeitertypen, die wahrscheinlich eben noch bei der Demonstration dabei gewesen waren. Als die beiden Angreifer an der nächsten Haltestelle lachend und feixend die Bahn verließen und ich mich hochrappelte und das Blut wegwischte, ignorierte ich die verschämten Blicke der anderen. Ich hielt meine Mitmenschen sowieso zum überwiegenden Teil für rückgratlose Schwätzer, sie konnten mich nicht mehr enttäuschen. Enttäuscht war ich nur von mir selbst, weil ich einen Moment gezögert hatte, bevor ich eingegriffen hatte.

Ich fühlte, wie mein Auge zuschwoll, und wusste, dass ich damit morgen keine Bank überfallen konnte. Aber das war nicht weiter schlimm, da ich bei meiner Ankunft in Köln gesehen hatte, dass Keith Richards in zwanzig Tagen in der Domstadt sein einziges Deutschlandkonzert geben würde, das ich auf jeden Fall sehen wollte. Ich hatte also noch Zeit für mein Vorhaben und entschied, erst einmal die Theke des »Blue Shell«, die traditionelle Kölner Rocktaverne, aufzusuchen. Auf meine ramponierte Visage angesprochen, wollte ich zunächst erzählen, dass ich zwei junge Türken vor einer Horde deutscher Skinheads zu schützen versucht hatte, wie es politisch korrekt gewesen wäre, doch entschied ich mich für die Wahrheit, die Unglauben und befremdete Bestürzung hervorrief – und Widerwillen, denn sie passte so gar nicht in die euphorisierte Tagesstimmung der machtvollen Demonstration von Toleranz und Zivilcourage sowie der klaren Feindbilder.

Zwei Tage später war der 11.11. – Karnevalseröffnung. Der erste Anarcho-Großkampftag des Biedermanns, an dem der geknechtete Kleinbürger Hemmungen, Anstand und Hosen fallen lässt. Am Abend kämpfte ich mich durch ein Schlachtfeld trunkener Horden, herumliegender Alkoholleichen, Scherben und Urinpfützen, vorbei am nach Erbrochenem stinkenden Kölner Dom und einem beim gescheiterten Kopulationsversuch kollabierten Karnevalspärchen hinein in die rettende »karnevalsfreie Zone« des »Underground«-Rockclubs und sah einen aufmunternden Auftritt von Southside Johnny & seinen Asbury Dukes.

Am nächsten Tag, frühmorgens um sechs Uhr, schlurfte ich, fröstelnd und übernächtigt, zur Vorverkaufsstelle am Rudolfplatz, um mich für Karten für das Keith-Richards-Konzert anzustellen, die Schuhe gefüllt mit vielen Hundert Mark, mit denen ich Karten für ungefähr zwanzig Leute aus der internationalen Rolling-Stones-Hardcore-Fanszene (die sich um Freund Jonny gruppierte) mitbringen sollte. Vor der Verkaufsstelle kampierte im kalten, spätherbstlichen Nieselregen bereits eine illustre Gesellschaft aus eher gesetzteren Herrschaften – auf Campingstühlen, unter Sonnenschirmen, vor Bierfässchen und Glühweinkochern, mit Narrenkappen und Tröten ausgestattet, und schunkelte sich in Stimmung – nicht zu Stones-Songs, sondern zu »Mer losse d'r Dom in Kölle«, »Rita Schnell«, »In de Wirtschaft um de Eck«, die aus einem riesigen Recorder plärrten. Auf meine befremdete Frage, ob sie auch für Keith Richards in der Sporthalle anstehen würden, allgemeine

Heiterkeit: »Jung, isch wees net, wer Kies Ritscher iss – mir wolle Karte für de ›Lachende Sporthalle‹! Karneval, Jung, Karneval!«, fügte er erklärend hinzu, als er meinen verständnislosen Gesichtsausdruck sah, und hielt mir ein Glas Glühwein hin.

Ich hatte mich im Datum vertan.

Am Abend des 29. November stürmte ich mit der versammelten internationalen Bande von Stones-Fans zu Keith Richards in die Kölner Sporthalle. Das Konzert war energetisch, rau und magisch und so laut, wie ich es seit den Siebziger-Jahre-Auftritten von den Who, Iggy Pop und AC/DC nicht mehr erlebt hatte. Nach dem Konzert führte ich die aufgeheizte Truppe ins »Underground«, nach Thekenschluss ins »Roxy«, die damals letzte Station in Köln für alle ruhelosen Satteltramps, Rocker, Studenten, Säufer, Kokser, Nutten, Zuhälter und sonstigen Abschaum.

Am Abend sprang ich aus dem Bett und schnürte die Sportschuhe für einen Nachtlauf, um mit der Fitnessvorbereitung für den Banküberfall zu beginnen. Als ich die Venloer Straße hochlief, sah ich zwanzig Meter vor mir einen Fuchs, der die Straße überquerte und dem inneren Grüngürtel zustrebte. Ich blieb stehen, der Fuchs ebenfalls, was ich ausschließlich an den leuchtenden Augen erkennen konnte, die mich still und abwartend aus dem Nachtschwarz anfunkelten. Wir schauten uns an – zwei einsame Einzelgänger, beides Jäger und Gejagte, deren Wege sich in einer verregneten Novembernacht für einen magischen Moment stillen Einverständnisses kreuzten. Der Fuchs (spanisch: *zorro*) war das vertraute Symbol meines rebellischen Außenseitertums, eine Rolle, in die ich bald wieder schlüpfen wollte.

Wie vor jedem Banküberfall trank und rauchte ich nicht

mehr, praktizierte Gymnastik, machte Ausdauerläufe im Rheinpark, fuhr Fahrrad durch die verschiedenen Kölner Stadtviertel und am Rhein entlang, streifte durch Museen und Ausstellungen (die Art Cologne fand gerade statt), tanzte an den Abenden im »Underground«, hatte einen One-Night-Stand mit einer verheirateten Versicherungskauffrau (»Hoffentlich Allianz versichert«), deren spirituelle Verfassung von so beängstigender Kleingeistigkeit war wie ihre Sexualität von herrlich ausuferndem Hunger, stürzte mich ohne Fallschirm in ein nymphomanes blondes »Unschuldchen«, das mich mehr schlauchte als jeder Fünfzehn-Kilometer-Lauf im Rheinpark, und lernte in den schwindelnden Höhen der Aussichtsplattform des Kölner Doms eine junge Japanerin kennen, die mindestens so lässig Zigarette rauchte wie Humphrey Bogart.

Am 1. Dezember ging ich in die Kölner Eissporthalle zum Eishockeyspiel zwischen den Kölner Haien und den Erzrivalen aus Mannheim, eine der stärksten und härtesten Truppen der Liga. Eishockey, mein Lieblingssport, war für mich zu Bewegung gewordener Rock 'n' Roll, in dem sich ballerinenhafte Eleganz mit raubkatzenartig geschmeidiger Schnelligkeit und nietzschianischer Härte vereinte. Donnernder Hardrock aus riesigen Boxen lieferte dazu den passenden Soundtrack. »Highway to Hell«, »Hells Bells« und »Fire Your Guns« von AC/DC waren ihre immer wiederkehrenden Hymnen und die Todesmelodie einer jeden Gästemannschaft.

Am 5. Dezember in die Kölner Sporthalle: die Ramones. Anderthalb Stunden lang die immer gleichen drei Akkorde, alle zwei Minuten ein neuer Song. Die Menge tobte, doch ich zog mich bereits nach zehn Minuten gelangweilt in die leeren hinteren Sitzreihen zurück.

An den Nachmittagen saß ich gerne im grau verschwommenen Dezemberlicht auf dem Promenadenmäuerchen im Rheinpark, blickte auf den Fluss und träumte, umschwirrt von Möwen, Raben und Papageienhorden, vor mich hin. Die Papageien hatten sich in der Freiheit des Rheinparks prächtig vermehrt, nachdem einst ein Pärchen dem Kölner Zoogefängnis entflogen war.

An einem dieser diesigen Nachmittage landete ein junger Rabe elegant neben mir auf dem Mäuerchen. Er schaute mich mit geneigtem Köpfchen stumm an und hüpfte Stück für Stück näher, obwohl ich weder Brotkrumen noch sonst etwas zu bieten hatte. Als er direkt neben mir stand und vertrauensvoll zu mir hochschaute, begannen wir ein inniges Gespräch über die Legende der Raben von Lissabon und warum sie die »weiße Stadt«, die sie als ihr Wappentier repräsentieren, verlassen hatten, um sich im Rheinpark von Köln anzusiedeln.

Überraschend trat eine junge fremdländische Schönheit zu uns. Sie beobachtete aufmerksam das zutrauliche Verhalten des Raben. Als sie ihren Kopf auf die linke Schulter senkte, flossen rabenschwarze Locken über die weiße Wange wie ein vielarmiger schwarzer Fluss in leuchtendem Schnee. Darin ihr Mund wie eine sich öffnende blutig rote Mohnblüte. Die Bewegungen der jungen Frau waren von eleganter, in sich ruhender Grazie.

»Er ist so zutraulich«, sagte sie jetzt lächelnd, mit einem leichten, honigsüßen Akzent, ohne ihren Blick von meinem Gefährten zu wenden.

»Er ist ein Portugiese. Wir kennen uns aus Lissabon«, zwinkerte ich meinem schwarzen Freund zu.

Die südländische Prinzessin wurde neugierig, und bald saßen wir zu dritt auf dem Rheinmäuerchen, sprachen über

Lissabon, Teheran (wo sie herstammte) und die Bedeutung des Raben in orientalischen Kulturen.

Der grau verquollene Wolkenhimmel dunkelte in eine frühe Dezemberdämmerung, während bleiche Nebelgelenke den Fluss hochkrochen und die Konturen der Lastkähne verschwimmen ließen. Ein dünner Sprühregen begann niederzugehen und in tausendundeinem Brillanten durch die schwarzen Locken der schönen Perserin zu perlen. Der Rabe schüttelte sein glänzendes Gefieder und flog schließlich davon, um sich ein trockenes Plätzchen zu suchen. Auch wir brachen auf.

Während wir fröstelnd über die Rheinpromenade und die eiserne Hohenzollernbrücke in die Stadt liefen, erzählte mir Sanaz, dass ihre Familie den Iran aus politischen Gründen verlassen hatte und in der Schweiz lebte. Sie selbst studierte in Köln Medienwissenschaften, ihr deutscher Freund, den sie nach Beendigung des Studiums heiraten wollte, war Dozent an der Uni Bochum.

Die nächsten Tage trafen wir uns regelmäßig zu Spaziergängen im Rheinpark. Wir gewöhnten uns an, wenn wir durchgefroren zurück über die Eisenbahnbrücke kamen, auf eine heiße Schokolade mit Sahne in das dem Dom gegenüberliegende Museumscafé einzukehren. Als dieses einmal vollständig von einer holländischen Seniorengruppe in Beschlag genommen war, lud ich Sanaz, die selbst in der Südstadt wohnte, auf eine Tasse Tee in mein Studio in Ehrenfeld ein. Mit einem zögerlichen Lächeln willigte sie ein.

In meiner großfenstrigen Mansarde nahm ich ihr den schwarzen Kapuzenmantel ab, unter dem die schöne Perserin ein schwarzes Kleid, schwarze Nylons und schwarze Lederstiefel trug, die sie sich von den zierlichen Füßchen streifte. Wir standen am Fenster. Ein dichtflockiger Schneesturm umwirbelte das wohlig warme Studioappartement. Ich hatte Héroes del Silencio, die »Helden des Schweigens«, aufgelegt (meine Lieblingsband der Neunziger). Wir begannen, zunächst behutsam, dann immer gelöster und erhitzter, uns zu der leidenschaftlichen Musik zu bewegen. Sanaz wand sich in funkelnder Schlangengrazie, schillernd in Rubinrot, Silber und Gold, wie eine orientalische Tempeltänzerin.

Als die Schallplatte schnarrend auslief, ließen wir uns keuchend auf die Couch fallen. Sanaz' Gesicht, kirschblütenfarben erhitzt, leuchtete vor Freude. Ich legte Sétima Legião auf, die melancholisch poetische Band, die Anfang der Achtziger, gemeinsam mit Madredeus, die portugiesische Populärmusik erneuert hatte, und machte uns einen Jasmintee. Sanaz erzählte von ihrer behüteten Kindheit und Jugend in Teheran, und sie schilderte mir, nach einem Moment des Zögerns, von einem Erlebnis als neunzehnjährige Studentin: Sie war eines Tages im Frühling gemeinsam mit einer Kommilitonin auf dem Weg in die Teheraner Universität, als sie auf der Straße von zwei jungen Revolutionswächtern angehalten wurde. Die beiden »Pasderan« ließen ihre Freundin laufen und verschleppten Sanaz in das berüchtigte Teheraner Evin-Gefängnis. Sie wurde in einem kahlen Kellerverlies auf einen Pflock gespannt, man zog ihr Schuhe und Söckchen aus und gab ihr jeweils zehn Stockhiebe auf die nackten Fußsohlen. Ihr Verbrechen hatte darin bestanden, dass auf der Straße ein schmaler Streifen zwischen ihrem fußlangen Rock und den Schuhen und damit ein Stück ihres Knöchels sichtbar gewesen war – was gefährlicherweise die perversen männlichen Sexualfantasien entfachen konnte, mit denen sich diese irren Religionsfanantiker offensichtlich herumplagten (so wie die Fanatiker aller Religionen).

»Ach, Reiner …« Sie lachte mich wehmütig an, als sie die Bestürzung in meinen Augen sah. Langsam rutschte ich vom Sofa auf den Teppich und strich zart über ihre Beine, die angewinkelt auf dem Sofa lagen. Die schwarzen Nylons spannten sich um ihre schlanken Füße und Waden wie dunkel glitzernder Mondstaub. Sanft streichelte und liebkoste ich die knisternden, zarten Fußballen, ihre Zehen, glitt über ihren Spann, die Knöchel, die feinnervigen Adern nachziehend, und ließ meine Hände wieder zurück zu ihren Ballen schweben. Ich beugte mich tiefer über sie und küsste ihre Füße. Schließlich senkte ich meinen Kopf ganz auf sie herab, legte mein Gesicht in ihre Füße, über die weich meine blonden Locken fielen, und breitete meine weitärmeligen Arme über sie aus wie zwei weiße Flügel. Für einen Moment verharrten wir so in tiefer Stille, bis ich eine Unruhe in ihr fühlte und meinen Kopf hob.

Sanaz erhob sich stumm, streifte sich die Stiefel über und zog ihren Kapuzenmantel an. An der Tür lächelte sie mich schmerzlich an.

»Reiner, wir dürfen uns nie mehr sehen«, sagte sie.

Ich nahm sie zärtlich in den Arm und küsste sie auf die Augen. Ich wusste, dass sie recht hatte. Ich blieb hinter der Tür stehen und lauschte dem verhallenden Klang ihrer Schritte, als sie die Treppe hinabstieg. Sanaz war eine Frau, für die ich ein neues Leben begonnen hätte.

Ich überfiel die Bank am nächsten Tag. Es war eine Commerzbank in Köln-Ehrenfeld. Die Filiale hatte einen Eckeingang, der sich sowohl zur Venloer als auch zu einer Nebenstraße hin öffnete. Diese Nebenstraße stieß auf einen Kinderspielplatz, auf den mein Studiofenster blickte.

Ich hatte das Fahrrad bereits zwischen zwei Mauerlamellen der gegenüberliegenden Kirche abgestellt und ging konzentriert gemächlich auf den Eingang der Bank zu, als ein älterer Polizist die Venloer Straße heraufkam. Er war offensichtlich auf dem Weg zu seinem Arbeitsplatz. Zweihundertfünfzig Meter die Straße hoch lag das Ehrenfelder Polizeirevier. Die Distanz hatte ich abgeschritten und ausgerechnet, dass ich bei einer Überfallzeit von einer Minute in jedem Fall außer Reichweite wäre, bevor die Polizeikräfte eintreffen würden.

Nun, dem ältlichen, müde wirkenden Polizisten wollte ich diesen ohnehin recht trostlos diesigen Dezembermorgen nicht noch mehr vermiesen – der gute Mann schien kurz vor der Pensionierung zu stehen –, deshalb verschob ich die Aktion auf den Nachmittag.

Kurz vor Schalterschluss um 16 Uhr zog ich die Zorromaske über und stürmte in die Bank.

»Was, schon wieder?«, rief der junge Kassierer aus, ohne sich zu rühren.

Ich fokussierte ihn mit durchdringenden Augen.

»Ich weiß nicht, wer Sie vor mir bereits beehrt hat, meine schlichte Regel lautet: Sie haben zwanzig Sekunden, um auszuzahlen. Also bitte!«

Der Kassierer begann sich provozierend langsam in Bewegung zu setzen. Zögerlich zog er ein halbes Bündel 10-Mark-Scheine aus dem Fach.

»Keine Spielchen, bitte«, reagierte ich auf die Unverschämtheit ungehalten. »Verschleppen Sie nicht! Ein schneller Ablauf ist in unser beider Interesse, da wir ansonsten gemeinsam ein Problem bekommen.«

Ich spürte eine leichte Nervosität und konzentrierte mich, meine kühle nachdrückliche Stimme beizubehalten. Der Kassenmann wurde einen Hauch schneller, verzögerte aber immer noch.

»Beeilen Sie sich! Ich werde mich nicht vor dem Vollzug verabschieden!« Meine Stimme wurde schärfer. »Es liegt in Ihrer Verantwortung. Nachdem Sie den Knopf gedrückt haben, läuft für uns alle die Zeit ab. Sie in Ihrer Glasbox haben nichts zu befürchten, doch für uns hier draußen kann es unangenehm werden, falls die Polizei vorzeitig eintrifft.«

Er wurde jetzt richtig schnell, und so konnten wir uns innerhalb kürzester Zeit in friedlichem Einverständnis – »Muchas Gracias! Pour les employés« – voneinander trennen.

Ich stieg aufs Fahrrad, als ich die Polizeisirenen die Venloer Straße hinaufheulen hörte. Ich fühlte den Streifenwagen in Sichtweite vor der Bank halten, während ich bedächtig auf den Spielplatz zufuhr, hinter dem mein Mansardenhaus lag.

Jahre später erfuhr ich im Gießener Gefängnis aus den Akten, dass die Bank wenige Wochen vor meinem Besuch schon einmal überfallen worden war, wobei die Verzögerungstaktik des Kassierers erfolgreich gewesen war. Der dilettantische Kollege war unverrichteter Dinge von dannen gezogen.

Man hat mich gefragt, ob es nicht unklug gewesen sei, jeden Überfall auf exakt die gleiche Weise durchzuführen. Indem ich mich durch mein Äußeres, meine Wortwahl, mein ganzes Verhalten unverwechselbar machte, lieferte ich der Polizei schließlich ein Profil, mit dem der Täterkreis deutlich eingegrenzt werden konnte.

Tatsächlich hatte ich am Anfang überlegt, mein Aussehen zu verändern, jeweils in eine neue Rolle zu schlüpfen, um mich jeglicher Täterprofilierung durch die staatlichen Häscher zu entziehen. Es wäre auch sicherlich eine schauspielerische Herausforderung gewesen, mal als zittriger deutscher Junkie, mal als verzweifelter rumänischer Lumpenproletarier, mal als türkisch-deutsch stotternder Underdog, dann wieder als Wiener Vorstadtlude aufzutreten. Doch ich wollte mich nicht feige verleugnen. Ich wollte meine ganz individuelle Spur hinterlassen, wollte den Polizeibeamten Anhaltspunkte zum Puzzeln in die Hand geben und wollte vor allem auch keine ordinären oder sonstwie Angst auslösenden destruktiven Elemente in meine Figur einfließen lassen.

Am Abend nach dem Überfall ging ich zum traditionellen Vorweihnachtskonzert von Herman Brood & His Wild Romance im »Luxor«. (Nur die Stones, Iggy Pop und Rory Gallagher hatte ich öfter gesehen.) Wie immer spielten sich Herman und Band zwanzig Minuten warm, um nach einer viertelstündigen Pause mit brennenden Koksaugen zurückzukommen und sich zweieinhalb Stunden lang, ohne Atem zu holen, in einem schonungslosen Rock-'n'-Roll-Feuerwerk zu verausgaben.

Als ich nach dem Auftritt, vom Konzert, dem erfolgreichen Banküberfall und der Vorfreude auf Lissabon euphorisiert, die Kölner Ringe hochlief, sah ich plötzlich vor mir Herman lachend und mit einem Mädchen im Arm die innerstädtische Promenade entlangschlendern. Es war das letzte Mal, dass ich Herman Brood sah, der am 11. Juli 2001 in legendenträchtiger Rock-'n'-Roll-Akkuratesse vom Dach des Amsterdamer Hilton-Hotels zu seinem letzten Flug ansetzen sollte. Die Todesnachricht erreichte mich in einer deutschen Gefängniszelle.

Am nächsten Morgen flog ich endlich nach Hause – nach Lissabon, der »Königin des Meeres«, wie Madredeus sangen.

Wieder einmal überlegte ich, wie ich mir eine halbwegs tragfähige Existenz in Lissabon aufbauen und mein Outlaw-Dasein hinter mir lassen könnte. Bereits 1988 hatte ich darüber nachgedacht, in Lissabon eine Mitfahrzentrale zu eröffnen, von denen es damals in ganz Portugal noch keine einzige gab. Ich dachte zu lange und nicht ernsthaft genug nach und ließ mich von den bürokratischen Hürden abschrecken. Anderthalb Jahre später eröffnete ein anderer Deutscher in Lissabon die erste Mitfahrzentrale Portugals, und zwar mit Erfolg.

Bald darauf spukte mir eine andere Geschäftsidee im Kopf herum: Ich wollte ein »Geburtstagsrestaurant« eröffnen. Ein Restaurant, in dem sich einsame Seelen an ihrem Geburtstag mit anderen einsamen Seelen, die ebenfalls Geburtstag hatten, treffen konnten, um gemeinsam zu speisen, zu reden und zu feiern. Da täglich einsame Seelen Geburtstag hatten, würde der Laden jeden Tag überquellen, ich eine gute Tat tun und zudem in Escudos ersticken.

Ich sprach mit Ausländern, die Geschäfte in Portugal betrieben. Sie schüttelten nur die Köpfe. Sie schilderten das bürokratische Labyrinth, in das man sich begeben musste, die endlosen Wartezeiten, den mafiösen Klüngel, die ständigen Lieferunzuverlässigkeiten und die »Gefälligkeiten«, die von einem erwartet wurden (sprich: Bestechungen). Alles Geschäftsmännische lag mir sowieso nicht, deswegen verwarf ich den Gedanken wieder.

Danach entwickelte ich eine Idee, die mich nicht mehr losließ. Ich liebte die ausgeprägte Lissabonner Kinokultur.

Unbegreiflicherweise gab es im paradiesisch subtropischen Lissabon, mit einer kinobegeisterten Bevölkerung, nicht ein einziges Open-Air-Kino. Meine Idee war, an der Tejo-Mündung, die weiße Stadt im Rücken und mit Blick auf den Atlantik, ein Freiluftkino zu eröffnen. In einer Art Programmzweiteilung plante ich, den Schwerpunkt auf Arthouse und geistreiche Unterhaltungsfilme zu legen, die sich mit Blockbustern finanzieren sollten. Die Ideen sprudelten: Meine bekannten Musikerfreunde würden zur Eröffnung spielen, ein befreundeter Pianist könnte alte Stummfilme auf dem Klavier begleiten.

Was brauchte ich? Eine Fläche mit einer weißen Wand am Tejo, einen alten hölzernen Bauwagen, in dem ich den Filmprojektor installieren würde, Stühle, Tische, einen kleinen Imbisskiosk. Alles erschwinglich, wobei das Kostbarste, die milde atlantische Sternennacht am Fluss, ein Geschenk der Götter war und nichts kostete.

Die Suche nach einem geeigneten Grundstück gestaltete sich schwieriger als erwartet, doch trotz der erwarteten bürokratischen Nackenschläge blieb ich jahrelang am Ball. Dass ich das Projekt am Ende nicht realisierte, hing aber nicht mit der portugiesischen Bürokratie zusammen – sondern mit Interpol.

An einem sonnigen portugiesischen Januartag streifte ich mit Irene durch Lissabons Altstadtviertel. Irene war ein internationales Model aus Wien, eine liebe Freundin und Liebschaft Marcos. Im Chiado-Viertel führte ich sie in die »Luvaria Ulisses« – das »Handschuhgeschäft Odysseus« war Lissabons kleinster Laden. Ein Schmuckkästchen, poetische fünf Quadratmeter winzig, verhangen mit goldenem Stuck, heiteren Jugendstilbildern und den Raum weitenden Spiegeln. Bis an die Decke stapelten sich die Holzschublädchen, in denen fünftausend Handschuhmodelle und die verschiedensten Materialien lagerten. Der Handschuhtempel war früher das Hausgeschäft der sogenannten besseren Gesellschaft gewesen. Zur heutigen Stammkundschaft gehörten bekannte Künstler, Politiker, Größen aus dem Showgeschäft – und mindestens ein Bankräuber.

Irene ließ sich ein paar Krokodillederhandschuhe anpassen. Ich wählte schwarze Handschuhe aus feinstem südamerikanischem Schweinsleder. Meine Finger mit der zweiten Haut zogen sich zusammen, als würde ich einen imaginären Revolver umspannen. Hätte es im vorigen Jahrhundert in New Orleans einen solchen Laden gegeben, hätten sich dort bestimmt alle Revolverhelden des Wilden Westens die Klinke in die Hand gegeben, um sich eine zweitlederne Haut für ihr wichtigstes Körperteil anfertigen zu lassen. Schmerzlich dachte ich daran, dass ich die Kostbarkeiten in wenigen Wochen schon wieder entsorgen würde.

11 Köln, April 1993

Bereits im April war ich wieder in Deutschland. Ich entschied mich dafür, die Commerzbank in Köln-Ehrenfeld ein weiteres Mal zu überfallen. Wieder befand ich mich in der Vorbereitungsphase in diesem flattrigen, bodenlosen Zustand grauzwielichtiger Leere, die angefüllt war mit Selbstzweifeln und der inneren Abwehr gegen mein Tun und Teile meines Selbst. Verstärkt wurde diese Unruhe durch das Wissen, dass, sollte ich nicht rechtzeitig von diesem sich verselbstständigenden Zug abspringen, er irgendwann aus den Gleisen springen und mich in den Abgrund reißen musste. Doch mit trotziger Verdrängung, dem dümmlichen Omnipotenzgefühl, unangreifbar zu sein, wie der tief in mir hausenden Todessehnsucht schob ich das beunruhigende Wissen immer wieder beiseite.

Am Abend vor der Bankattacke ging ich ins »Underground«. Ich wollte tanzen, mich verausgaben, mich von allem Ballast befreien, um mich am nächsten Morgen umso leichter vom Fluss meiner Instinkte leiten zu lassen.

Zunächst einmal leiteten mich diese Instinkte allerdings in die Arme von Eliane, einer lodernden Tropenblüte aus Amazonien, mit der ich im »Underground« an der Bar zusammenstieß. Eliane war in der brasilianischen Millionenstadt Belém aufgewachsen. Die zierliche Brasileira studierte in Köln Germanistik und war voll kindlicher Freude, mit mir portugiesisch sprechen zu können. Als ich mich dann auch noch auf der Tanzfläche, zu AC/DC, mit beckenkreisendem Sambahüftschwung an ihr rieb, hatte ich ihr Herz und, wie sich herausstellen sollte, auch den dazugehörigen wundervollen Leib gewonnen. Später kam sie mit mir in mein Dachstudio.

Am nächsten Morgen stand ich, nach kurzem Schlaf, vorsichtig auf, ohne Eliane zu wecken. Ich wollte möglichst der erste Kunde in der Bank sein. Ich warf einen zärtlich dankbaren Blick auf Eliane und machte mich vor dem Spiegel fertig. Schließlich drückte ich meiner Brasileira einen Kuss auf den nackten Sonnenhintern und wandte mich zum Gehen. Ich wollte gerade das Studio verlassen, als ich Elianes schläfrige Stimme hörte.

»Reininho, wo gehst du hin?«

»Ich geh Brötchen holen, Kätzchen. Bin gleich wieder zurück. Schlaf weiter.« Damit machte ich mich auf den Weg.

Es lief alles wie am Schnürchen. Keine Viertelstunde später war ich wieder zurück. Eliane rekelte sich wohlig träge auf dem Bauch, als ich eintrat. Die Bettdecke hatte sie zwischen ihre Schenkel gepresst, sodass ihr süßer Hintern aus den weißen Laken ragte.

»Reininho, hast du Brötchen geholt?«, murmelte es schläfrig aus den Kissen.

Ich legte *Beggars Banquet*, meine Lieblingsplatte der Stones, auf und öffnete die Flasche Champagner, die ich am Abend zuvor kalt gestellt hatte.

»Ach, die Brötchen – die hab ich ganz vergessen.« Ich tat bestürzt. »Dafür habe ich Champagner!«

Das schien sie nicht zu beeindrucken.

»Ich will aber frische Brötchen«, quengelte sie.

»Ja, ja, du bekommst ja alles«, sagte ich und goss uns zwei Champagnerflöten ein.

»Aber jetzt!«, kam es trotzig aus den Kissen zurück.

Ich seufzte und gab mich geschlagen. Sie hatte ja recht, was war ein Champagnerfrühstück ohne ein paar leckere Häppchen?

Summend legte ich ihr die *Caution Horses*-Platte der Cowboy Junkies auf, öffnete mein langes blondlockiges Haar und zog helle Sommerhosen, weiße Tennisschuhe und meine weiß-blau verwaschene Levis-Jeansjacke – als Kontrast zur schwarzen Zorrokluft – an. Tief durchdrungen von Elianes dunklem Honigduft, trat ich auf die Straße. Die nächste Bäckerei befand sich direkt neben meiner Bank, und ich hatte nicht vor, feige Umwege zu machen.

Ich schlenderte also zurück zur Bank. An der Eingangstür hing schief ein handgeschriebener Zettel: WEGEN ÜBERFALL VORÜBERGEHEND GESCHLOSSEN. Von den umstehenden Schaulustigen erfuhr ich, dass ein junger Türke, der ein schwarzes Halstuch getragen haben sollte, vom Bürgersteig weg festgenommen worden war. Ich hoffte inständig, dass man ihn umgehend wieder freilassen würde und dass er das Intermezzo als ein kleines, surreales Abenteuer ansehen würde.

Ich holte frische Brötchen und schlurfte pfeifend in den nächsten türkischen Obst- und Gemüseladen. Ich suchte eine frische Ananas aus, verschiedene Käsesorten, eine Papaya und eine Honigmelone, schäkerte ein wenig mit der

Tochter des Hauses, kaufte im Blumenladen nebenan eine weiße Rose und lief zurück zur Wohnung.

Am frühen Nachmittag bestellte ich ein Taxi und brachte Eliane zum Studentenwohnheim. Auf meiner Fahrt zum Flughafen, wo ich mein abendliches Flugzeug nach Lissabon nehmen wollte, machte ich an einer anderen Commerzbank-Filiale halt und zahlte eine größere Summe auf die Konten zweier Hilfsorganisationen ein. Am Kölner Flughafen traf ich mich für eine Stunde in einem Café mit Kerstin, bevor ich befreit die Gangway hochsprintete.

Einige Wochen später, im Mai, fuhr ich zu einer Verabredung mit Kerstin an die Algarve, wo sie alljährlich in einem kleinen Küstenort, wenige Kilometer vor dem Südwestkap, ihre Ferien verbrachte.

In Lagos mietete ich mir ein Motorrad, passierte jedoch die Abfahrt zu Kerstins Urlaubsdomizil und brauste durch zum geliebten Cabo de São Vicente. Als ich voller Andacht vor der unendlichen Weite auf dem verwaisten Felsen stand, kam ein Gewittersturm auf, der mich fast die Klippen heruntergerissen hätte.

Am frühen Abend traf ich mich mit Kerstin und ihrem aktuellen Liebhaber, einem Serben in den Endzwanzigern, in einem Restaurant am Strand von Sagres. Darko, der eine äußerst unangenehm aggressive Aura ausdünstete, war ein Therapie-Patient meiner Ärztin und Therapeuten-Freundin. Wie ich schnell erkennen musste, hatte Kerstin ihm in dümmlich stolzer »Mein Freund ist ein bekannter Bankräuber«-Geschwätzigkeit mein »anderes Gesicht« offenbart. Ein Albtraum. Später am Abend, bevor wir in eine Diskothek bei Sagres gingen, wollte sie mir den Zeltbeutel geben, in dem sich mehrere zehntausend Mark aus der letzten Beute befanden. Doch ich bat sie, ihn noch eine Weile zu behalten, da ich ohnehin bei ihr in der Ferienwohnung übernachten wollte. Im Nachhinein betrachtet, hätte ich das besser nicht getan.

Kerstin, die in der Liebe immer ein bizarres Faible für seelenverkrüppelte, kleinkriminelle Junkies hatte, schien dem seelenverkrüppelten, kleinkriminellen serbischen Junkie (Vorstrafen wegen Körperverletzung) völlig verfallen. Darko war, wie gewöhnlich die Liebhaber Kerstins, auf mich eifersüchtig und verunsichert, da er mich nicht einzuschätzen wusste. Seine gereizte seelische Grundverfassung labilisierte im Verlauf des Abends immer mehr. Zusehends musste er sich in demonstrativer Breitbeinigkeit spreizen, wurden seine aggressiven verbalen Attacken ungeschminkter und reichten bis zu der mir bösartig ins Ohr gegrunzten Frage, was ich denn tun könne, wenn er mich erpressen würde.

»Dir ein Neun-Millimeter-Stahlmantelgeschoss durch den Schädel jagen«, hätte ich am liebsten gesagt. Aber ich war nicht Jacques Mesrine. Ich war auch nicht Robert De Niro in einem Martin-Scorsese-Film. Also lächelte ich mein spöttisches Unschuldslächeln und tat, als würde ich mich über seine Frage köstlich amüsieren: »Ich nehme dich mit zum Kap und warte auf eine günstige Böe.«

Darkos Gesicht verfinsterte sich noch mehr. Erwartungsgemäß hatte er keinen Sinn für Humor. Doch erreichte ich, dass er das Thema nicht mehr ansprach.

In der Disko ließ ich die beiden allein, froh, meinen gespielten Gleichmut abstreifen und mich und meine Wut auf der Tanzfläche austoben zu können.

Nachdem die Diskothek um vier Uhr schloss, fuhren wir zum Kap, wo Kerstin und Darko gemeinsam ein Kokshäufchen schnorchelten. Ich turnte währenddessen an den Steilfelsen entlang, um das sturmgepeitschte Kap herum, während sich ein weiter Sternenhimmel über dieses heilige Ende der Welt spannte. Ich fühlte mich befreit und glücklich, konnte mir jedoch nicht verkneifen, den Serben mit aufmunternden Rufen zu locken. Doch dem schien die ganze Situation nicht geheuer. Er verharrte in hasserfüllter Verkrampfung an Kerstins Seite, die besorgt gegen die Windböen anrief, ich solle zurückkommen.

Als mir Kerstin später eröffnete, dass Darko nicht wolle, dass ich in ihrem Feriendomizil übernachte, so leid es ihr tue, sagte ich ihr, sie könne mich am Arsch lecken, solle mir aber gefälligst vorher die Kohlen geben. Als hätte er nur darauf gewartet, sprang in diesem Moment Darko mit Wutgebrüll auf mich zu. Kerstin warf sich dazwischen und flehte mich an, schnell zu verschwinden, sie könne für nichts garantieren. Mit Müh und Not schaffte sie es, den Flüche und Verwünschungen ausstoßenden Psychopathen ins Auto zu bugsieren, und brauste mit ihm davon. Ich machte mich ohne das Geld auf den drei Kilometer langen Weg nach Sagres, wo ich mich aufs Motorrad schwang und in der beginnenden Morgendämmerung, in Meeressturmwind und Alkoholleichtigkeit, zurück nach Lagos flog.

Am nächsten Vormittag fuhr ich zu Kerstins Ferienwohnung, um das Geld abzuholen. Als einzige »Waffe« gegen die pathologische Killermaschine hatte ich mir die Taschen mit Sand gefüllt. Kerstin übergab mir vor der geschlossenen Gartentür den Zeltbeutel. Im Hintergrund stand der Psychopath, fletschte die Zähne und deutete mit dem Zeigefinger an, dass er mich gern einen Kopf kürzer machen würde.

Als ich den Geldsack in Empfang nahm, spürte ich sofort, dass er wesentlich leichter als vorher war. In der Pension in Lagos sah ich, dass das herzige Pärchen sämtliche Zwanziger- und Fünfziger-Scheine (insgesamt rund 4000 DM) herausgenommen und nur die großen Scheine (Hunderter, Zweihunderter, Fünfhunderter und Tausender) im Beutel belassen hatte. Kerstin gab mir das Geld nie zurück, und für die kommenden letzten Banküberfälle hatte ich natürlich meinen Geldverwalter verloren.

Der serbische Junkie wickelte sich übrigens eine Woche später um einen portugiesischen Brückenpfeiler und verschied, wie ich viele Wochen später von Freund Jonny erfahren sollte.

Keine falschen Schlüsse! Der Serbe hatte sich freundlicherweise eigenhändig um die Ecke gebracht. Nachdem ich von dem Tod ihres Liebsten hörte, nahm ich den Kontakt zu Kerstin wieder auf, und wir trafen uns erneut regelmäßig an der Algarve. 1994 besuchte sie mich für eine Woche in Lissabon. Weder sie noch ich erwähnten je das gestohlene Geld.

Als ich 2003, nach siebeneinhalb Jahren Gefängnis, wieder in Freiheit kam, versuchte ich an meine persönliche Habe zu gelangen, die ich zunächst bei Jonny auf dem Bauernhof untergebracht und irgendwann von dort zu Kerstin geschafft hatte – fatalerweise. Über meinen Anwalt ließ ich Kerstin ausfindig machen (ich hatte natürlich all die Gefängnisjahre nichts von ihr gehört, beim Aktenstudium in meiner Zelle hatte ich früh gesehen, dass sie über das erwartete Maß mit der Polizei zusammengearbeitet und mich denunziert hatte, soweit es sie selbst nicht in Schwierigkeiten bringen konnte). Als sie mir in ihrer neuen Wohnung gegenüberstand, erzählte sie, dass sie in ihrer alten Wohnung ein paar Junkies hatte hausen lassen. Bedauerlicherweise hätten sie alles verramscht oder zerstört – all meine Bilder, Briefe, Bücher, Schallplatten, Kindheitserinnerungen, Geschenke von Geliebten (Jessicas Kinderpuppe, Gedichte, Plastiken, Zeichnungen, meine Glasmurmelsammlung) waren auf immer verloren.

Ich sagte kein Wort dazu, sondern lächelte nur spöttisch und verabschiedete mich betont lässig, trat allerdings einen Schritt zurück, als sie mich zum Abschied in überschwänglicher Judasliebe in den Arm nehmen wollte.

Im September dieses Jahres feierte Zé Pedro ausschweifend Geburtstag. Er hatte dazu einen großen Reisebus und einen altehrwürdigen Club in Porto, einschließlich Bibliothek, Restaurant und Kellerdiskothek, gemietet. Am Vormittag brachen wir in Lissabon auf – vierzig portugiesische Rocker und Rockerinnen und ein *estrangeiro* (meine Wenigkeit). Ich saß abwechselnd mit Marco und Patricia im Bus, inmitten von Koks-Schneegestöber und Strömen von Alkohol. Alles schrie durcheinander, ein Teil machte Musik, und d'Artagnan und Dosty unterhielten uns als Reiseführer hinter dem Mikrofon mit Kostproben ihrer bösartig brillanten Rhetorik. In Porto stürzte sich die ganze Bande auf das üppige Buffet. Ich zog mich bald neugierig in das obere Stockwerk in die edle Bibliothek zurück. Kurz nachdem ich mich an ein kleines fein gearbeitetes Holztischchen gesetzt hatte, kam Zé Pedro und setzte sich zu mir. Wir sprachen wenig, genossen die Stille. Der Toningenieur von Xutos & Pontapés mimte den Klubkellner und brachte uns auf einem Silbertablett zwei Gläschen Portwein, garniert mit zwei Schneelinien. Ich nahm nur den Portwein, bevor wir in den riesigen Klubkeller hinabstiegen und uns in das Diskothekengewimmel stürzten.

Ein gutes Jahr später, im Frühjahr '94, sollten wir alle nochmals gemeinsam nach Porto fahren, um im Coliseu do Porto das Jubiläumskonzert von Xutos, zu ihrem fünfzehnjährigen Bestehen, zu sehen und im selben Klub die Nacht durchzufeiern.

Im August 1994 saß ich in einer warmen Lissabonner Sommernacht gemeinsam mit d'Artagnan und Marco an der Theke des »Nova«. Wir waren die Letzten, und Marco hatte die Bar bereits abgeschlossen.

»Ich fliege morgen nach Brasilien«, verkündigte ich ohne Übergang. Ich hatte die Entscheidung in dieser Nacht erst gefasst. »Ich brauche eine Veränderung.«

»Was soll das, Mann?«, rief Marco aus und sah mich bestürzt an, so wie er immer reagierte, wenn von mir etwas Unvorhergesehenes kam, während d'Artagnan nur in sich hineinlächelte.

»Mach das, es wird dir guttun«, sagte er und schob die nächste Runde Whisky über die Theke. Marco protestierte noch eine Weile, und ich versuchte ihn zu beruhigen: »Keine Angst, ich komm doch wieder.« Schließlich gab er auf, und wir feierten meinen Abschied.

Morgens um fünf Uhr warf ich ein paar Sachen in die Reisetasche, die sich nicht einmal halb füllte, und fuhr mit dem Taxi zum Flughafen. Mit einer halb vollen Flasche Whisky aus dem »Nova« in der Hand stand ich am Schalter. Einen freien Platz in der Touristenklasse könnte ich frühestens in drei Monaten bekommen, erklärte die junge Portugiesin mit einem bezaubernden Lächeln. Also buchte ich notgedrungen einen Flug erster Klasse und saß zwei Stunden später in einer Boeing der TAP auf dem Weg nach Recife.

Als ich sieben Stunden später in Recife, der Hauptstadt des Bundesstaates Pernambuco im Nordosten Brasiliens, eintraf, wurde ich am Flughafen schon von einem gänzlich betrunkenen Beamten der Polícia Federal erwartet. Ich sah ihn aus der Schlange zur Passabfertigung, mit meinem DIN-A4-vergrößerten Passbild neben dem Einreiseschalter stehend, früher als er mich. Als ich an die Kontrolle kam, wies er die Zollbeamtin an, mein automatisch für drei Monate ausgestelltes Visum auf einen Monat zu reduzieren. Dann bat er mich zur Gepäckkontrolle. Da er nichts Anstößiges bei mir finden konnte, hieß er mich mit verschlagenem Gesichtsausdruck und schwerer Zunge im Namen der Bundesrepublik Brasilien willkommen, ohne auf meine Frage einzugehen, warum mein dreimonatiges Visum auf einen Monat zusammengestaucht worden war. Ich ging direkt ins Flughafenbüro der Bundespolizei und verlangte eine Klärung des Sachverhalts. Die freundlichen Beamten waren offensichtlich nicht informiert und rieten mir, das Visum vor Ablauffrist in einem anderen Bundesstaat zu verlängern – was ich in Maceió, der Hauptstadt von Alagoas, und in Salvador da Bahia auch tat, bevor ich nach Argentinien fuhr und bei der Wiedereinreise nach Brasilien das übliche Dreimonatsvisum erhielt.

Wie ich Jahre später aus den Akten erfahren sollte, war Interpol durch einen »Hinweis aus der Bevölkerung« im Juni 1994 auf mich aufmerksam geworden und hatte in Lissabon eine Sondereinheit gebildet, deren Beschattung ich mich unwissentlich immer wieder entzogen hatte. Anders als innerhalb Europas, wo ich das Ticket immer auf einen anderen Namen buchte, musste man bei Kontinentalflügen Ticket und Reisepass gemeinsam vorzeigen. Daher war Interpol darüber im Bilde, dass ich nach Brasilien fliegen würde, und hatte die dortigen Polizeistellen von meinem Eintreffen informiert, mit der Aufforderung, meinen Aufenthalt möglichst zu verkürzen und meinen Wiederankunftstermin in Europa sofort durchzugeben.

Nachdem ich über vier Monate lang durch dieses unermesslich weite, ebenso schöne wie geschundene Land getaumelt war, zumeist die viele tausend Kilometer lange brasilianische Küste entlang, war ich seelisch vollständig ausgebrannt. Ich hatte mich in eine tiefe Melancholie geritten. (Überlandbusfahrt, Ankunft, Strand, Mädchen, Tanz, Liebesnacht, Weiterfahrt. Ankunft, Strand, Mädchen, Tanz ... und so weiter und so fort.) Es war immer aufregend, unterwegs zu sein, aber man konnte nun einmal nicht immer nur lachen, tanzen und herumvögeln und sich dazu noch ständig mit allen möglichen bewusstseinsverändernden Substanzen vergiften. Ich machte also – wieder mal – einen radikalen Schnitt.

Nach all meinen Touren war ich immer wieder nach Salvador da Bahia zurückgekehrt, der afrobrasilianischen Perle Brasiliens. Nun mietete ich mir hier ein heruntergekommenes Penthouse in einem bürgerlichen Viertel der Oberstadt. Von meiner riesigen Dachterrasse hatte ich einen weiten Blick über die sonnenflirrenden Täler und Anhöhen der spätbarocken Tropenstadt. Hinweg über die 365 Kirchen, über das Altstadtviertel Pelourinho, bis hinüber zu den Favelas am inneren Ufer der Baia, der »Allerheiligenbucht«. Ich setzte den Alkohol und die Drogen ab, durchstreifte den Campus und die Museen der Stadt und suchte das Goethe-Institut auf mit seinen kühlen Arkadengängen und dem stillen tropischen Garten. Dort wurde ich regelmäßiger Gast, ging zu Konzerten, Theater-, Tanzveranstaltungen und Filmvorführungen, nahm an Lesungen und Diskussionen teil und versorgte mich aus der dortigen Bibliothek regelmäßig mit Büchern. Nach dem monatelangen Herumvagabundieren hatte ich geradezu einen Heißhunger auf geistige Nahrung.

Abends hielt ich mich oft am Stadtstrand von Salvador auf. Ich war Stammgast in einem Musikclub, der eine zum Atlantik hin offene Tanzterrasse im zweiten Stock hatte und von einem deutschen Scheckbetrüger betrieben wurde. Hierher kam ich nicht nur zum Tanzen, sondern übernahm manchmal auch selber die Diskothek. Der Club war hauptsächlich von jungen europäischen Touristen und brasilianischen Huren bevölkert. Den »Piranhas« machte ich von Anfang an klar, dass ich als Freier nicht in Betracht kam und mit ihrem Geschäft nichts zu tun haben wollte. Wir könnten jedoch zusammen tanzen, trinken und über alles reden, was das Leben so hergibt. Die Mädchen respektierten das uneingeschränkt. Ich war als Freund akzeptiert, dem man sich anvertraute, seine traurige Lebensgeschichte erzählte und der bei ihrem ständigen zickigen Gezänk als Schlichter gefragt war. Als besondere Ehre empfand ich es, dass mich manche Mädchen in ihre ärmlichen Elternhäuser in Salvadors Elendsvierteln einluden und mir ihre Großfamilien vorstellten, die dort auf engstem Raum menschenunwürdig zusammenlebten. Entgegen der weitverbreiteten Ansicht, dass die »lebensfrohen Brasilianerinnen« sich gerne prostituierten, verabscheuten die meisten ihre Arbeit. Das Elend, in das sie hineingeboren worden waren, gab ihnen selten eine andere Chance.

Einmal tauchte im Club ein teutonischer Frauenhändler auf, ein schwabbeliger Fettsack aus Frankfurt. Er setzte sich an die Theke und umwarb mit freizügig spendierten Drinks und Versprechungen (»Morgen gehen wir erst einmal in eine teure Modeboutique«) die Mädchen und lud sie ein, nach Deutschland zu kommen, um in »erstklassigen Clubs« als »hochbezahlte Tänzerinnen« zu arbeiten.

Ich besprach mit den Mädchen, die natürlich Bescheid wussten, dass Maria, eine wunderschöne *mulata*, und die süße minderjährige Lena sich um den Kerl kümmern sollten. Mithilfe von Gerhard, dem deutschen Besitzer, war der Widerling schnell abgefüllt, und Maria und Lena nahmen ihn in sein Hotel mit, wo sie ihn bis auf seine verfettete Hülle ausnahmen. Als er erwartungsgemäß am nächsten Abend in offensichtlich neuen Bermudashorts im Club erschien, herumwetterte und Drohungen ausstieß, wies ich ihn nur freundlich darauf hin, dass er gestern ein minderjähriges Mädchen mit aufs Hotelzimmer genommen hatte. »Wenn wir das der brasilianischen Sittenpolizei stecken und darauf hinweisen, dass du sie auch noch mit falschen Versprechungen nach Deutschland locken wolltest, dann wirst du nie mehr schmerzfrei die Toilette aufsuchen.« Während sich das Entsetzen in der Schweinsvisage ausbreitete, packte ihn Gerhard kurzerhand am Kragen und warf ihn die Treppe hinunter.

Einige der Mädchen fragten mich, ob ich sie nicht in Deutsch unterrichten könne. Sie waren es leid, die überwiegend deutschen Sextouristen mit dem immer gleichen »Ficki, ficki«-Gestammel ansprechen zu müssen. Daher saß ich bald mit einer sich beständig vergrößernden Runde von jungen brasilianischen Huren jeden Abend am Praia do Porto da Barra, dem Stadtstrand von Salvador, und brachte den Mädchen vor allem die Floskeln und verbalen Versatzstücke bei, mit denen sie einem potenziellen Freier das Geld leichter aus dem Kreuz leiern konnten. Sie wollten mir den Unterricht unbedingt bezahlen. Sie waren wohl der Ansicht, dass etwas, das nichts kostet, auch nichts wert sein konnte. Wir kamen überein, dass ich meine Drinks in Gerhards Club ab sofort gratis bekam, für die Rechnung würden sie aufkommen.

War Lissabon für mich meine große Lebensliebe geworden, so wurde Salvador da Bahia daneben zu meiner Lieblingsgeliebten. Salvador, die erste Hauptstadt und Wiege des kolonialen Brasilien, gebaut auf aufsteigenden, vielfach umkämpften Felsen, von denen es erhobenen Hauptes über den Atlantik blickt. Hier lebte die Geschichte in den Gesichtern der Menschen, Gassen und Gebäuden, in den Trachten, Farben und Formen, in den Gerüchen und Festen, sie lebte im gemächlichen, menschenfreundlichen Lebensrhythmus ebenso wie in der geheimnisvollen Verbindung von grell ekstatischem Katholizismus und rauschhaften afrikanischen Religionsriten.

Und die afrobrasilianische Musik! In Salvador bestimmten die Trommeln den Rhythmus, in dem ich mich durch die Tage und Nächte bewegte. Trommeln bestimmten meinen Herzschlag und Atem – auf dem Pelourinho, mit seinem lang gezogenen abschüssigen zentralen Platz, auf dem einst die Sklaven öffentlich ausgepeitscht wurden, an den Stränden, in den Autobussen, in den Stadien und Tavernen.

An den Wochenenden, wenn in den offiziellen Bars und Tanzhöfen, in denen Musikgruppen aller möglichen Stilrichtungen spielten, die Trommeln verstummten, zog es mich nicht mit den Abendbekanntschaften in die Diskotheken, sondern an einen ganz anderen Ort. Ich verließ allein die erleuchtete Innenstadt und trat ein in die düsteren Schatten ärmlicher Gassen, in deren Hauseingängen Liebespärchen wisperten und Gruppen junger Schwarzer rauchten und schwatzten, Schemen, die mir etwas zuzischelten oder auflachten, überrascht, einen einsamen blonden Gringo in diesen düsteren Winkeln anzutreffen.

Ich strebte einem geheimnisvollen düsteren Hügelviertel zu, auf dessen Scheitel ein mächtiges zerfallenes Fort stand. Es schwebte hoch über der Bucht von Salvador, mit Blick zur Insel Itaparica, über Salvadors Strände und den unermesslichen, in der samtigen Sternennacht silbrig glimmenden Atlantik. In dem großen Innenhof des Forts, in dem vereinzelte Feuer flackerten, schlugen Dutzende Schwarze ihre Trommeln, während die afrobrasilianische Menge tanzte, schweißnasse, fast nackte Körper in vollkommener Ekstase dem hypnotisierenden Rhythmus hingegeben. Auch ich tanzte hier manche Tropennacht, barfuß, nur mit einer Jeans bekleidet, bis zur völligen Erschöpfung.

Doch dies war eine andere Erschöpfung als die, die ich auf meinen Endlostouren mit dem Überlandbus erlebt hatte. Hier in Salvador spürte ich, wie sich meine Speicher wieder füllten. Ich lebte geradezu asketisch, denn ich hatte mir ernsthaft vorgenommen, nicht mehr jedem süßen Hintern hinterherzurennen. In dem Maße, wie ich in Sachen Sex, Alkohol und Drogen Zurückhaltung übte, war ich auch wieder empfänglicher für die Liebe.

Ich traf Sylvana, eine junge Fotografin, nicht in einer Bar oder auf einer spektakulären Tanzveranstaltung, sondern zufällig auf der Treppe unseres Hauses, wo sie sich die Wohnung unter mir mit einer Freundin teilte. Sylvana war eine klassische Schönheit, eine von hüftlangen schwarzen Korkenzieherlocken umflossene, gazellenschlanke *mulata* mit dunkel funkelnden Tigeraugen.

Wir verbrachten eine glückliche Zeit in Salvador. Zwischendurch zog es mich immer wieder für kurze Zeit auf die Straße – ins Landesinnere, zu den alten kolonialen Goldgräberstädten nach Minas Gerais, in den Dschungel zu den Wasserfalllandschaften von Foz do Iguaçu im Dreiländereck von Brasilien, Argentinien und Paraguay oder nach Süden, um dort die ersten beiden Rolling-Stones-Konzerte in Rio de Janeiro zu sehen.

Ende März 1995 winkte mir Sylvana an Salvadors Omnibus-Bahnhof hinterher. Ich saß im Bus nach Recife, wo ich meinen mehrmals verschobenen Rückflug nach Lissabon nehmen musste. Mit Sylvana hatte ich vereinbart, dass ich schon bald zu ihr zurückkehren würde.

Nach wie vor hatte ich keine vernünftige Erklärung dafür, warum man mich bei der Einreise herausgepickt hatte. Am ehesten noch war ich geneigt, an eine Verwechslung zu glauben. Aber für die Rückreise hatte ich Vorkehrungen getroffen. Ich hatte meine sonnenblonden Locken unter einem Piratentuch gebändigt, meine strahlend blauen Augen mit einer Sonnenbrille verdeckt und die durch meine indianischen Wangenknochen geprägte Physiognomie durch Wattebäuschchen zu gemütlichen Hamsterbacken aufgebläht. Mein Teint war nach sieben Monaten im durchsonnten Papageienland ohnehin brasilianerbraun.

Vor meinem Flughafen-Transferbus stand derselbe Beamte wie bei meiner Einreise am hinteren Buseingang und musterte suchend die Einsteigenden. Ich stieg unentdeckt in den vorderen Eingang und erreichte unerkannt Lissabon.

Es war an einem Mittwochabend in der »Nova«-Bar, einige Tage nach meiner Rückkehr. Tief in mir vibrierte immer noch die flirrende tropische Leichtigkeit und unermessliche

Weite Brasiliens – und Sylvana, meine milchschokoladensüße Versuchung, zu der ich schon bald zurückkehren wollte. Ich stand in dem kleinen Seitenraum neben der Kasse, das Blut zusätzlich erhitzt durch den Gin, und flachste mit Marco, während er die Drinks abholte, um sie an den Tischen zu verteilen. Gleichzeitig schäkerte ich mit Mercedes, einer Brasileira aus São Paulo, die an der Kasse arbeitete. Hinter mir hielt sich ein völlig betrunkener Schwarzer aus Angola mühsam aufrecht, den Mercedes kurz zuvor bei seinem Versuch, ihr in den goldenen Ausschnitt zu sabbern, von sich gestoßen hatte. Er hatte mitbekommen, dass ich aus Deutschland kam. Nun stand er wild rudernd in der Mitte des Raumes und tobte auf Portugiesisch gegen alle Deutschen, und mich im Besonderen, die alle blutrünstige Nazis und Rassisten seien, denen es Vergnügen bereite, Afrikaner abzufackeln und die Welt mit ihrem geraubten Geld zu korrumpieren. Es war die Zeit, als in den Asylantenheimen in Deutschland tatsächlich ausländische Menschen verbrannten, während das gaffende Volk applaudierte. Ich hatte mich immer um ein differenziertes Verständnis deutscher Befindlichkeiten und Auswüchse bemüht, doch hatte ich längst aufgehört, mich gegen dumpfe Ressentiments zu wehren, es sei denn durch Ironie. Ich sagte daher gar nichts, sondern versuchte den Betrunkenen zu ignorieren.

Plötzlich hörte ich eine zornige Mädchenstimme, die dem Angolaner Einhalt gebot und ihn verstummen ließ. Ich drehte mich herum und sah ein zierliches, märchenhaftes Geschöpf, das vor dem hochgewachsenen Mann stand, der es um fast zwei Köpfe überragte. Sie wies ihn mit zornblitzenden Augen zurecht, dass er der Rassist sei, der Vorurteile gegen ein ganzes Volk äußere, dessen einzelne Individuen er gar nicht kenne. Der schwankende Schwarze, dem ein unkontrollierter Rülpser aus dem halb offenen Mund gequollen war, starrte stumm, mit bierunterlaufenen Glupschaugen, auf die Prinzessin herab, wie ein hypnotisiertes Warzenschwein auf einen bunten Schmetterling. Der bunte Schmetterling sagte zum Abschluss: »So, und jetzt halt deinen Mund!«, und ging zurück zu ihrem Tisch, wo ich sie die ganze Zeit nicht bemerkt hatte. In dem Moment, als ich sie angeschaut hatte, schien ein gleißender Sonnenstrahl durch mich hindurchzufahren.

»Sie hat dich verteidigt«, stieß mich Mercedes neckend an. »Cheyenne«, murmelte ich nur, während ich sie immer noch mit großen Augen anschaute. Sie saß an der Wand an einem der kleinen Tische, ihr gegenüber eine Freundin, der dritte, mittlere Schemel war unbesetzt.

Ich sah jetzt, immer noch wie in Trance, wie der Schwarze auf den leeren Schemel zuschwankte, sprang wie eine Katze vor in den Raum, schlängelte mich an dem Afrikaner vorbei und ließ mich genau in dem Moment auf den Schemel fallen, in dem er sich hinabbeugte, um sich daraufzusetzen.

Cheyenne lächelte mich überrascht und amüsiert an.

Weiße Spitzenbluse, schwarz-golden gestreifte Jeans, schwarze, halbhohe Wildlederpumps. Ihr langes, schwarzbraunes Seidenhaar war in der Mitte gescheitelt und an beiden Seiten zu langen Pferdeschwänzen gebunden, die warm auf ihren kleinen Brüsten schwammen.

Die großen braunen Augen, die mich belustigt betrachteten, schimmerten wie junge Kastanien im Morgenlicht. Voller, leicht aufgeworfener Kussmund. Ihr sanftes Engelsgesicht, das sie jetzt wie ein vertrauensvoll abschätzendes Vögelchen zur Seite neigte, hatte einen elfenbeinernen Teint, mit einem leichten Bronzeschimmer darüber.

Sie war von zierlicher Statur und doch von weicher, runder Weiblichkeit. Alles an ihr schien leicht und schwebend, wie flimmernder Sternenstaub.

»Cheyenne« hieß eigentlich Isabel. Erhitzt, vom inneren Aufruhr getrieben, stürzte ich mich kopfüber in ein Gespräch mit ihr. Isabel war eine zweiundzwanzigjährige Lisboeta, lebte bei ihren großbürgerlichen Eltern im Stadtteil Benfica und studierte in der weißen Stadt Psychologie. Wir sprachen über Portugal und Brasilien, wo in Rio de Janeiro seit drei Generationen ein Teil ihrer Familie mütterlicherseits lebte. Ich wollte gerade richtig eintauchen und meine Idee von Brasilien in allen sinnlichen Farben vor uns ausbreiten, als mich schon nach zweieinhalb Sätzen ein einschneidendes »Não« aus diesem kirschrotsüßen Mund ansprang. Es begann ein lustvoller Schlagabtausch, geführt voll gegenseitiger Achtung, lächelnder Zuneigung und Esprit, doch in der Sache verstockt und kompromisslos, wobei wir beide, offensichtlich mit der gleichen Streitlust ausgestattet, immer die entgegengesetzte Position des anderen einzunehmen schienen.

Nach einer Stunde brach Cheyenne unvermittelt ab. Sie entschuldigte sich zunächst bei ihrer Freundin, die unser Gespräch amüsiert verfolgt hatte, und darauf bei mir, dass sie nicht allein unterwegs sei. Ich lächelte die Prinzessin an und fragte sie nach ihrer Telefonnummer. Sie antwortete, sie sei am Wochenende eigentlich immer hier im »Nova«, küsste mich auf die Wangen und war im nächsten Moment mit ihrer Freundin um die Ecke verschwunden.

Marco, der mir auf seinen Servierwegen immer wieder aufmunternde Grimassen geschnitten hatte, kam zu mir und haute mir lachend auf die Schulter.

»Wach auf, Loverboy! Sie ist weg.«

»Hast du das gesehen?« Ich schaute Marco verträumt an.

»Ja«, lachte er, »war nicht zu übersehen.«

»Was ist das?«

»Die süßeste Frau in der Stadt«, lachte mich Marco an.

»Sie ist ein Traum! Woher kommt sie auf einmal?«

»Sie ist plötzlich aufgetaucht, als du in Brasilien warst. Sie ist mit dem schwarzen amerikanischen Basketballspieler von Benfica zusammen.«

»Was, sie hat einen Freund?« Ich schaute ihn bestürzt an. Ich beruhigte mich wieder. »Natürlich hat sie einen Freund. So ein Engel tanzt doch nicht allein durchs Leben.« Ich schwieg einen Moment. »Ist mir aber egal! Ist mir völlig egal!« Marco lachte. »Na, und was ist mit Sylvana und Brasilien?« – »Sylvana und Brasilien«, wiederholte ich, so als müsste ich mich aus Traumtiefen zurück an die Oberfläche der Wirklichkeit kämpfen. Wirklichkeit? Cheyenne war Wirklichkeit, die allumfassende Wirklichkeit. Mit Bestürzung und Verwunderung stellte ich fest, mit welcher Leichtigkeit und Endgültigkeit sie Sylvana aus meinem Kopf und Herzen gefegt hatte. Ich hatte in Brasilien mit Sylvana eine Frau getroffen, die wie für mich geschaffen schien. Sie hatte nicht nur die Mulattaschönheit und sensible Sinnlichkeit der Baianas, sie war auch eine weltoffene, poetische Frau, die als Fotografin einen klaren, eigenen Weg verfolgte. Ich wusste, ich würde ihr am nächsten Morgen einen Abschiedsbrief schreiben. Sylvana war eine wundervolle Frau, aber Isabel war ein Traum. »Cheyenne« war ein Traum. Sie war der Heilige Gral, nach dem ich so viele Jahre gesucht hatte und den zu finden ich schon lange nicht mehr geglaubt hatte.

Nach unserem ersten Treffen fieberte ich dem nächsten Wochenende entgegen, um sie wiederzusehen. Aber Cheyenne erschien nicht.

Am darauffolgenden Dienstag fanden im Chiado-Viertel, im Teatro São Luis, die alljährlichen Verleihungen des »Premio Blitz« statt (die portugiesischen Musikgrammys), für die ich von Zé Pedro Freikarten bekommen hatte.

Ich streifte rastlos durch die Hallen und Gänge, in der Hoffnung, irgendwo Cheyenne zu entdecken, doch ich konnte sie nirgends ausmachen. Ich endete, wo alle Melancholiker enden, an der Bar. In der Mitte des Foyers gab Zé Pedro, die Leitfigur des portugiesischen Rock, ein Fernsehinterview, wie immer in alten Jeans und dunkelblau kariertem Holzfällerhemd. Er lächelte sein jungenhaftes Reptilienlächeln. Ich sprach mit Patricia, meiner liebsten portugiesischen Freundin. Xana, die bekannte portugiesische Rocksängerin und Lebensgefährtin von Zé Pedro, rauschte heran, in der Linken das obligatorische Whiskyglas. »Dostojewski« Alex, Xanas Bassist bei Rádio Macau, noch etwas fülliger geworden, gab mir einen freundschaftlichen Knuff. Jorge Palma (»Alcohol can't thrill me at all«) und Paulo Gonzo (»Ich bin übrigens Paulo Gonzo«), beides ebenfalls Grammy-Kandidaten, kamen mit meiner spanisch-schwedischen Freundin Coca, die schon schwer Schlagseite hatte, hinzu. Tereza, die schöne, mystische Sängerin von Madredeus, glitt in einem schlichten dunkelblauen Abendkleid, das lange schwarze Haar in sanftem Fluss den Rücken hinunterfallend, durch das Foyer.

Überall sah ich bekannte Gesichter, nirgends aber meine lusitanische Prinzessin. Als der Pausengong ertönte und ich schon enttäuscht zurück in den Saal gehen wollte, sah ich sie plötzlich mit zwei Burschen an der Bar stehen, in einem schwarzen Minikleid, die Haare zu den beiden indianischen Pferdeschwänzen gebunden und in dunklem Orchideenduft. Wieder schmeckte das Leben nach sonnenüberfluteten, süßen Trauben. Wir unterhielten uns über die Veranstaltung, stritten lebhaft über die Prämierungsentscheidungen, und als der Gong erneut ertönte, fragte sie mich, ob ich später im »Nova« wäre, sie würde vielleicht kommen. Natürlich würde ich da sein!

Auch sonst wurde es ein wunderbarer Abend, denn Zé Pedro und seine »Xutos« gewannen den Preis für ihr Lebenswerk (recht ungewöhnlich für achtunddreißigjährige Burschen in der Blüte ihres Schaffens) und gaben daraufhin noch ein kleines Unplugged-Konzert.

Cheyenne kam später *nicht* ins »Nova«. Sie war auf Drängen ihres trostbedürftigen schwulen Freundes Nuno, einem göttlichen Sänger mit dem Seelenleben eines überzüchteten Perlhuhns, der nominiert, aber nicht prämiert worden war, zur After-Show-Party ins »Gartejo« gegangen, eine große Diskothek direkt unter den mächtigen Brückenausläufern im Stadtteil Alcântara. Nach Barschluss wollten Marco, d'Artagnan und ich ebenfalls auf die Party fahren.

Doch als wir im »Gartejo« eintrafen, war Cheyenne schon gegangen. In der Tanzhalle kämpften wir uns durch das Auge des Neonsturms, umgeben von unsäglichem Technolärm und fiebrig zuckenden Marionetten. Anisette, eine junge frankokanadische Bildhauerin mit Jean-Seberg-Haarschnitt, flatterte stöckelnd, in einem offenen Seidenkimono, unter dem ein Hauch von schwarzer Spitze duftete, um mich herum. Sie bestürmte mich nach einer mysteriösen Frau, von der man sagte, sie wäre für das verblödete Heiligenlächeln verantwortlich, mit dem ich seit einiger Zeit durch die Nächte schweben würde, anstatt, wie früher, blinden Herzens der vermeintlichen Poesie einer jeden schönen Frau hinterherzujagen. Ich sprach kurz mit Zé Pedro und stieß auf Manuel, einen jungen koksäugigen

Bonvivant und verwöhnten Sohn eines südamerikanischen Botschafters, trunken umschlungen von seiner dänischen Geliebten Birthe, die auch schon Marco und d'Artagnan beglückt hatte. D'Artagnan, Marco und ich vollführten auf der Tanzfläche, zu unseligen Raverhythmen, unsere James-Brown- und Temptations-Persiflagen, der Alkohol floss in ungehemmten Strömen, und der Gedanke an Cheyenne durchstrahlte meine Seele.

Nach einer Weile hatte ich das Gefühl, in diesem Fließbandlärm zu ersticken, und drängte die Freunde, zu verschwinden und ans Meer zu fahren. Marco, der erst in ein paar Wochen in seine große portugiesisch-chinesische Liebe stürzen sollte, verzichtete meinetwegen auf eine der ihn umschwärmenden Senhoritas. Er brachte auch d'Artagnan dazu, seine Hand wieder aus der Strumpfhose einer heißblütigen australischen Studentin zu ziehen, die auf ihrer einjährigen Weltreise in Lissabon hängengeblieben war und im Moment schwarze Fado-Tücher für Touristen häkelte, während sie der englischsprachigen Kolonie in Portugal über eine Telefonsexhotline temporäre Seligkeit versprach.

Wir überredeten Manuel, unser verwöhntes Botschaftersöhnchen, und brausten Minuten später in seinem Siebziger-Jahre-Alfa-Romeo-Cabriolet die Tejo-Uferstraße entlang Richtung Estoril. Das atlantische Morgenlicht strahlte bereits über der weißen Stadt und tauchte die pastellenen Häuserfassaden in seine gold-blau-rote Helligkeit. Nach wenigen Minuten hing uns aufgeregt jaulend ein Polizeiwagen im Nacken. Manuel drückte erbost das Gaspedal durch, und wir flogen weiter durch die durchsonnte morgendliche Leichtigkeit, die sich dem Atlantik immer weiter öffnende Tejo-Mündung entlang, den tanzenden Wind im

Haar und das Heulen der Polizeisirene im Rücken. Manuelito hämmerte fluchend auf das Lenkrad ein, wilde Verwünschungen gegen alles ausstoßend, was einen freien Geist aufzuhalten versuchte, zusätzlich aufgepeitscht von Birthe, die sich mit einer Hand in seine Schulter gekrallt hatte, mit der anderen hysterisch auf das Armaturenbrett eindrosch und dazu unsere Verfolger schreiend mit allen möglichen dänischen Schimpfwörtern bewarf, die allerdings zuallererst uns drei auf der Rückbank trafen. Mir wurde immer leichter. Der Kitzel der Geschwindigkeit, der peitschende Rhythmus von Guns 'n' Roses (»Nightrain«), die erwachten Jagdinstinkte und der weit und hell in mir aufbrechende atlantische Frühlingsmorgen brannten wie ein weiß gleißendes Licht in der Tiefe meiner Bauchgrube. Neben mir kauerte d'Artagnan diabolisch lächelnd in seiner Ecke, während mir Marco zu meiner Rechten nervös ins Ohr schrie: »Jetzt glaubt er auch noch, er ist James fuckin' Brown!«

Im Stadtteil Belém stoppten sie uns am Centro Cultural mit fünf Polizeiwagen. Manuel konnte gerade noch ausstoßen: »Ich werde diesen Schwanzlutschern ...«, als ich ihm von hinten mit beiden Händen den Mund zuhielt und Birthe zurief, endlich die Klappe zu halten. Als die näher kommenden Polizisten das Diplomatenkennzeichen des Wagens sahen, senkten sie die Waffen.

»Fahren Sie ein wenig ruhiger, es ist solch ein wunderschöner Morgen«, salutierte der Polizeioffizier und bemühte sich um ein Lächeln, während mir Manuel in die Hand zu beißen versuchte.

»Não problema, oficial«, entgegnete d'Artagnan, ebenfalls mit einem freundlichen Lächeln, und begann, zu unserer Überraschung, mit dem Beamten, den er aus dem

Nachtleben kannte, noch ein wenig über das kommende Spiel von Benfica zu plaudern.

In Estoril saßen wir in einem Strandcafé, unter einer flammenden Honigsonne, vor einem sich friedlich wiegenden, den Himmel silberblau spiegelnden Meer, alle ausgestattet mit Sonnenbrillen und aufs Äußerste überreizten Nerven, zusammen mit einigen jungen Touristinnen und einer Gruppe von Bekannten, die die Party schon früher verlassen hatten. D'Artagnan stürzte sich in eine übersexualisierte, zu laut und schnell plappernde Engländerin, Marco ließ sich von einem resoluten schwedischen Sonnenschein betören. Beide Freunde blieben in Estoril. Ich fuhr mit Aldino, einem jungen schwulen Fotografen, der hauptberuflich von Papas Scheckbuch lebte, und seiner verrückten kleinen Schauspielerfreundin, die ich nicht kannte, zurück nach Lissabon.

Am Freitag nach der »Blitz«-Show sah ich Cheyenne wieder. Sie saß zu später Stunde mit ihrer Freundin Rosário im offenen Wintergarten im »Nova«. Wieder hob ein heller Windstoß mein Herz hoch. In ihrem weinroten Spitzenbüstenhalter unter einem dunkelroten transparenten Tülloberteil, im knöchellangen, blutroten Seidenrock leuchtete sie wie eine dunkle rote Sonne in den nächtlichen Schatten des Wintergartens.

Das lange dunkle Haar war zu den beiden indianischen Pferdeschwänzen gescheitelt, die ihr bis auf die Hände fielen, die versunken Ornamente auf eine Papierserviette malten.

Als ich den Wintergarten betrat, schaute sie auf. Dunkelgoldene Lichter in großen Kastanienaugen lachten mir entgegen. Nach einem lustvoll erhitzten Streitgespräch gingen wir zum Tanzen ins »Três Pastorinhos«, die kleine feine Lissabonner Diskothek, wo sie mir ihre Telefonnummer auf ein altes kartonenes Zugbillett malte. Am folgenden Montag rief ich sie an. Wir verabredeten uns an einem Nachmittag im »Brasileira«, dem historischen Literatencafé im Chiado-Viertel. Cheyenne hatte sich über den Tisch gebeugt und ihr Vogelköpfchen auf den ausgestreckten Arm gelegt und zwitscherte wie eine junge Nachtigall. Sie erzählte von ihrem Studium und ihrer Arbeit als Kinderpsychologin, und ich sprach über meine Erfahrungen in der Heimerziehung. Wir schauten uns an und lächelten, weil wir spürten, dass jeder dem anderen aus dem Herzen sprach.

Wir machten einen Abstecher in den Mercado de Ribeira, die große Markthalle am Cais do Sodré, wo eine kleine alternative Buchmesse eröffnet wurde, liefen über die Straße hinüber zur Uferpromenade und setzten uns auf die niedrige Kaimauer, im Rücken die Terrasse des kleinen Fährhafen-Cafés. Das gleißend vom Atlantik zurückgeworfene Frühlingslicht hing leuchtend in den aufsteigenden Häuserfassaden der Stadt und flackerte über den Fluss zu unseren Füßen. Zwei alte rote Doppeldecker stürzten plötzlich aus der Sonne und tanzten schlafwandlerisch über den Himmel, während Cheyenne verwundert *»simultaneo dois Barões vermelhos«* (gleich *zwei* Rote Barone) ausrief. Pärchen schmusten ineinander verschlungen auf dem grünen Parkstreifen hinter uns oder turtelten, die Köpfe sanft aneinandergelegt, auf der Terrasse des kleinen Cafés. Cheyenne und ich ließen die Beine die Kaimauer hinunterbaumeln, und ich sah, wie sich die Sonne in Cheyennes Kastanienaugen spiegelte. Die Worte sprudelten aus ihr heraus, und ihre zierlichen Hände zeichneten flüchtige Figuren in den salzigen Wind über dem Tejo, der sich schon hier mit den Wassern des Atlantiks mischte und mit den Gezeiten hob und senkte. Die goldenen Falter strömten wieder aus ihrem Kirschmund und flatterten leicht über den Tejo, hinüber nach Almada, wo die Kräne der Lisnave-Werft wie schwarze, knochige Totenfinger in das ewige Blau ragten. Auf der fuchsroten Tejo-Brücke, die vor dem Hintergrund des schimmernden Atlantiks schwerelos zwischen dem Silberblau des Flusses und der goldblauen Helligkeit des Himmelsbogens hing, blitzten silbern die Autoschlangen.

Vor uns tanzten die Schmetterlingsflügel der weißen Segelschiffchen zwischen dunklen Containerschiffen umher, die lautlos den Tejo entlangglitten. Lou Reeds »It's Such a Perfect Day« summte heiter hinter meiner frühlingswarmen Stirn, während ich mit Cheyenne den Fall einer komplizierten Neurose eines ihrer Schützlinge diskutierte.

Als sich der Tag in die Abenddämmerung neigte, brachte ich Cheyenne, die ein Abendessen mit Freunden in Benfica hatte, zur Metrostation am Restauradores-Platz und sprang in die Kabelbahn hoch zum Bairro Alto, still und mit dem weißen scheuen Vogel des Glücks auf meiner Schulter.

Cheyenne musste sich auf ihre Abschlussprüfungen vorbereiten und hatte wenig Zeit. Wir telefonierten jeden Tag miteinander und wurden uns immer vertrauter. Wir gingen zusammen ins Kino und zogen samstags durch die überfüllten Gassen und Bars der Lissabonner Nacht.

Ich schob meine geplante Arbeitsreise nach Deutschland immer weiter hinaus. Am 1. Mai traf ich mich mit Cheyenne am frühen Nachmittag im Gulbenkian-Park. Wir setzten uns auf einer sanft geschwungenen Wiese, die zu den Ufern eines kleinen, von verschiedensten Wasservögeln bevölkerten Sees abfiel, neben einer überhängenden Trauerweide auf einen schwarzen, runden Felsbrocken. Cheyenne lachte und zwitscherte, und die Lichter in ihren Kastanienaugen leuchteten wieder auf.

Wir redeten und stritten liebevoll und vertrugen uns wieder und beharrten doch störrisch auf unseren Standpunkten und zeichneten einander Gestalten, Bilder und Geschichten in die blaugoldene Frühlingsluft, die uns beiden fremd und neu und geheimnisvoll waren. Als die sanfte Brise vom Meer eine widerspenstige Strähne über ihr Gesicht blies, strich ich sie ihr scheu aus dem sonnenwarmen Antlitz.

Dieser blütenleichte blaugoldene 1. Mai flog warm und weich über uns hinweg wie ein sonnendurchstrahlter weißer Kranich, und wir verweilten unter seinem Gefieder, bis die Schatten immer länger wurden und uns der Parkwächter aufweckte und aus dem Paradies vertrieb, da er den Garten für die Nacht schließen musste.

Ich musste endlich nach Deutschland, sonst würde ich in ernsthafte Schwierigkeiten kommen. Am Abend vor meiner Abfahrt verabschiedete ich mich von Cheyenne in einem kleinen Café in Benfica und versprach, sie täglich anzurufen und regelmäßig zu schreiben. Am nächsten Morgen saß ich im Bus nach Köln, mit dem beruhigenden Gefühl, mit Cheyenne eine Gemeinsamkeit geschaffen zu haben, die auch eine mehrwöchige Abwesenheit überdauern würde.

12 Köln, Juli 1995

Wie schon in Portugal den Tag der Abreise, so zögerte ich jetzt in Köln den Tag des Überfalls immer wieder hinaus. Ich war zwischen zwei widerstreitenden Stimmen gefangen. Der einen, empört warnenden Stimme »Du hast mit Cheyenne deinen Heiligen Gral gefunden, wie kannst du noch einen Überfall und damit ein unwiederbringliches Ende dieses Traums riskieren?!« stand die andere, störrisch stolze »Du musst dich Cheyenne so vollständig hingeben, wie du dir selbst treu zu bleiben hast« gegenüber. »Du wirst dieses Jahr mit den Überfällen aufhören, aber den Zeitpunkt lässt du dir nicht von außen diktieren.«

Ich versuchte diesem Konflikt zu entfliehen, indem ich mich, in verklärtem Omnipotenzgefühl, damit zu besänftigen suchte, die Götter seien mit mir und ich ohnehin unantastbar. Zumal ich die letzten Überfälle zwar als aufregende und vorab von Lampenfieber geschüttelte, aber mittlerweile doch eher routinierte Theaterauftritte erlebt hatte, die ich absolvierte wie der Normalbürger einen Brötcheneinkauf. Zu entkommen versuchte ich der zweifelnden Unruhe in mir durch die Flucht in vielerlei angenehme Zerstreuungen.

Aber die Unruhe und Unentschlossenheit blieben. Ich telefonierte täglich mindestens eine Stunde mit Cheyenne in Lissabon – und musste mittlerweile auch deshalb eine Bank überfallen, um die immense Telefonrechnung bezahlen zu können. Ich schrieb der Prinzessin zudem jeden Tag, und sie, die nach eigener Einschätzung ein Briefmuffel war, schickte mir auch einen Brief, den sie an einem sonnigen Juninachmittag im Gulbenkian-Park geschrieben hatte. Sie hatte ein aktuelles Foto beigelegt, das sie am Abend des Uni-Abschlussballs, eine Woche zuvor, im Casino Estoril im schwarzen Abendkleid zeigte – mit offenem Haar, das Gesicht kleopatrastolz und hochmütig gereckt, voller Selbstbewusstsein und gleichzeitig voller Selbstironie.

Am 14. Juni starb Rory Gallagher infolge langjährigen Alkoholgenusses. Ich veranstaltete zu Ehren seiner Himmelfahrt eine dreitägige Tanzthekensauftour.

Zwischenzeitlich fuhr ich an einem verregneten Sonntag, anlässlich einer Familienfeier, zu meinen Eltern in die Lüneburger Heide. Im ehemaligen Jugoslawien, durch das ich einst als Teenager getrampt war, tobte seit Jahren ein bestialischer Krieg, der mich nicht losließ. Bei dem dreistündigen Kurzaufenthalt gab ich meinem Vater eine gewisse Summe und bat ihn, das Geld auf das Konto einer französischen Frauenorganisation zu überweisen, die vergewaltigte bosnische Frauen unterstützte. Ich selbst würde es nicht mehr schaffen, da ich in wenigen Stunden nach Lissabon fliegen würde.

Natürlich eine Lüge. Ich wollte, dass mein Vater das machte, von dem ich zeitlebens nicht wusste, ob er »nur« ein soldatischer Mörder oder nicht auch ein sadistischer Folterer und

Vergewaltiger gewesen war während des Zweiten Weltkriegs. Wie erwartet verfinsterte sich sein Gesicht, und ich konnte spüren, wie sich alles in ihm sträubte. Aber wie sollte er diese harmlose Bitte abschlagen? Zerknirscht nahm er das Geld und versprach, die Überweisung zu tätigen.

Der Kurzbesuch bei meiner Familie hatte mir wieder schlagartig bewusst gemacht, wer ich war. Ein heilsamer Schock.

Auf dem Weg zurück nach Köln traf ich die Entscheidung: Morgen würde ich mich für eines der ausgewählten Objekte entscheiden und den Tag darauf zur Tat schreiten. Aber dann würde ich mein Bankräuber-Dasein aufgeben – in diesem Jahr sollte Schluss sein!

Ich entschied mich für die Commerzbank in der Hohe Straße, der Haupteinkaufsstraße in der Kölner Fußgängerzone, in Sichtweite des Doms. Das Geldinstitut hatte einen Eingang zur Hohe Straße hin und einen zweiten an einer Seitenstraße.

Nachdem ich am Abend zuvor in der Live Music Hall ein fantastisches Konzert der Pat Travers Band gesehen hatte, brach ich am frühen Nachmittag des folgenden Tages auf. »The Light Of Day« der Brandos vor mich hin summend, schritt ich auf den Seiteneingang zu, als mir, in betörender Anmut, eine wildlockige Latina entgegenwogte. Augenblicklich hing ich wieder an meinem ganz persönlichen Kreuz des Südens. Anstatt mich jedoch irritieren zu lassen, stieß ich die Eingangstür zur Bank auf und ließ die Begegnung in meinen Auftritt einfließen. Das schwarze Tuch bis unter die Augen gezogen, tänzelte ich mit dem Rücken zur Wand durch die Bankhalle auf die Kassenbox am Haupteingang zu, diabolisch lächelnd und anmutig wie eine Dressurstute, den Blick und die Pistole auf die Kundentische gerichtet. Ich färbte diese leichtfüßigen Tanzschritte, ebenso wie die Gesamtheit meiner willkürlich gesteuerten Bewegungsabläufe so zurückhaltend feminin ein, dass später Zeugen und die das Überwachungsvideo studierende Polizei von einem weiblichen Bankräuber ausgingen.

Nach dem Überfall trat ich aus der Bank und ging zur nächsten Straßenecke, hinter der ich das Fahrrad abgestellt hatte. Ich fuhr die hundert Meter bis zum Eingang der Bahnstation am Heumarkt, in deren Unterführung ich mich in einen arglosen Sommerfrischler verwandelte und die Überfallkleidung zu Pistole, Tränengas und Beute in meine schwarzlederne Umhängetasche packte.

Ich schlenderte hinunter zur Altstadtpromenade am Rhein, auf der Menschen aus aller Welt ihre Gesichter in einen leuchtend blauen Augusthimmel streckten. Frachtkutter und Motorboote schnurrten über den Fluss, ein Ruderachter flog vorbei. Auf der Promenade saß ein Musikstudent an einem alten Piano und hämmerte einen Boogie-Woogie, zu dem drei Afrikaner einen treibenden Bongorhythmus trommelten. Ich lächelte eine herbe mediterrane Schönheit an, die in einem weißen Kleid auf einem Mäuerchen saß und ihre nackten Füße baumeln ließ. Sie lächelte zurück, und ich setzte mich zu ihr. Sie war eine ägyptische Journalistin, die in Paris lebte, und so sprachen wir über unsere Mutterländer und über unsere Wahlheimatstädte: Paris und Lissabon. Es war ein vollkommener, friedlicher Sommertag, den auch die aufgeregt auf der Uferpromenade patroullierenden Polizeimotorräder nicht trüben konnten. Nach zwei Stunden musste sie zu ihrem Zug nach Paris, und wir verabschiedeten uns auf dem Hauptbahnhof.

Ich telefonierte mit Cheyenne, die übers Wochenende zu einer Studienfreundin nach Sintra fuhr, befreite mich in Ehrenfeld von Überfallutensilien und Beute, rauschte zur Party von Freunden nach Bonn, ließ mir von Midja, einer jungen Syrerin, einige abenteuerliche Salsa-Kniffe zeigen und fuhr um fünf Uhr morgens mit der Bahn zurück nach Köln. Weiter mit dem Taxi zum Düsseldorfer Flughafen. Ich flirtete noch eine Stunde mit einer nachtäugigen Türkin an ihrem Champagnerausschank, doch schon im Flugzeug wehte mich wieder Portugals Zauber an. Eine der TAP-Flugbegleiterinnen, eine schlanke, hoch aufgeschossene feingliedrige Mulattagazelle von den Kapverdischen Inseln, kannte ich aus einem früheren portugiesischen Sommer.

In Lissabon angekommen, holte mich meine schwedisch-spanische Freundin Coca mit dem Taxi ab. Ich warf die Klamotten in die Pension, dann jagten wir weiter durch das goldene lusitanische Sommerlicht hinauf zum Castelo São Jorge, wo wir Patricia einsammelten, die dort für ein Magazin gerade Fotos schoss, brausten durch die Alfama hinunter zum Tejo, wo ein Rockfestival stattfand, auf dem, neben einigen portugiesischen Bands, Therapy?, Garbage und The Cure spielten. Ich verlor meine beiden Freundinnen im Gebrodel, ließ mich von einem überhitzten Kätzchen entfachen, bis ihr Ehemann kam und mir die Nase brechen wollte und ich den ungeordneten Rückzug antrat, saß mit einer Gruppe von Teenager-Portuguesas lachend am Tejo und spuckte mit ihnen über die silberblauen Fluten um die Wette, während weiße Segelschiffchen an uns vorbeiflimmerten und die Sonne wie siedendes Gold auf meiner Stirn brannte. Dann taumelte ich weiter durch die wogenden Massen, bis mich ein Mädchenlachen einfing, meine Arme umflossen einen Schlangentaillenleib, und wir drehten uns in wilden Pirouetten, Mandelgeschmack und schwarzes Wurzelhaar in meinem Mund, bis wir nach einem halben Garbage-Auftritt voneinander losließen und wie zwei auseinanderstrebende Kreisel, jeder für sich, im Leibermeer verschwanden. Ich verließ das Festival allein, nahm ein Taxi und jagte zum »Johnny Guitar«.

Auf den Stufen der dunklen Treppengasse neben dem Rockclub stand einsam, unter einem Wasserfall zitternder Sterne, eine junge Portugiesin, im Minikleid, barfuß, die Sommerschuhe in der Hand. Ich lächelte sie an, unwillkürlich schwamm die erste Strophe des Stone'schen »Child of the moon, with your rainy eyes ...« über meine Lippen. Trauriges Lächeln. Ich lud sie ein ins »Johnny Guitar«, für das sie kein Eintrittsgeld hatte. Ich begrüßte Jãozinho, den Obermundschenk, hinter der Bar, Theke frei für meinen süßen Gast, umarmte Marco, der sich von zwei nordischen Models umschmeicheln ließ. »Dosto« Alex stellte mir die rabenschwarze Tochter des togolesischen Botschafters als »Meine zukünftige Ehefrau und die Mutter meiner Kinder« vor, der ich noch maximal anderthalb Wochen gab. Zé Pedro umarmte mich, ich sprach mit Jorge Palma, der gerade wieder halstief in seinem aussichtslosen Vernichtungsfeldzug gegen den Alkohol stand. Ich tanzte mit Anabella, meinem Mondkind, bis Zé Pedro den Rockclub um fünf Uhr schloss und die Freundesbande im vertrauten Kreis weiterfeierte.

Im Taxi fuhr ich mit Anabella durch das von der Morgensonne durchstrahlte Lissabon zu meiner Pension. »Americanos?«, lächelte der Fahrer. »Não, europeus«, antwortete ich lachend. Im Radio sang Brigitte Bardot mit Serge Gainsbourg im Duett »Bonnie and Clyde«. Wir liebten uns auf meinem zusammenbrechenden Pensionsbett, bevor ich kollabierte. Am Abend erwachte ich aus tiefem Totenschlaf, lippenstiftgemalten Kuss und Telefonnummer auf dem nackten Bauch. Ich sprang aus dem Bett, unter die Dusche und die Treppe hinunter, in eine samtene, den Sommertag nachglühende Lissabonner Nacht, und schrie vor Freude, Cheyenne am nächsten Tag zu sehen.

Wir hatten uns im »Brasileira« verabredet. Als Cheyenne fast pünktlich durch die Tür trat, nahm ich sie voll stürmischer Zärtlichkeit in die Arme, fühlte jedoch eine sanfte Zurückhaltung, eine traurige Steifheit, und zähmte sofort meine Rösser.

Obwohl wir in der Zeit meiner Abwesenheit täglich miteinander telefoniert hatten und uns immer vertrauter geworden waren, schien sie angefasst von einer vorsichtigen Scheu, die sich sofort auf mich übertrug. Momente später war sie wieder von uns abgefallen, und ich betrachtete mit leuchtenden Augen meine lusitanische Sonne, wie sie ihren Kaffee, ihre *bica*, trank, schwarz und süß wie die Nacht ihrer Pupillen. Wir traten aus dem »Brasileira« und tauchten in die milde portugiesische Sommernacht.

Wir tauchten in das Gassenlabyrinth des Bairro Alto, streiften über schiefernes Kopfsteinpflaster, unter schwarzen Giebeln hindurch, die sich über uns beugten, mit dem Streifen Nachthimmel dazwischen, aus dem uns die Sterne zublinkten. Wir schlenderten vor uns hin, setzten uns auf eine Bordsteinkante, führten flüchtige Unterhaltungen mit vorbeikommenden Bekannten, doch nie riss die Nabelschnur der innig scheuen Offenheit unserer Gespräche, sodass uns eine alte portugiesische Mama, die über uns ihren blumenüberwachsenen Balkon goss, ein liebevoll orakelhaftes »Turtelt, ihr Turteltäubchen, turtelt, solange ihr turteln könnt« zuwarf.

Wir liefen zum Miradoura (Goldener Blick) de Santa Catarina, dem der Stadt entrückten kleinen Aussichtspark Bairro

Altos nahe dem Himmel. Dort saßen wir vor der grünen Kiosk-Taverne, mit Blick über die steil abfallenden dunklen Häuserdächer auf den glänzenden Tejo und die girlandenhelle Revolutionsbrücke mit der kriechenden Lichterschlange der Autos. Cheyenne hatte die meiste Zeit geredet auf unseren Gängen durch die mild erleuchteten Gassen. Sie hatte mir von ihrem Liebesleben erzählt. Sie hatte eine Zeit lang häufig wechselnde Liebesbeziehungen gehabt. Sie erzählte mir von ihrem Basketballspieler, von dem sie sich inzwischen getrennt hatte. Sie hatte gleichzeitig eine große Liebe in England, von der der Amerikaner gewusst hatte, einen kenianischen Fotografen, der in London lebte. Sie hatte ihn seit fast zwei Jahren nicht mehr gesehen, sie telefonierten jedoch regelmäßig. Im August wollte er zu ihr nach Lissabon kommen, und sie wollten gemeinsam die Ferien verbringen.

»Ich möchte bis dahin keine Beziehung mehr eingehen«, schaute sie mich offen an. »Was später wird, weiß ich nicht«, fügte sie vorsichtig hinzu. »Es gibt so viele Männer, die mit mir zusammen sein wollen, doch wenn ich die Wahl hätte, Reiner, würde ich dich wählen.«

Ich schwieg. Eine wundervolle Situation, mit offenen Karten und dem Stern am Ende des Regenbogens. »No struggle, no glory«, würde Johnny Cash sagen.

»Was sagst du dazu?«

»Isabel, ich liebe dich«, strahlte ich sie an. »Ich liebe dich, und ich werde, wenn nötig, gegen die ganze Welt um dich kämpfen.«

»Gut«, sagte sie und lächelte ebenfalls.

Nach diesem ersten Abend verbrachten Cheyenne und ich die Sommertage zusammen, wann immer wir konnten. Wir lagen im Gulbenkian-Park auf der grünen Vogelwiese, und ich las ihr Oscar Wildes *Märchen* vor, während die Sonne kastaniengolden in ihrem Haar knisterte. Wir liefen in Belém Hand in Hand über die Uferpromenade zur Atlantikmündung, ließen gemeinsam unsere Gedanken mit den Schiffen in unbestimmte Fernen ziehen oder streckten uns unter einer tropfenden Honigsonne auf einer Uferparkbank, ihr zwitscherndes Köpfchen mit dem Schwall dunklen Geloders weich in meinen Schoß gebettet. Wir trafen im »Brasileira« gemeinsame Freunde, für die wir bereits ein inniges Liebespaar waren, verfolgten im kleinen Terrassencafé am Fährhafen des Cais do Sodré gedankenverloren die Ein- und Ausfahrt der Tejofähren und ließen uns unter den Arkaden des ältesten Cafés der Stadt, dem São Martinho da Arcada, in dem einst Fernando Pessoa seine *bica* getrunken und sich der »Club der vom Leben Besiegten« getroffen hatte, durch die verwehten Jahrzehnte tragen.

Dann wieder schossen wir mit den silbernen Küstenbahnen hinaus an den Strand von Estoril, glitten mit den orangenen, gischtumschäumten Fähren über den Fluss, hinüber nach Costa da Caparica, wo wir lange Strandspaziergänge machten, uns still vor der Brandung in dem goldblauen Horizont wiegten oder wie junge Delfine durch die Wogen des Atlantik tauchten.

Die Tage vergingen in sonnendurchfluteter Leichtigkeit. Wenn Cheyenne verhindert war, verbrachte ich die Tage am Meer und die Nächte in den Cafés, Bars und Clubs von Lissabon – oder aber backstage auf Konzerten mit den befreundeten portugiesischen Rockbands, auf den üppigen Gelagen davor und den trunkenen Partys danach.

Mitte Juli kamen die Stones nach Lissabon. Obwohl ich schon die beiden fantastischen Konzerte Anfang Februar in Rio de Janeiro und das Kölner Konzert einen Monat zuvor erlebt hatte, freute ich mich seit Monaten, mit Cheyenne zu den Jungs zu gehen. Ich holte sie frühzeitig ab und ging mit ihr direkt zum Alvalade-Stadion, wo wir zu den Ersten gehörten und in der Mitte, direkt vor der Bühne, standen. Nach einem begeisternden Black-Crowes-Auftritt kamen die Stones auf die Bühne. Ich hielt Cheyenne von hinten umschlungen und schützte sie gegen die nachdrückenden Zehntausende hinter uns. Es war ein vollkommenes Konzert, mit den Stones direkt vor mir und meinem lusitanischen Traum im Arm.

Anfang August wollte ich zu einer immer schon geplanten Reise durch Portugal und Spanien aufbrechen. Es war jetzt der richtige Zeitpunkt. In einer Woche sollte Cheyennes britischer Liebster nach Lissabon kommen. Ich wollte ihr allen Raum lassen und mir unnötigen Herzschmerz ersparen.

Ich lieh mir ein Motorrad und erreichte am frühen Abend Milfontes, ein verschlafenes portugiesisches Küstennest an der Mündung des Rio Mira. Ich rief Cheyenne an. Sie erzählte mir traurig, dass sie mit ihrem Liebsten in London telefoniert hatte. Sie hatten sich getrennt, und er würde nicht kommen.

Ich fragte sie, ob ich meine Reise abbrechen und zu ihr kommen solle, doch sie wehrte sanft ab.

»Reiner, mach du deine kleine Reise, auf die du dich gefreut hast. Es wäre zwar schön, wenn du hier wärst, doch wird es mir guttun, ein wenig allein zu sein.«

Am nächsten Tag, in Odeceixe, das hoch auf einem Steilfelsen über dem Meer gelegen ist, rief ich sie wieder an. Wir sprachen lange miteinander, schilderten uns unser Gefühlschaos und lachten gemeinsam darüber.

Am nächsten Morgen zog ich weiter nach Süden, die wilde, bizarr aufgesplitterte algarvische Westküste hinunter, in deren Steilfelsen sich weißsandige Buchten schmiegten. Am Nachmittag schnurrte ich mit der alten Norton durch wellige Heidelandschaften, schwarzgrüne Pinienwälder und silbrige Eukalyptushaine ins Inland der Algarve, wo ich durch die fruchtbaren, noch von den Mauren terrassierten tropischen Sommerlandschaften der Serra de Monchique schwebte.

Weiter ging es nach Südwesten, in das geschichtsträchtige, weißsteinige Küstenstädtchen Lagos, das jetzt im August von zumeist jugendlichen Touristen überquoll. Nachdem ich am Leuchtturm draußen die weite Stille des Sonnenuntergangs genossen hatte, lief ich die palmengesäumte Promenade zurück und zog durch das in überdrehter Freizügigkeit kochende Städtchen, das besonders im August ein einziger erotischer Rummelplatz ist. Normalerweise hätte ich mich kopfüber in das sich überall prall anbietende Angebot internationaler Weiblichkeit gestürzt, aber jetzt, mit Cheyenne im Kopf, fand ich mich, eingehüllt in einen Kokon aus Liebe und Sehnsucht, in der ungewohnten Rolle des amüsierten Beobachters wieder.

Als ich in der Nacht Cheyenne anrief, spürte sie schnell meine Ruhelosigkeit und Zerrissenheit und wurde ganz behutsam.

»Reiner, komm doch zurück nach Lissabon, du bist doch unglücklich. Dann wärst du in deiner Stadt, und wir könnten uns sehen.«

Mit einer Sturheit, die ich mir als Stolz verkaufte, nahm ich die geliebte Hand nicht auf, sondern wiederholte geradezu pathologisch, dass ich die Tour fortsetzen wollte.

Cheyenne lachte zärtlich, und wir verabredeten uns auf den nächsten Abend am Telefon.

Ich brauchte Bewegung, Weite und Stille, und so verließ ich am nächsten Morgen das quirlige Lagos und brauste weiter zum Cabo São Vicente. Als ich über dem Kap und dem antobenden unermesslichen Atlantik stand, wusste ich, dass ich sofort zu Cheyenne zurückkehren würde.

In der Zeit nach meiner Rückkehr sahen Cheyenne und ich uns jeden Abend. Donnerstags holte ich sie im Hospital de Santa Maria ab, wo sie als Kinderpsychologin arbeitete und ich einst mit einer Drogenüberdosis auf der geschlossenen Abteilung den Fall der Berliner Mauer verdämmert hatte. Ich war glücklich und voller Dankbarkeit für jeden Moment, den ich mit ihr verbringen konnte.

An einem Freitag Ende September gingen wir nach einem Konzert mit Bauhaus-Sänger Peter Murphy nicht, wie sonst nach Konzerten, ins »Nova«, sondern in meine Pension. Wir standen halb nackt am Fenster, hoch auf dem Hügel des Bairro Alto und schauten hinaus in eine stürmische Sommerregennacht, schauten über das tropfende Lichtermeer der Stadt und den schwarzsilbernen, mit Positionslichtern übersäten Tejo. Cheyenne, die umschlungen vor mir stand, mit dem Rücken und Kopf an meine Brust gelehnt, begann zu frösteln, und so trug ich sie behutsam ins Bett, und wir krochen ineinander. In dieser Nacht liebten wir uns das erste Mal, wir liebten uns die ganze Nacht und liebten uns das ganze Wochenende und in fast jedem freien Moment der uns noch verbleibenden Zeit.

13 Köln, Dezember 1995

Schon lange bevor ich nach Köln kam, hatte ich entschieden, dass dies mein letzter Banküberfall sein würde. Zumal ich Cheyenne versprochen hatte, in den nächsten Tagen mein anderes Gesicht, das des Bankräubers, zu offenbaren, das ich damit hinter mir lassen wollte. Mit der Offenbarung wollte ich auch meinen Ausstieg zementieren und mich jeder Möglichkeit berauben, mich selbst in wankelmütigem Überschwang vielleicht doch noch einmal zu einem Bankraub zu verführen. Auch wusste ich intuitiv, dass ich am Ende dieser Reise jenseits der gängigen Verkehrswege angelangt war. Dieser Zug der Banküberfälle, der immer mehr Fahrt aufgenommen hatte, hatte sich bereits verselbstständigt, und es war nur eine Frage der Zeit, bis er aus dem Gleis springen und mich in den Abgrund reißen musste. Ich überfiel dieselbe Bank, die ich schon im Sommer beehrt hatte: die Commerzbank in der Kölner Hohe Straße. Wieder lief alles mit der Routine einer Theatervorstellung ab.

Doch als ich nach dem Überfall, in einen gestressten studentischen Weihnachtseinkäufer verwandelt, nicht weit von der Bank entfernt an der Haltestelle Heumarkt saß, merkte ich, dass etwas anders war.

Obwohl ich wie immer erfolgreich gewesen war, mich sicher fühlte und den Überfall innerlich schon zu den »Ungelöste Fälle«-Akten der Polizei gelegt hatte, erfasste mich nicht die vertraute Euphorie und Leichtigkeit, sondern eine bleierne Müdigkeit und Niedergeschlagenheit.

Auch das von der verstopften Straße kommende Blaulicht und die jaulenden Polizeisirenen, die mich auf meiner Bahnsteigplattform aufgeregt umschwirrten, lösten weder den vertrauten Kitzel in mir aus, noch steigerten sie meine Anspannung. Sie rangen mir lediglich ein gelangweiltes, triumphloses Lächeln ab.

»Es ist wirklich Zeit aufzuhören«, dachte ich und summte schwerblütig Bob Dylans Hommage an Billy The Kid vor mich hin: »I put the gun down to the ground, a long black cloud is coming down – I feel I'm knocking on heaven's door.«

Wie ich so in der verregneten vorweihnachtlichen Tristesse vor mich hinsummte, kam aus dem U-Bahn-Schacht ein rot ummantelter Weihnachtsmann mit verrutschtem Rauschebart die Treppe heraufgestapft und setzte sich neben mich.

»Scheißweihnachten!«, ächzte er und zog einen zerknitterten Joint aus der Manteltasche. Er lehnte sich stöhnend zurück, steckte sich den Joint an und blies genussvoll den angehaltenen Rauch aus den Lungenflügeln. Er sah mich an. »Studentenjob«, sagte er zur Erklärung. »Bringt mehr als Blutspenden.« Damit hielt er mir den Joint hin, den ich lächelnd ablehnte.

Die Bahn kam. Ich sprang hinein, den desillusionierten Weihnachtsmann mit einem heimlich zugesteckten 200-Mark-Schein auf der Bank zurücklassend. Auf der Aachener Straße verließ ich die Bahn und nahm mir ein Taxi nach

Ehrenfeld. Ich stieg auf der Venloer Straße aus und ging die kurze verwinkelte Strecke bis zu meiner Unterkunft zu Fuß. Ich fühlte mich erschöpft und leer und verstand es nicht. Meine Müdigkeit und Erschöpfung verwandelte sich in eine schwermütige Bedrückung und unheilvolle Vorahnung. Ich spürte, etwas war im Gang gegen mich, doch ich konnte es nicht greifbar machen. Ich verbrachte den Abend in einer Kölner Bar, allein, und grübelte darüber nach, was geschehen war, von wo Gefahr drohen konnte und wie ich sie womöglich abwehren könnte.

Was ich zu diesem Zeitpunkt nicht wusste: Bereits vor anderthalb Jahren hatte Lothar Gaumeier, der damalige Pächter des Gießener Rockclubs »Scarabée«, der Polizei den entscheidenden Hinweis gegeben, der schließlich zu meiner Verhaftung führen sollte. G. war damals mit meiner guten, aber leider nur allzu geschwätzigen Freundin Kerstin liiert. Ich hatte sie immer vor ihm gewarnt. G. saß im Frühjahr 1994 in Untersuchungshaft wegen des Verdachts des Menschenhandels, der Förderung der Prostitution und der Zuhälterei mit Minderjährigen. Er erhielt von den Strafverfolgungsbehörden aufgrund der Denunziation meiner Person Straferlass (man erließ ihm, nach übereinstimmenden Aussagen, 5 Jahre Gefängnis) und zudem, nach meiner Verhaftung, von einer der überfallenen Banken 20 000 DM Belohnung.

Am nächsten Morgen, nach einer kurzen unruhigen Nacht, hatte sich weder meine düstere Vorahnung noch der Albdruck in der Magengrube aufgelöst. Auf dem Kölner Flughafen musste ich erkennen, dass meine Instinkte mich nicht getäuscht hatten. Ausgerechnet am Schalter für den Flug nach Lissabon lungerten ein paar auffällig unauffällige Herren in Zivil herum. (Die offizielle Identitätskontrolle für Portugal war im Rahmen des Schengener Abkommens zum Glück abgeschafft, und ich hatte mein Flugticket wie üblich auf einen anderen Namen gebucht.) Ich schlenderte durch das ganze Flughafenterminal. Augenscheinlich schien nur der Abfertigungsbereich für Lissabon von Fahndern überwacht.

Für einen Moment überlegte ich, einen anderen Flug (zum Beispiel nach Madrid) zu nehmen, entschied mich dann doch, direkt auf das Tor für den Lissabon-Flug zuzusteuern.

Sollte wirklich nach mir gefahndet werden, so überlegte ich, dann orientierten sich die Häscher an meinem Passfoto, auf dem ich mich mit einer grimmigen Bad-Boy-Visage hatte ablichten lassen. In dem Wissen, dass man auch ohne Schminke und Wattebäuschchen im Mund ein völlig anderes Gesicht vermitteln kann, hatte ich mein unschuldigstes Jungenlächeln aufgesetzt

In dümmlicher Glückseligkeit vor mich hinlächelnd, ging ich beschwingt schlendernd durch das Lissabon-Tor. Die Zivilfahnder – und um solche muss es sich gehandelt haben – sahen sich nicht einmal nach mir um.

Der pochende Druck im Bauch fiel erst von mir ab, als wir in der Luft waren und ich ein Gläschen Champagner die Kehle hinunterperlen ließ. Als mich Cheyenne und Lissabon in die Arme schlossen, war alles vergessen.

Wie ich später erfuhr, hatte die Polizei diesen zweiten Commerzbank-Überfall in der Hohe Straße eindeutig »Zorro« zugeordnet, nachdem beim Überfall im Sommer ein weiblicher Täter vermutet worden war. Seit anderthalb Jahren verfolgte man mich und schaffte es nicht, mich auf frischer Tat zu fassen. Ohne es zu ahnen, war ich immer wieder – in

Portugal, in Brasilien, in Deutschland – ihrer Zielüberwachung entwischt, sodass sie sich entschlossen hatten zuzuschlagen, bevor ich weitere Banküberfälle vor ihrer Nase begehen würde – auch auf die Gefahr hin, kein ausreichendes Beweisgerüst aufbauen zu können. Aufgrund meiner illegal beschafften Adressdaten wussten die Fahnder auch von meiner vorübergehenden Kölner Adresse und hatten dort, kurz bevor ich nach dem Überfall in Ehrenfeld eintraf, erfolglos an die Tür geklopft.

Wie ich später in der deutschen Untersuchungshaft aus den Akten erfahren sollte, war auch bereits vor über einem Jahr mein Zimmer in der Pensão Londres (illegalerweise) durchsucht worden. Neben Fotos von Latinafreundinnen, halb vollen Zigarettenschachteln und angebrochenen Kondompäckchen war auch mein Adressbuch Seite für Seite abfotografiert worden.

Am Tag des Überfalls vom 12. Dezember und an den folgenden Tagen waren die Flughäfen von Köln und Düsseldorf rund um die Uhr nach mir abgesucht worden. Sie hatten also tatsächlich auf dem Kölner Flughafen auf mich gewartet – und ich war einfach an ihnen vorbeigeschlendert.

Ich hatte bei diesem Banküberfall nur knapp 10 000 DM erbeutet. Während der Gerichtsverhandlung und im Urteil sollte Jahre später von 14 200 DM die Rede sein. Wenn sich Polizei, Staatsanwalt und Richter nicht bei den Zahlen verhaspelt haben, hatte die Bank einige Tausend D-Mark mehr als verlustig angegeben, als sie wirklich verloren hatte, und somit auch noch an dem Banküberfall verdient.

Nach meiner Rückkehr nach Lissabon verbrachte ich eine stürmische Wiedersehensnacht mit Cheyenne (ich war diesmal in der Pensão Duque abgestiegen), bevor sie mich am folgenden Tag zum Bus nach Lagos brachte, wo ich mit einem ausgewanderten deutschen Alternativunternehmer eine Geschäftsidee besprechen wollte, die ich mir für Lissabon überlegt hatte. Ich wollte den Entschluss, meine Bankräuberkarriere hinter mir zu lassen, ohne Verzögerung umsetzen und suchte nach einer realen materiellen Perspektive, wozu ich mich vor Weihnachten auch noch mit der Direktorin einer Sprachschule in Cascais treffen wollte. Vor allem aber wollte ich voller Elan meinen Plan von einem Open-Air-Kino in Lissabon vorantreiben.

Als ich durch die Algarve und den Alentejo zurück nach Lissabon zu Cheyenne fuhr, dachte ich wieder daran, dass die Götter dieses Land in einem ihrer milderen Momente erschaffen hatten. Und Vincent van Gogh musste ihnen dabei geholfen haben. Ein flirrend blauer Sonnenhorizont beugte sich über die sanft geschwungene, cognacfarbene Hügellandschaft des Alentejo. Der Duft von Pinien, Eukalyptusbäumen und Korkeichen mischte sich mit den Gerüchen von endlosen Sonnenblumenfeldern, Olivenhainen und Wildkräutern, geschwängert von dem würzig frischen Aroma des nahen Atlantiks. Die weiß getünchten Dörfchen mit den leuchtend blauen Fensterbögen ruhten wie vergessene Perlen an der Straßenschlange. Ein sterbendes Pferd lag unter der Sonne am Straßenrand. In kleinen roten Strudeln pochte das Leben aus seiner aufgerissenen Brust und versickerte im Sand. »Culpable« von Heroes Del Silencio wühlte sich durch mein Blut.

Ich »flog« mit dem Doppeldeckerbus von Südportugal hoch nach Lissabon. Die Bilderflut von Cheyenne hinter meiner Stirn spulte sich in dem gleichen fiebrigen Rhythmus ab wie die Musik und das hitzeflimmernde Asphaltband vor meinen Augen, das den sonnenverbrannten Alentejo-Landstrich durchschnitt.

Die Dämmerung hatte sich bereits über mich und die weiße Stadt gelegt, als ich den Bairro-Alto-Hügel hinaufstieg. Als ich meine Pension betrat und an der Rezeption meinen Schlüssel verlangte, bedachte mich Luís, der schwergewichtige Pensionsbetreiber, mit einem ratlos traurigen Blick. Ich schrieb das dem alltäglichen portugiesischen Weltschmerz zu, doch als ich die Stufen in den ersten Stock emporsteigen wollte, traten drei Männer in dunklen Anzügen aus dem Schatten des Treppenhauses.

»Portugiesische Kriminalpolizei. Sie sind vorläufig festgenommen«, sagte der eine von ihnen auf Englisch, während mir die beiden anderen Handschellen anlegten. Als ich nach dem Grund fragte, antwortete mir der erste, ich sei dringend verdächtig, in Deutschland eine Reihe von Banküberfällen begangen zu haben. Es war der 19. Dezember 1995. Die Uhr über dem abgewetzten Empfangsschreibtisch zeigte 19.23 Uhr an. Ein Geruch von halb trockener Wäsche hing in der Luft.

14 Gefangen

Nach meiner Verhaftung überlebte ich ungebrochen über vier Monate Auslieferungshaft im Lissabonner Polizeigefängnis, zusammengepfercht mit fünfundzwanzig Mitgefangenen auf 35 Quadratmetern in einer Massenzelle, in der wegen der großen Fluktuation die Machtverhältnisse immer wieder neu ausgekämpft wurden. Wir mussten in Dreistockpritschen oder auf dem Boden schlafen, wenn an Schlaf bei dem permanenten Lärmpegel, den täglichen wie nächtlichen Angriffen, gegenseitigen Quälereien, sexuellen Übergriffen und blutigen Schlägereien denn überhaupt zu denken war.

Cheyenne kam in all den Monaten der Lissabonner Auslieferungshaft zu jedem Besuchstag – dienstags und donnerstags jeweils für eine knappe halbe Stunde. Sie war die Heldin dieser Gefangenschaft. Isabel litt nicht nur an meiner Lage, die ich letztlich allein zu verantworten hatte, und an der isolierten Einsamkeit und Verzweiflung, in die ich sie gestoßen hatte, sondern auch daran, dass ich wirklich Banken überfallen hatte. Der Outlaw, der als Bankräuber mit Zorromaske seinen kleinen privaten Feldzug gegen die multinationale Großfinanz geführt und in seinem kleinen

Rahmen ein wenig zur gerechteren Umverteilung beigetragen hatte, weckte bei Cheyenne keinerlei romantische Gefühle oder gar Sympathie. Im Gegenteil, es verstörte sie und machte sie unglücklich.

Und dennoch stand sie zu mir. Ihr Vertrauen in mich war ungebrochen, auch weil ich ihr vor meinem Abflug zu meinem letzten Überfall gesagt hatte, dass ich ihr etwas Wichtiges mitzuteilen hätte. Ich hatte angedeutet, dass ich ein Doppelleben führte, aber dass damit Schluss sei. Sie würde alles erfahren, wenn ich zurück sei.

Ende April 1996 wurde ich ohne Vorankündigung nach Deutschland ausgeliefert und in das Gefängnis in Hessen verbracht.

Im dortigen Knast wurde ich zunächst mit einem Polizeispitzelgefangenen zusammengelegt, bevor ich in eine mir zustehende Einzelzelle, ein enges schmuddeliges Sieben-Quadratmeter-Loch, verlegt wurde. (Immer wieder wurden Gefangenenspitzel auf mich angesetzt, um mich über meinen Fall auszufragen.) Gleich am ersten Tag wurde ich in das Büro des jungen Sicherheitschefs geleitet. Der aalglatte Streber eröffnete mir in respektvoller Selbstgefälligkeit, dass ich als einziger Gefangener der Anstalt unter Sonderbewachung stehen würde.

»Wie sieht das in der Praxis aus?«, fragte ich.

»Wir werden bei Ihnen verstärkte Kontrollen durchführen, intensiv Ihre Kontakte überwachen, und Sie werden vorerst an keinen Freizeitgruppen teilnehmen.«

Auf mein lächelndes Schweigen hin verlor er seine geschäftsmäßige Contenance.

»Wie können Sie, bei dem, was Sie erwartet, so ruhig dasitzen?«

»Nun, ich habe mir nichts vorzuwerfen«, lächelte ich wahrheitsgemäß, »und diese vorübergehenden Unannehmlichkeiten in Ihrem Hause werde ich wohl eine Zeit lang in Kauf nehmen müssen.«

Die Freiheit, der lauernden Erwartung auf einbrechende Schwäche und Verzweiflung nicht zu entsprechen und der repressiven Gefängnismaschinerie stattdessen mit spöttischem Stolz gegenüberzutreten, war auch in Deutschland die letzte Freiheit, die ich meinen Kerkermeistern gegenüber hatte.

In der Folge wurden meine Kontakte beobachtet und notiert, ich durfte zunächst an keinen Sport- und Freizeitgruppen teilnehmen, und meine Zelle ebenso wie parallel dazu mein Körper wurden täglich einer eingehenden Untersuchung unterzogen, selbst wenn ich die Zelle nicht einmal für die einzige Hofgangstunde verlassen konnte.

Man drohte und schmeichelte mir in den polizeilichen Begegnungen und erhöhte innerhalb des Vollzugs in wechselnden Temperaturen den Druck auf mich, um mein spöttisches Schweigen zu brechen. Neben der Isolation und den Durchsuchungsschikanen erhöhte man den Lärmpegel durch die pappedünnen Wände um mich herum. Nicht nur der vielmonatige Horror einer täglich achtstündigen Presslufthammerrenovierung des Kellergeschosses unter mir vermittelte mir den Wahnsinn, lebendig in einer geschlossenen Sardinenbüchse begraben zu sein, auf die von allen Seiten mit dem Hammer eingedroschen wird. Man hatte neben mir junge randalierende Mitgefangene installiert, die mich zusätzlich mit stundenlangem Technogehämmer beschallten, und ließ einen psychisch Kranken in der Zelle über mir toben und ihn regelmäßig durch seine

Gitter in mein Verlies hineinpinkeln. Vor allem aber verwehrte man mir drei Jahre lang eine Besuchserlaubnis für Cheyenne, mit der verlogenen Begründung, sie könnte in einem der Prozesse als Zeugin gehört werden. Aus meinen langen täglichen Briefen, die die richterlichen Kontrolleure mitlasen, erkannten sie, dass die Liebe zu Cheyenne meine eigentliche Achillesferse war.

Es kam kein Kontakt zustande. Ich hatte die Befürchtung, dass meine Briefe alle abgefangen würden – was sich später bestätigte. Ich schrieb wie ein Besessener an Cheyenne – und hatte oft genug das Gefühl, die Worte in den Wind zu schreiben. Obwohl ich ahnte, dass die Briefe sie nicht erreichen würden, schrieb ich trotzig weiter.

Auch tagsüber hatte ich durch das schmale blinde Gitterfenster nur ein schummriges Dämmerlicht im Kerker und war auf das Neonlicht angewiesen. An einem Samstagabend gab die Neonröhre ihren Geist auf, und ich saß im Dunkeln. Ich schrieb weiter, stehend an der Wand, an der durch die grellen Kontrollstrahler von der Gefängnismauer mein Zellenfenster in einem hellen Gitterraster an die Wand projiziert wurde.

Anfang Juli 1996 kam der lang ersehnte Brief von Cheyenne. Sie schrieb aus Straßburg, wo sie auf einem Kongress war. Sie schrieb, dass die vielen Wochen der Ungewissheit fürchterlich gewesen seien und dass sie so glücklich sei, dass wir uns endlich wiedergefunden hatten.

Cheyennes Eltern waren durch einen befreundeten hohen Beamten aus dem Polizeiapparat schon zu Beginn meiner Auslieferungshaft über die Situation informiert worden, und all meine Briefe waren, wie befürchtet, abgefangen worden.

Cheyenne war, nachdem sie von meiner Auslieferung erfahren hatte, direkt zur Gefängnisdirektion gegangen, um zu erfahren, wohin man mich in Deutschland gebracht hatte. Man hatte ihr die Adresse nicht gegeben. Sie war darauf zur Polícia Judiciária gegangen, ins Justiz- und Innenministerium und zur deutschen Botschaft und hatte überall nach meiner deutschen Gefängnisanschrift gefragt. Ebenso wie im Lissabonner Gefängnis war ihr auch bei der portugiesischen Kriminalpolizei, in den Ministerien und der deutschen Botschaft mit achselzuckendem Zynismus beschieden worden, dass man es zwar bedauere, ihr meine Adresse jedoch nicht geben könne, da keine Einverständniserklärung meinerseits dafür vorliege.

In den ersten Wochen der Untersuchungshaft erreichte mich ein Brief von Kurti. Kurti war der langjährige Kumpel, der mir in Köln immer sein Dachstudio zur Verfügung gestellt hatte, wenn ich zu den Banküberfällen nach Deutschland gekommen war. In dem Brief drückte er seine Empörung darüber aus, dass ich über Jahre sein Vertrauen und seine Gastfreundschaft missbraucht hätte, um aus seinem Apartment heraus schwere Verbrechen zu begehen. Der Brief war zwar an mich adressiert, aber natürlich eigentlich für die Strafverfolgungsbehörden gedacht, da bekanntlich die Post eines Untersuchungshäftlings einer strengen Briefkontrolle unterliegt. Ich hatte Kurti, der eingeweiht und ganz begeistert von meinen Bankattacken gewesen war, nach jedem Banküberfall 800 oder 1000 DM aus der Beute für seine Rockbandkasse in die Hand gedrückt, die er immer gerne angenommen hatte.

Ein Gefängnis ist ein Rattenloch, in dem die Seele auf Eis gelegt ist und man das Herz vollständig verschließen muss.

Gleichzeitig muss man in jedem Moment auf der Hut sein, um immer direkt und ohne zu zögern auf die beständig lauernden Attacken, Machtspielchen und Intrigen vonseiten der Mitgefangenen und der Schließerschaft zu reagieren. Die Atmosphäre unter den Gefangenen war, wie in allen Gefängnissen, die ich kennenlernte, spannungsgeladen und voller Aggressivität. Es kam täglich zu Schlägereien und Übergriffen.

Ich zog mich in den »Freizeiten« völlig in mich selbst zurück, machte keinen »Umschluss« mit meinen Mitgefangenen (so nennt sich die »Freizeitmaßnahme«, sich bei einem anderen Mitgefangen miteinsperren zu lassen) und drehte in der Freistunde, bei jedem Wetter und durch alle Jahreszeiten, meine einsamen Joggingrunden.

Die Gefangenen, und besonders die harten und erfahrenen Ganoven, wussten mich, ebenso wie die Beamten, nicht einzuschätzen. »Zorro«, grinste ein alter Berufsganove, »du siehst aus wie 'n Rockstar – oder 'n strickender Körnerfresser. Wenn du Banken überfallen haben sollst, dann haste das bestimmt mit 'nem Müsliriegel getan.« Wie immer in solchen Situationen grinste ich nur müde.

Nach wenigen Wochen wurde ich zu einer Wahlgegenüberstellung in die nahe gelegene Kripozentrale gebracht. In der dortigen Wartezelle eröffnete mir der Anwaltsassistent aufgeregt, dass er zufällig in ein Kommissariatsbüro getreten sei, in dem man Zeugen Bilder vorgelegt habe. Ich verstand: Ich musste die Wahlgegenüberstellung ad absurdum führen.

Ich wurde in einen fensterlosen, quadratischen Raum geführt, in dessen Tür in Augenhöhe eine Glasscheibe eingefasst war, die von innen verspiegelt war. In dem Raum, der in gleißendes weißes Licht getaucht war, standen bereits sechs gestresste Polizeibeamte, die ebenso wie ich in blaue Gefängniskluft gekleidet waren.

Man erklärte mir das Prozedere. Ich nickte freundlich, wählte die Karte mit der Nummer drei und stellte mich mit ihr in den Mittelpunkt der Reihe der verkleideten Staatsdiener.

Die Wahlgegenüberstellung begann. Ich hielt die Karte mit der Nummer auf Lendenhöhe und begann eine kleine Tanzeinlage wie für eine Striptease-Nummer. Die Pseudo-Mitgefangenen standen steif neben mir und warfen mir unsichere bis hasserfüllte Blicke zu.

Nach wenigen Minuten wurde die Wahlgegenüberstellung unterbrochen und die sechs Beamten angewiesen, meinen Bewegungen zu folgen, damit ich nicht so herausstach!

Ich begann wieder mit einem brasilianischen Samba. Als die Beamten sich mit widerwilligen Gesichtern, langsam und hölzern und in teutonischer Rhythmuseuphorie, in die Bewegungsabläufe zu finden suchten, verschärfte ich das Tempo. Ich begann wild Tanzstile zu mischen und endete bei John Travoltas »Pulp Fiction«-Twist, mit den rhythmischen Fingerfächern vor den Augen.

Nach Ende der Vorstellung wartete ich auf meinen Rücktransport ins Gefängnis in dem Raum, in dem sich die sechs Beamten wieder umzogen. Ich lehnte an einem Schrank und sagte laut: »Nehmt es nicht persönlich, Jungs!« Sie ignorierten mich fluchend.

Die Wahlgegenüberstellung war aus zweierlei Gründen anfechtbar. Zum einen weil man Zeugen vorher Bilder gezeigt hatte, zum anderen dadurch, dass ich sie durch die exponierte Positionierung meiner Person während der Gegenüberstellung ad absurdum geführt hatte. Sie hatte unabhängig davon als Ergebnis erbracht, dass keiner der vielen Zeugen »Zorro«, den Bankräuber mit der Zorromaske, identifizieren konnte.

Nach sieben Monaten im Gefängnis wurde mir im Spätherbst 1996 der Zugang zu den Kulturgruppen gestattet, an denen ich auch teilnahm. Ich fertigte in der Seidenmalereigruppe farbige Seidenschals, die ich Cheyenne nach Rio und Lissabon schickte, modellierte in der Malgruppe kleine Plastiken und bastelte Collagen für sie und studierte mit der Kunst- und Theatergruppe für die von der Gruppe organisierte Weihnachtsfeier ein melancholisch-satirisches Gorki-Stück ein, das ich eigens für Cheyenne ausgesucht hatte. Wir führten es an beiden Weihnachtsfeiertagen, mit der Musik von Madredeus im Hintergrund, im großen Bet- und Veranstaltungsraum auf.

Im Januar führten wir ein Antikriegs-Stück auf, das wir in Form von aggressiven Satzfetzen, in einer Reihe vor dem Häftlingspublikum stehend, rezitierten. Ich erweiterte meinen Part spontan zu einer improvisierten Publikumsbeschimpfung:

»Wollt ihr ewig sklavische Tanzbären sein, die sich gegenseitig das Rückgrat herausreißen?! – Wollt ihr euch immer weiter gegenseitig mit euren eigenen Ketten strangulieren, anstatt die Ketten zu zerfetzten und die anzufallen, die sie führen …«, schrie ich meinen Mitgefangenen in die ungläubigen Gesichter, was nicht nur die beobachtenden Wärter nervös werden ließ.

Nono, ein italienischer Pizzabäcker, war der einzige Kontakt im Knast, den ich an mich heranließ. Wie uns ein junger liberaler Beamter anvertraute, wurden Nono und ich von den

Schließern nur als die »Mafia« bezeichnet, wobei ich als Kopf und Nono als die ergänzende Faust angesehen wurde. Die Schließerschaft hatte nicht ganz unrecht. Die Willkür von Gefangenen gegen Gefangene – Vergewaltigungen, brutale Erpressungen, Diebstähle, Betrügereien – hatte immer mehr zugenommen, und ich hatte mit Nono begonnen, in diesem fast familiär kleinen Gefängnis mit rund zweihundert Gefangenen eine Art Regulativ zu entwickeln, um Willkür und Gewalt unter den Gefangenen einzudämmen. (Die Schließerschaft tat wenig gegen diese »Missstände«, da sie es nach dem »Teile und herrsche«-Prinzip gar nicht ungern sah, dass sich die Gefangenen gegenseitig zerfleischten, statt ihre Aggressionen gegen sie zu wenden.)

Gefangene, die Repressalien ausgesetzt waren, kamen zu uns. Ich beriet mich mit Nono über die Vorgehensweise und sprach darauf direkt mit den verantwortlichen Gefangenen, bevor Nono den manchmal zu schwachen Worten mit Muskelkraft ein wenig nachhalf.

Wir konnten so einige Missstände abstellen (erpresste Uhren und andere Wertgegenstände kehrten zu ihren Besitzern zurück), aber natürlich nichts gegen die wirklich sadistischen schweren Jungs im anderen Block ausrichten, die auf alles schissen. Dort, in den Mehrfachzellen, in denen teilweise zu langen Haftstrafen verurteilte Berufskriminelle saßen, die auf ihre Verlegung in die Langstrafengefängnisse warteten, spielten sich Scheußlichkeiten ab (sadistische Quälereien, regelmäßige Vergewaltigungen), die ich mir nicht hätte vorstellen können und von denen wir, wenn überhaupt, erst dann hörten, wenn die Täter bereits verlegt worden waren.

Ich hatte erlebt, wie man harmlose Kleingauner mit sadistischen Hardcore-Verbrechern zusammenlegte. Doch nicht nur verurteilte Schwarzfahrer, die man sadistischen Berufskriminellen auslieferte, auch ein Kinderschänder sollte in »staatlicher Obhut« vor Übergriffen geschützt sein, sosehr es dem »gesunden Volksempfinden« auch widerstreben mag. In den anderen Gefängnissen, in die ich kam – in Köln, Hagen und Remscheid –, wurde aufmerksam darauf geachtet.

Im hessischen Knast dagegen wurden nicht nur die Deliktgruppen, sondern auch Untersuchungshäftlinge und (verurteilte) Strafhäftlinge, im Gegensatz zu allen anderen von mir genossenen deutschen Gefängissen, nicht voneinander getrennt, was ein klarer Rechtsverstoß war (und im hessischen Knast mit den Sachzwängen der chronischen Überbelegung entschuldigt wurde, unter der jedoch alle Gefangenen in allen Gefängnissen leiden müssen).

Man ließ die unterschiedlichsten Gutachter auf mich los: Es wurde ein anthropologisches Gesichtsgutachten gefertigt, mehrere Größengutachten, ein DNA-Gutachten sowie ein Röntgengutachten (um eine mögliche aktuelle Schrumpfung im Verhältnis zur Tätergröße auf den Überwachungskamerabildern während der Überfälle belegen zu können).

Ich hatte aus den Akten, die ich wochenlang auf der Zelle studierte, erfahren, dass der Bankkamera-Täter von den Experten der hessischen Polizeischule größer als ich vermessen worden war. Also absolvierte ich täglich auf der Zelle ein mehrstündiges meditatives Training, um meine Körpergröße kontinuierlich auf ein mögliches Mindestmaß zu reduzieren, ohne eingefallen zu wirken. Zudem stand ich jeden Morgen um vier Uhr auf und stemmte in Intervallen bis zum Wecken um sechs Uhr den Zellentisch, um eine weitere Körperreduzierung, die bis zu zwei Zentimeter ausmachen konnte, für die zu erwartenden, unangekündigten Messungen zu erreichen. Als die Messungen stattfanden, wunderten sich die Experten nicht einmal darüber, dass ich manchmal abends einen Zentimeter größer war als am Morgen, wenn meine Kraftübungen mit dem Tisch noch wirkten. Normalerweise ist man am Abend durch die tägliche Abnutzung bis zu zwei Zentimeter kleiner als am Morgen.

Im Frühling 1997 wurde ich nach einem mehrmonatigen Indizienprozess von den vier mir zur Last gelegten Banküberfällen freigesprochen. Der Schlüssel zum Freispruch war eine acht Zentimeter starke Größendifferenz zwischen dem Täter, den die Bankvideokamera zeigte, und mir.

Da der Kölner Haftbefehl, wie von meinem Gießener Anwalt angekündigt, nicht aufgehoben wurde, wurde ich in das Kölner Gefängnis überstellt.

Die allgemeine Überbelegung deutscher Gefängnisse schlug sich in Köln dergestalt nieder, dass die ausschließlichen, ebenfalls ungefähr sieben Quadratmeter kleinen Einzelzellen im Parterre mit zwei Gefangenen und nur im ersten Stock einzeln belegt waren. Neuankömmlinge wurden auf eine sogenannte Zweier-Notgemeinschaft zusammengelegt und mussten bis zu mehrere Monate auf eine Einzelzelle warten.

Das Spiel ging weiter. Man legte mich zu einem schwitzenden, quallig fetten, sich aus allen Körperöffnungen besudelnden Junkie auf Heroinentzug. Noch am ersten Abend schrieb ich, in bestialische Gestankswolken gehüllt, einen Antrag, dass ich Untersuchungsgefangener sei, als U-Gefangener das Recht auf eine Einzelzelle hätte und die sofortige Verlegung auf eine solche fordere. Ansonsten würde ich unverzüglich in einen Hungerstreik treten.

Am nächsten Morgen hatte ich eine Einzelzelle. Mit Sicherheit nicht aus humanitären Erwägungen oder rechtlicher Verpflichtung, sondern weil man Unruhe und die allgemeine Informationsverbreitung über dieses Recht vermeiden wollte, von dem die wenigsten Gefangenen wussten.

Wie in allen deutschen Gefängnissen musste ich auch in Köln gleich am ersten Tag meinen Stand machen und mich gegen provozierende Attacken zur Wehr setzen. Im Gefängnis haben die die Macht, die die größten Muskeln und das größte Mundwerk haben – oder aber das meiste Geld. Da ich das größte Mundwerk nicht haben wollte und die größten Muskeln und das meiste Geld nicht hatte, hatte ich eine eigene Durchsetzungsvariante gewählt, nämlich die, eine kühle, ruhige Autorität auszustrahlen, hinter der eine nicht fassbare Bedrohlichkeit lauerte, die sich in Haltung, Blick, Mimik und scharfer Zunge Respekt verschaffen konnte. Es war meine Überlebensstrategie, ein wirksames Mittel, um mir Raum zu verschaffen und mir zerstörerische Mitgefangene wie Schließer vom Leib zu halten.

Als ich morgens in meine erste Kölner Freistunde ging, musste ich mich mit den üblichen Anwürfen auseinandersetzen. Da ein Gefängnis nicht nur ein miefiger Rattenstall ist, sondern auch ein Hort unkultivierter Hässlichkeit, fiel ich als »schöner Mensch, mit einer gewissen aristokratischen Arroganz«, wie mir ein Gefängnispfarrer attestiert hatte, schon äußerlich auf. Ich drehte meine ersten einsamen Runden durch den kleinen Freihofpark, als ich auf zwei Mitgefangene aufmerksam wurde, die auf einer Bank vor dem Volleyballfeld saßen und jedes Mal, wenn ich sie passierte, hinter mir herpfiffen und zischelten. Der eine war ein bulldoggengesichtiger, serbischer Zweimetermann, der andere ein gedrungener kahl geschorener junger Russe. Nach der dritten Runde blieb ich, die Hände tief in den Hosentaschen vergraben, vor ihnen stehen und lächelte sie freundlich an,

»Sagt mal, Mädels, seid ihr schwul? Ist ja nicht schlimm, aber muss man doch nicht so zur Schau stellen.«

Damit drehte ich mich um und setzte meinen Zehntausend-Kilometer-Rundlauf fort.

Ich schlenderte in das beginnende Volleyballspiel, mischte mich direkt in die Aufstellung ein, riss die Punktezählung an mich und gab demonstrativ Spielanweisungen. Am Ende der Freistunde zog ich den Bluff, der durch nichts abgesichert war als durch das Wissen um die normative Kraft der Dreistigkeit, noch einmal an. Ich stellte mich an die Treppe im Hafthaus, unterhielt mich mit dem Hausarbeitergefangenen und hielt dabei, die Hände lässig in die Seiten gestemmt, meine Ellbogen in das schmale Nadelöhr des Gefängnisgangs, durch das die hereinströmenden Gefangenen hindurchdrängten. Niemand stieß den Arm weg, alle machten einen Bogen. Natürlich ist das alles albern und affig, aber nur so setzt man sich in Affenrudeln gegen die Alphamännchen durch, wenn man nicht ihr Bananenträger werden will.

Seinen Richter kann man sich natürlich nicht aussuchen. Es gibt milde Richter und auch solche, die sich nicht übermäßig anstrengen wollen. Ich hatte das Pech, an den »schärfsten Hund« unter den Kölner Richtern zu geraten – wie mir nicht nur mein Anwalt, sondern auch Mitgefangene versicherten, unter denen er nur als »der Scharfrichter« bekannt war, der noch nie einen Freispruch ausgesprochen haben sollte.

Als ich den Richter beim Kölner Haftprüfungstermin das erste Mal in seiner ganzen Herrlichkeit über mir thronen sah, als ich sah, wie er mich mit kalten Augen taxierte wie eine kostbare Beute, wusste ich, jetzt ging es um alles, hier konnte ich mich nicht zurücklehnen.

Nach einem knappen halben Jahr kam ich in Köln vor Gericht. Hatte ich mich im Gießener Prozess völlig zurückgehalten und mit spöttischem Schweigen verfolgt, wie sich Zeugen und Gutachter selbst demontierten, bevor ich am Ende eine unwiderlegbare Fantasie als Einlassung vor dem Gericht ausbreitete, nahm ich am Kölner Prozess offensiv teil. Ich machte früh eine Einlassung, stellte Zwischenfragen, beantwortete ausführlich alle an mich gerichteten Fragen, widerlegte Vermutungen des Vorsitzenden Richters beziehungsweise zweifelte sie an, demonstrierte im Gerichtssaal bestimmte Körperhaltungen und Auspolsterungen, die Größenmessungen beeinflussen können, korrigierte falsche Sachaussagen des Richters. Mehrmals wurde dieser mir gegenüber laut oder empörte sich über eine angebliche Unverschämtheit, wie nach meiner spöttischen Aussage, dass ich bei der Einreise in Brasilien demonstrativ von Interpol erwartet worden war, man meine Ausreise jedoch offensichtlich verschlafen hatte.

Ich machte all das, was ein Mann in meiner Lage tun konnte: Ich provozierte, versuchte falsche Fährten zu legen, warf Nebelkerzen und wühlte mich in die Schwachpunkte der Anklage.

Dann kam es zum Auftritt des Denunzianten G. Er preschte in den Gerichtssaal, versuchte krampfhaft, nicht in meine

Richtung zu sehen. Zu seinem Verhältnis zu mir befragt, versuchte G. zunächst, eine sympathiegetragene Beziehung zwischen uns zu konstruieren (»Ich mochte ihn«), was er mit schmeichlerischen Beurteilungen unterstrich (»Er war smart, und er war ein Poet, und er hatte unheimlich viele Frauen«). Darauf klagte G. über die Auswirkungen seiner Denunziation für ihn.

»Meine Tochter spricht nicht mehr mit mir. Meine Gießener Geschäfte sind ruiniert. Meinen Rockschuppen konnte ich dichtmachen, weil das Studentenpack nicht mehr gekommen ist. Ich musste die Stadt verlassen und in Frankfurt neu anfangen. Alle lieben sie diesen Bankräuber da, und ein pflichtbewusster Staatsbürger wie ich wird wie der letzte Dreck behandelt und geschäftlich ruiniert.«

Ich fühlte mit ihm, wenn G. für einen vielfach vorbestraften Schläger, Zuhälter und Spitzel, der seine Aussagen ausschließlich aus Gründen der Habgier und des Straferlasses lanciert hatte, doch vielleicht ein wenig übertrieb.

Nach einem weiteren mehrmonatigen Indizienprozess forderte der Staatsanwalt fünf Jahre Gefängnis für zwei der sechs mir zur Last gelegten Kölner Banküberfälle im minderschweren Fall. Wir forderten den Freispruch. An einem verregneten grauen Morgen sprach der Richter Ende Februar 1998 eine Freiheitsstrafe von zehn Jahren für alle sechs mir zur Last gelegten Banküberfälle im schweren Fall aus. Die gut vier Monate Lissabonner Auslieferungshaft wurden doppelt angerechnet.

Hatte das Gießener Gericht in seiner Freispruchbegründung festgestellt, dass der Informant (oder Denunziant, je nachdem) G. »nur Fantasiewissen, aber kein originäres Täterwissen« besessen habe (»Nichts, das er nicht in den Zeitungen oder durch andere hätte erfahren können«), so behauptete der Kölner Richter nun, »dass G. seine Beschuldigungen in vielen Vernehmungen konstant wiederholt hat und dabei Angaben gemacht hat, die er zum einen nur vom Täter wissen konnte und die zudem durch sonstige Beweismittel bestätigt werden«.

Die sich widersprechenden Feststellungen der beiden Gerichte in Gießen und Köln bezüglich der Aussage des Informanten beziehen sich skurrilerweise auf dieselben Fälle, nämlich auf die Banküberfälle in Gießen, da Gaumeiers Aussagen, die Kölner Banküberfälle betreffend, nicht einmal Zeitungswissen enthielten. Frage im Kölner Prozess: »Welche Überfälle hat Ihnen der Angeklagte geschildert?« G.: »Ich erinnere mich nur, dass Herr Laux in der *Bild*-Zeitung als Zorro-Bankräuber gehandelt wurde.« Frage: »Würden Sie Ihr Gedächtnis eher als gut oder schlecht bezeichnen?« G.: »Alzheimer lässt grüßen.«

Und so wurde ich für die Kölner Banküberfälle verurteilt, weil der Kölner Richter davon überzeugt war, dass ich die Gießener Überfälle begangen hatte – für die ich vom Gießener Gericht freigesprochen worden war.

Wir gingen in die Revision. Gegen Ende des Jahres 1998 kam die Revisionsentscheidung des Bundesgerichtshofs. Die Nebenrevision meines Kölner Anwalts bezüglich des Strafmaßes war angenommen worden. Die Hauptrevision meines Gießener Anwalts hatte jener sechs Tage zu spät eingereicht, sodass sie nicht berücksichtigt worden war. »Die in der Revisionsbegründungsschrift vom 6. Juli 1998 erhobenen Verfahrensrügen sind nicht in der Frist des § 345, Abs. 1 (Strafprozessordnung), angebracht worden und daher unerheblich«, so der Generalbundesanwalt beim Bundesgerichtshof.

Im Revisionsprozess wurde ich zu achteinhalb Jahren Gefängnis verurteilt.

Im März 1999, einen Monat nach dem Revisionsprozess, besuchte mich Cheyenne, die in Frankfurt auf einer Tagung war, überraschend im Kölner Gefängnis. Nach fast drei Jahren, in denen man uns verwehrt hatte, uns zu sehen, erhielt ich endlich eine Besuchserlaubnis. Cheyenne war gekommen, um mir von Angesicht zu Angesicht zu sagen, dass sie sich nicht mehr als meine Freundin fühle und dass sie sich hiermit von mir trennen wolle. Ich empfand alle Liebe und Achtung für sie und wünschte ihr alles Glück.

Ich war zur gleichen Zeit erneut in die Revision gegangen, die Ende 1999 abgelehnt wurde.

Durch meine Exponierung und den Hang zur Einmischung geriet ich auch im Kölner Knast immer wieder in brenzlige Situationen. Einmal hatte mir beim Hallenfußball, bei dem ich nicht nur den Organisator und Spieler, sondern auch den Schiedsrichter mimte, ein frisch eingelieferter junger Türke nach einer ihm nicht genehmen Entscheidung gedroht: »Du nimmst den Freistoß zurück, oder ich schlag dir nachher unter der Dusche die Fresse ein!«

»Foul ist Foul. Der Freistoß gilt«, beharrte ich auf meiner Entscheidung.

»Nachher bist du dran.«

Später, im völlig überfüllten Duschraum, der von den Wärtern von außen verschlossen war, löste der Junge sein Versprechen ein und schlug mir seine Faust ins Gesicht.

Ich blieb aufrecht vor ihm stehen, während die durcheinanderrufenden Mitgefangenen den Jungen festhielten.

»Lasst ihn los«, rief ich ihnen zu und blitzte den jungen Türken an. »So, und jetzt?! Was jetzt? Willst du noch mal? Und was dann?«

Die Augen des Jungen begannen zu flackern, und er drehte sich verunsichert weg. Später kam er in der Freistunde zu mir und entschuldigte sich.

Nach dem Durchstehen solcher Angriffssituationen war ich immer völlig erschöpft, ohne mir das natürlich anmerken zu lassen. Der eiserne Griff der Selbstkontrolle über die zerreißende innere Spannung, die schmerzhafte Bekämpfung der Angst, die wache Konzentration auf die eigenen Instinkte laugten mich jedes Mal aus. Es war ein schmaler Grat, auf dem ich balancierte, und es forderte volle Konzentration, immer den richtigen Schritt zu tun, um nicht abzustürzen. Mehr als einmal träumte ich davon, wie schön es wäre, diesen ganzen Arschlöchern einfach mal so richtig in die Schnauze zu hauen.

Sosehr dieser Widerstand gegen Grobschlächtigkeit und Gewalt an der Seele zerrte und mich manchmal in reale physische Gefahr brachte, so gab es für mich doch keine Alternative, wollte ich mich als Individuum erhalten. Ich stand mit dem Rücken zur Wand, es gab keine Ausweichmöglichkeit; ich war der Situation nackt und hilflos ausgeliefert, dass ich immer nur geradewegs durch das Auge des Hurrikans hindurchschreiten konnte. Ein Ausweichen in laue Kompromisse hätte mich zerwirbelt und letztlich als halbwegs eigenständiges Individuum zerstampft. Ich hatte keine Wahl und wusste aus Erfahrung, dass es in der Freiheit, in der man die Möglichkeit des Ausweichens, Aussuchens, Nichteinmischens, des Abwägens, Zauderns und der physischen Flucht hatte, letztlich viel schwieriger ist, die Angst zu überwinden und sich einzumischen und zu sich selbst zu stehen.

Hatte ich mich in der Haft in Lissabon, in Gießen und anfangs auch in Köln immer wieder schlichtend in gewalttätige Auseinandersetzungen gemischt, so veränderte sich jetzt allmählich meine Einstellung. Ich mischte mich nicht mehr in jeden Mist ein. Einmal wartete ich zwei Stunden lang im Kölner Besuchswarteraum. Die vergitterte Wartezelle war, wie alle Wartezellen, ein von einem schmuddelig klebrigen Film überzogenes Loch, dessen uringelbe Wände von den üblichen obszönen Kritzeleien und Gefangenenweisheiten übersät waren. Die Zelle war mit nervös qualmenden Gefangenen so vollgepfercht, dass ich all meine Selbstbeherrschung aufbringen musste, um die würgenden Erstickungsängste und den Drang, laut loszuschreien, im Zaum zu halten.

Plötzlich begannen zwei junge deutsche Junkies, wegen eines Zigarettenstummels aufeinander einzuschlagen. Ein Teil der Gefangenen mischte sich ein, eine Massenschlägerei kündigte sich an. Ich saß, äußerlich völlig entspannt, in meinem vielleicht gar nicht so einsamen Kampf gegen die Beklemmungsneurose, mit lässig ausgestreckten Beinen am Gitterfenster. Mir gegenüber saß Kevin, ein gebildeter schwarzer Dealer aus London. Er vertrat die Auffassung: Je mehr von dem Gelumpe sich gegenseitig die Fresse einschlägt, desto mehr habe ich meine Ruhe.

Ich schaute, äußerlich ungerührt, auf die beiden Kämpfenden, die mittlerweile in einem schreienden Knäuel schlichtender Mitgefangener steckten. Blut spritzte an die Wand und rann einer hingeschmierten Frauenkarikatur mit überdimensionalen Geschlechtsorganen die Innenseite der Oberschenkel hinunter.

»Bloody carneval«, hob ich müde meine Augenlider.

»Yeah, rock 'n' motherbitching roll«, grinste Kevin sparsam zurück.

Ich sah aus dem Gitterfenster. Im schmutzigen Küchenhof schoben zwei weibliche Gefangene, mit Schultern, die an russische Panzer erinnerten, riesige, silbermetallene Wäschekörbe über eine Rampe. Sie waren in unförmiges blaues Gefängnissacktuch gehüllt, und ihre Gesichter, die jetzt zu mir hochzeigten und obszön ihre Zungen rollen ließen, hatten den Sex debiler Bulldoggen, mit einem ausgeprägt menschlichen Zug zur Grausamkeit. Vollendet umkrönt wurde dieses Bild zarter Melancholie von einem bleiern grauen Novemberhimmel, der schwer auf die Gefängnisanlage drückte.

In diesem Moment wurde die Tür aufgerissen, und zwei brüllende Beamte zerrten und prügelten die beiden Streithähne auseinander und trieben sie zurück in ihre Zellen.

»Take no prisoners«, grinste ich meinem schwarzen Leidensgenossen zu, als er zum Besuch aufgerufen wurde.

»No prisoners«, grinste er zurück.

Ich war froh, als Jonny an der Pforte anrief, dass er in einem Stau stecke und es nicht mehr schaffen könne, sodass ich mich endlich in meine abgeschlossene Zelle zurückziehen konnte.

In der ersten Februarhälfte 2000 wurde ich in die nordrhein-westfälische Auswahlanstalt Hagen verlegt. In diesem Gefängnis wird entschieden, in welcher nordrhein-westfälischen Justizvollzugsanstalt der Gefangene schließlich die verbleibende Strafhaft zu verbüßen hat.

Das Hagener Gefängnisgebäude war in einem sechsstöckigen, nach innen offenen Karreebau angelegt. Die winzigen Zellenfenster unter der Decke gingen ausschließlich auf den engen, schlundartigen Hof. Nur im obersten sechsten Stock gab es einige wenige Einzelzellen, ansonsten bestand das Auswahlgefängnis aus Zweier-, Dreier- und Vierer-Zellen.

Es war ein düsterer, frostiger Februartag, als ich in Hagen eintraf. Erst die übliche Warterei in der vollgepferchten schmuddeligen Wartezelle, dann die Einweisung: »Sie gehen in eine Dreierzelle im dritten Stock!«

Ich wusste, dass ich jetzt als sogenannter Strafhäftling, im Gegensatz zur Untersuchungshaft, auch keinen Rechtsanspruch mehr auf eine Einzelzelle hatte. Da ich aber ganz und gar nicht die Absicht hatte, in eine überbelegte Mehrfachzelle (»Notgemeinschaft«) zu gehen, leistete ich Widerstand.

»Ich erhalte entweder eine Einzelzelle im sechsten Stock, oder Sie können mich direkt in den Bunker bringen. Ich werde das auch nicht diskutieren. Es ist Ihre Entscheidung: entweder Einzelzelle oder Bunker.« (Der Bunker ist in deutschen Gefängnissen ein abgeschottetes kahles Kellerloch mit einem Betonblock als Pritsche, oben und unten, für »Notfälle«, mit Hand- und Fußschellen versehen, einem Notdurftloch und einer Bibel als einzig erlaubter Lektüre. Über allem ein schattenloses Neonlicht, das man von innen nicht ausschalten kann, sowie ein ständig wachsames Kameraauge. Doch man war nicht mit irgendwelchen Mitgefangenen zusammengepfercht.)

Der Kammerchef schaute mich irritiert an. Er wollte etwas sagen, entschied sich dann aber doch dafür, noch einmal einen Blick in meine Akte zu werfen. Meine Entschlossenheit, das Aktenstudium sowie ein Anruf beim Sicherheitschef überzeugten ihn. Ich bekam eine Einzelzelle im obersten sechsten Stock. Das Bewusstsein, dass über mir keine Zelle, sondern der winternackte Himmel hing, milderte meine Beklemmung ein wenig. Zum einstündigen Hofgang zu gehen oder nicht war hier die Wahl zwischen Pest oder Cholera.

Ich ging nur ein einziges Mal in die Freistunde, die für meine Abteilung einmal täglich morgens um sieben Uhr stattfand. Es war nachtdunkel, und ich watete auf dem Grund des tristen Betonschlundes durch schmutzigen Schneematsch, hoch über mir ein kleines, schwarzes Karree: der Himmel. Da sich in dem Schlund kein Windhauch rührte, musste ich mit der nassen Nachtluft den Zigarettenqualm meiner Mitgefangenen einatmen, die, tief in ihre Gefängnisparkas geduckt, im Kreis herumtrotteten und dünne Rauchschwaden absonderten. Die Situation in diesem »Freihof« war bedrückender als der Aufenthalt in der Zelle, zumal es im Hof nicht den geringsten Platz zum Joggen gab. Also verließ ich die Zelle in der Folgezeit nur noch zum zweimal wöchentlichen Duschen und einmal in der Woche zum einstündigen Sport, der irgendwo in diesem labyrinthartigen Gebäude in einem engen, überfüllten, fensterlosen Raum stattfand.

Das Neonlicht in der Zelle musste man auch am Tag eingeschaltet lassen, wenn man nicht im Zwielicht sitzen wollte. Wie in Gießen und Köln absolvierte ich täglich ein ausgedehntes Gymnastikprogramm. Jeden Abend schleuderte ich Tisch und Stuhl aufs Bett, um in dem engen Zellenloch bis zur Erschöpfung die zweieinhalb Meter von Wand zu Tür hin und her zu sprinten und dazu wie ein Kojote Nirwanas »Rape Me« gegen die Wände zu heulen.

Der Lärmterror begann frühmorgens. »Guten Morgen! Stehen Sie auf, waschen Sie sich und putzen Sie sich die Zähne!« Jeden Morgen um 5.30 Uhr bohrte sich eine unfreundliche Kerkermeisterstimme aus dem Zellenlautsprecher ins Gefangenenbewusstsein. Von da an folgte bis zum

»Nachtverschluss« eine blecherne Ansage auf die andere. Dazu schnitt die scheppernde Geräuschkulisse aus den zahllosen anderen Zellenlöchern wie ein Rasiermesser durch Nerven und Seele: Technostakkato, Rockgehämmer, orientalisches Folkloregejammer, gepaart mit unaufhörlichem aggressivem Gebrülle aus den Zellenwaben, ergaben einen dichten, scheppernden Lärmbrei, der schwer in dem Betonschlund hing und durch die Zellenfenster in die Gefangenenhöhlen kroch. Dort breitete er sich aus und drang bis in die feinsten Nervenenden der Gefangenen und fraß jegliches Gefühl und jeden Gedanken.

Und ich gehörte noch zu den Privilegierten. In welchem Höllenschlund waren jene gefangen, die im ersten oder dritten Stock eingekerkert und in Zweier- oder Dreier-Notzellen untergebracht waren. Zudem war ich an diesem unseligen Ort nur zweieinhalb Wochen gefangen. Die anderen Einweisungshäftlinge mussten hier zehn bis achtzehn Wochen ausharren und eine Reihe psychologischer Gespräche und Tests absolvieren. Warum ich mich dem nicht unterziehen musste (»Bei Ihnen brauchen wir das nicht«), wurde mir nie mitgeteilt. Wahrscheinlich ging man richtigerweise davon aus, dass ich ihren Budenzauber nicht eine Sekunde ernst genommen hätte.

In der ersten Hagener Woche erhielt ich eine absenderlose, vorgedruckte Kondolenzkarte ohne Unterschrift, in der mir der Tod meines Vaters mitgeteilt wurde. Ich fühlte – nichts.

Nach zweieinhalb Wochen empfing mich der Vorsitzende der Hagener Spruchkammer zu einem mehrstündigen Gespräch unter vier Augen. Der Herr Psychologe versuchte zu verstehen, warum ich mich nach »einer überschaubaren, gesunden Phase der Rebellion und Sinnsuche« im Lauf der Jahre »nicht abgeschliffen« und – »bei aller sensiblen Radikalität« – nicht funktional angepasst hatte, wie man es von einem Mann meiner Herkunft und meines Intellekts erwarten könnte. Er lächelte jovial. »Auch Joschka Fischer war ein Rebell, hat sich aber nach Jahren der Irrungen und Wirrungen gefangen und ist heute Außenminister. Warum haben Sie die Kurve nicht bekommen?«

»Weil ich Ihre und Joschkas Kurve nicht bekommen *wollte*. Ich *wollte* eben weder Regierungsdirektor noch Außenminister werden«, gab ich ihm freundlich zur Antwort.

In seinem Gutachten kam der Herr Psychologe zu der Einschätzung einer »allgemeinen Sozialentwicklung, die von (jugendtümlicher) Unruhe, Experimentierfreudigkeit und Suche nach alternativen Möglichkeiten einer bohemienhaften Lebensgestaltung gekennzeichnet war – Gestaltungen des Lebens, die insgesamt ungewöhnlich sind, weil sie selten vorkommen und ein höheres Maß an Neugier und Unbeständigkeit zum Ausdruck bringen«. (Psychologisches Gutachten)

Ich verbrachte viereinhalb Jahre, also mehr als die Hälfte der zu verbüßenden Strafzeit, in Untersuchungshaft, und ich war nicht vorbestraft, womit ich nach dem üblichen Prozedere in den offenen Vollzug überstellt werden musste. Erwartungsgemäß entschied der Psychologe demgemäß, mich als Nichtvorbestraften in den offenen Vollzug zu schicken. Als er aber nochmals im Computer die Daten kontrollierte, stellte er fest, dass eine falsche Strafzeitberechnung vorgenommen worden war: Die gut dreizehn Monate hessischer Untersuchungshaft waren nicht angerechnet worden. Irritiert rief er bei der für die Strafzeitberechnung verantwortlichen Rechtspflegerin in Köln an, um sich über den Sachverhalt aufklären zu lassen. Das Ergebnis: Mein erster Anwalt, der schon während des Prozesses gravierende Fehler begangen und die entscheidende Revision sechs Tage zu spät eingereicht hatte, hatte – mit einer alten Vollmacht von mir ausgestattet – noch vor Ende des ersten Kölner Prozesses die Entschädigung für die erlittene Gießener Untersuchungshaft (20 DM pro Tag) eingefordert und erhalten, womit die dreizehn Monate Gießener U-Haft nach Aussage der zuständigen Rechtspflegerin abgegolten waren und von mir ein zweites Mal abgesessen werden mussten.

Der Psychologe stellte daraufhin bedauernd fest, dass »angesichts des jetzigen Vollstreckungsstandes die Einweisung in den offenen Vollzug verfrüht« sei, und überwies mich bis zur »Klärung der endgültigen Strafzeitberechnung« in den geschlossenen Vollzug nach Remscheid.

Wäre ich bei einer rechtzeitig erfolgten, korrekten Strafzeitberechnung im Februar 2000 von der Einweisungsanstalt Hagen direkt in den offenen Vollzug verbracht worden, von wo aus ich nach spätestens drei Monaten in die Freiheit entlassen worden wäre, musste ich nun, da ich mich mittlerweile im geschlossenen Vollzug befand, durch das Prozedere des geschlossenen Vollzugs gehen, das erneute psychologische Begutachtung nötig machte und, im Falle einer positiven Bewertung, zunächst nur Wochenendurlaube vorsah und erst dann die Verlegung in den offenen Vollzug. Daran änderte auch nichts, dass meine Beschwerde gegen die Strafzeitberechnung nach einer Ablehnung durch das Landgericht Wuppertal in der letzten Instanz vom Oberlandesgericht Düsseldorf nach Monaten anerkannt und die über dreizehnmonatige Gießener Untersuchungshaft angerechnet wurde, unter der Voraussetzung, dass ich die von meinem früheren Anwalt eingeforderte Entschädigung zurückzahlte.

Wie in Lissabon, Gießen und Köln beriet ich auch in der Remscheider Haftanstalt Gefangene, formulierte ihren Schriftverkehr, schrieb ihnen für ihre Angehörigen Liebesbriefe und -gedichte und lag, als (inoffizieller) Gefangenensprecher und in eigener Sache, im Dauerkampf mit der Anstaltsleitung.

Meine Lockerungsanträge wurden von der Anstaltsleitung wiederholt abgelehnt, unter anderem mit der Begründung: »Der Gefangene hat sich über die negative Vollzugsentscheidung wiederholt beschwert ... Gründe, die es rechtfertigen könnten, den psychologischen Dienst erneut zu beteiligen, sind nicht erkennbar ... Erneute Wiedervorlage in einem Jahr.«

In dem Wissen, dass man mir als Gefangenem alles nehmen konnte, nur nicht meine Würde, habe ich all die Jahre der Gefangenschaft zu leben und zu handeln versucht. Ich habe einen einsamen Kampf gegen die lächerlichen Domestizierungsversuche der Anstaltsverantwortlichen wie gegen den tagtäglichen Terror der lieben Mitgefangenen geführt. Vor allem im Remscheider Knast, diesem miefigen Sumpf aus klebriger Heuchelei, gegenseitiger Bespitzelung und Konformismus-Einforderung. Wie heißt es in Eduard Kusnezows autobiografischer Novelle *Lagertagebuch*: »Das Gefängnis ist die Schule der Freiheitsliebe, sofern sie dich darin nicht zerbrechen oder dir den Geist des Konformismus einimpfen.«

Faktisch wurden in der Remscheider Anstalt die gerichtlichen Urteile aufgehoben und neu geschrieben. Im Februar 1999 hatte der urteilende Richter in der mündlichen Urteilsbegründung für das Strafmaß, das er an einer »Zweidrittel-Entlassung« orientiert hatte, wie sie bei einem sogenannten Ersttäter üblich ist, noch gesagt: »Sie als Erstbestrafter werden ja auf jeden Fall die Zweidrittel-Entlassung bekommen. Es sind also noch knapp zwei Jahre, die Sie vor sich haben …« Dieses Versprechen war, als ich endlich in Freiheit kam, über vier Jahre alt.

Es findet eine Neuschreibung der Gerichtsurteile statt, bei der sich die Anstalt häufig nicht an kriminologischen und vollzugstechnischen Kriterien orientiert, sondern am Maß der Willfährigkeit, Heuchelei und kritiklosen Unterwerfung unter die Egos der unkontrolliert entscheidenden Beamtenschaft.

Beispiele, wie in unterwürfiger Verstellung verharrende und oftmals vielfach vorbestrafte Berufsgefangene noch vor dem »Halbstrafen-Zeitpunkt« (also noch bevor die Hälfte der Strafe abgegolten ist) Lockerungen als »Urlauber« erhalten und in den offenen Vollzug geschickt wurden, wo sie zur »Zweidrittel«- oder gar »Halbstrafe« entlassen wurden, habe ich im Remscheider Knast viele gesehen.

Ich habe mich gefragt, wie jene, die durch Verrat und Selbstaufgabe früher die Freiheit erlangen, in Freiheit leben können, denn ich war immer der Meinung, dass ein Leben ohne Selbstachtung kein freies Leben ist. Aber offensichtlich können die meisten dieser Heuchler, Kriecher und Denunzianten die Freiheit ohnehin nicht ertragen, denn fast alle kommen wieder ins Gefängnis zurück. Dort werden sie wieder aufgenommen, wie im Schoß der Familie, und im Verhältnis zu Neulingen auch noch bevorzugt behandelt, wobei sich häufig zwischen Berufskriminellen und Langzeitbeamten eine fast familiäre Beziehung entwickelt. Manche vielfach Vorbestrafte habe ich in meiner Eigenschaft als Gefängniskammerarbeiter auf der Kammer mehrmals empfangen und eingekleidet – Gefangene, die in Freiheit waren und dieses höchste Gut achtlos wegwarfen und deren eigentlicher »Endstrafenzeitpunkt« hinter meinem lag.

Angesichts der Tatsache, dass ich nach den viereinhalb Jahren Untersuchungshaft durch die falsche Strafzeitberechnung nicht in den offenen Vollzug und infolge nicht bald in Freiheit kam, sondern noch über drei Jahre im geschlossenen Vollzug gefangen war, sind in meinen Augen mit der verbüßten Haftzeit von siebeneinhalb Jahren auch alle begangenen Banküberfälle abgegolten.

Im Frühherbst 2002 beantragte ich eine erneute Lockerungsprüfung, der zu diesem Zeitpunkt stattgegeben werden musste, da ich sie ansonsten beim Düsseldorfer Oberlandesgericht erzwungen hätte.

In unregelmäßigen Abständen ging ich drei Monate lang in den »Hafturlaub«, bevor ich Ende März 2003 den sogenannten Reststrafenantrag zur Entlassung stellte. Am 26. Mai 2003 – weit über zwei Jahre nach meinem eigentlichen Zweitdrittel-Entlassungszeitpunkt, und weniger als acht Monate vor dem sogenannten Endstrafenzeitpunkt – öffneten sich endlich die Freiheitstore.

Als ich am Kölner Hauptbahnhof in meiner abgeschabten Wildlederjacke aus dem Zug stieg, eine halb volle Reisetasche über die Schulter geworfen und Jim Morrisons »Moonlight Drive« auf den Lippen, wusste ich, eine weite pralle Welt lag vor mir und wollte neu entdeckt werden.

ENDE

MEINE FREUNDE, DIE BANKRÄUBER

Nachwort von Günter Wallraff

Ich habe Reiner Laux im Gefängnis kennengelernt, beim Tischtennisspielen. Die Treffen wurden als Brückenbau zwischen »Drinnen« und »Draußen« deklariert, als sogenannte »Resozialisierungsmaßnahme«. Man kommt über den gemeinsamen Sport, das Kräftemessen, ins Gespräch. Viele ungewöhnliche Gespräche habe ich gehabt, und mit Reiner Laux wurden es mehr, ja, wir freundeten uns an. Ich habe sehr schnell gespürt, dass dieser Mann alles andere war als ein bedenkenloser Gewalttäter und rücksichtsloser Ellenbogenaktionist. Ich habe damals gehofft, dass Reiner Laux seine Geschichten und seine Geschichte irgendwann zu Papier bringt, dass er das nicht nur lesbar umsetzt, sondern offen, persönlich und ansatzweise auch selbstkritisch – und ich finde, es ist ihm gelungen.

Natürlich macht ein Buch, auch ein bekennendes, aus einem Saulus keinen Paulus. Ein Überfall bleibt ein Überfall und lässt sich gegenüber den Opfern, egal, ob einzelne oder mehrere, nicht schönreden. Aber man kann in diesem Zusammenhang die Gewichte zurechtrücken. Es gibt nämlich durchaus sehr unterschiedliche Motive, eine Bank zu überfallen. Zumindest zu Beginn von Laux' »Karriere« waren es nicht die Übelsten. Denn der erste Banküberfall diente sozusagen einem »guten Zweck«, nämlich seine WG vor dem finanziellen Fiasko zu bewahren. Erst später ging es um die Finanzierung des eigenen aufwendigen Lebensstils. Selbst diese späteren Gründe scheinen jedoch nicht schamloser zu sein, als die Gründe der gestrigen und heutigen Ackermänner dieser Welt, die Menschen wegen der Raffgier um Haus und Hof bringen oder Millionen von ihnen durch Nahrungsmittelspekulationen tagtäglich Hunger leiden lassen. Nicht zu vergessen: Die Ausplünderung der Besitzlosen. Immerhin ein Viertel der deutschen Bevölkerung hat keine Ersparnisse oder gar Schulden. Bei Kontoüberziehung werden sie mit Wucherzinsen zwischen 11 % und 17 % belastet, im übertragenen Sinne »ausgeraubt«, obwohl sich die Banken bei der Europäischen Zentralbank Geld mit Zinsen zu 0,15 % so günstig wie nie leihen können.

»Was ist ein Einbruch in eine Bank gegen die Gründung einer Bank?!«, dichtete uns schon Berthold Brecht in den politischen Verstand.

Hier schreibt einer, der nicht nur einen Bankraub, sondern gleich mehrere auf dem Kerbholz hat, und eröffnet damit Blickwinkel, die einem sonst vielleicht verschlossen geblieben wären. Und zwar gar nicht einmal der Kenntnisse wegen, die wir darin über gelungene und misslungene Bankräuberei gewinnen. Das wäre mir zu wenig und gleichzeitig zu viel Jesse-James-Romantik. Nein, das Buch von Laux erschließt uns auf ziemlich faszinierende Weise eine viel grundlegendere Erkenntnis, die zwar nicht neu ist, aber die im Alltag normalerweise selten berücksichtigt wird: Oft sind es die

Umstände, die uns in die eine oder die andere Richtung drängen; wir sind nur bedingt »Herren« (oder Frauen) unserer Selbst. Wer erfolgreich auf die sogenannte schiefe Bahn gerät, muss manchmal nicht viel mehr mitbringen als Entschiedenheit, Mut und Risikobereitschaft. Damit hätte er unter anderen Umständen aber auch ein kaltblütiger Manager oder durchsetzungsfähiger Politiker werden können.

Es gilt also, genauer hinzuschauen, bevor wir Menschen beurteilen, erst recht verurteilen. Mit jeder Seite dieses Buches blättert sich auch das Leben von Laux ein Stück weiter auf, sodass wir ihn verstehen lernen. Als Kind eines gewalttätigen, kommissverherrlichenden Offiziers-Vaters lehnte er sich schon im Alter von zwölf Jahren gegen die ihn beherrschenden Zustände auf: Als sein Vater ihn in seine Kaserne mitgenommen und ihn in einen leeren Raum eingesperrt hatte, um ihn für seine Schulverweigerung zu bestrafen, beobachtete der Junge eine Szene im Kasernenhof. Dort schiss ein Unteroffizier seine verängstigten Rekruten zusammen. Reiner öffnete ein Fenster, pinkelte hinaus in den Hof, dabei Wort für Wort wiederholend, was der Soldat seinen Untergebenen angedroht hatte. So machte der Pimpf den Unteroffizier zum Gespött vor seiner eingeschüchterten Kompanie.

Eine der Geschichten mitten aus dem Leben, die Laux geprägt haben. Zur damaligen Zeit waren es übrigens nicht wenige, die sich als Zivildienstleistende von ihren überlebenden Wehrmachtsvätern oder der Generation der Weltkriegs-II-Männer aufs Gröbste beleidigen und attackieren lassen mussten. Auch ich habe das als Kriegsdienstverweigerer bei der Bundeswehr als prägende Erfahrung zehn Monate lang erleiden dürfen.

Zu oft erlebte auch Laux den Spruch »Bei Adolf hätten sie solche wie euch an die Wand gestellt!« als letzte Ausflucht vor der Niederlage in einer Diskussion oder als Eingeständnis, sich in den aufbrechenden Zeiten der Sechzigerjahre nicht mehr zurechtzufinden.

Aus dieser brutalen Enge und Rückwärtsgewandtheit bricht Laux aus: in die neuen Freiheiten, die sich die Jugend seiner Zeit holt. Mit wilder, ekstatischer Musik. Als Tramper, nichts wie raus, irgendwohin, erst nur im eigenen Land, dann raus aus der verspießten und ihm verhassten Bundesrepublik, in der trotz des Aufbruchs Mief und Gestank der NS-Zeit wie unter einer Dunstglocke noch bis weit in die Siebzigerjahre waberte und sensible Menschen Erstickungsanfälle bekamen. Er entzieht sich dem gewaltbeladenen elterlichen Zugriff, kommt häufiger einfach nicht nach Hause, sucht und findet Liebe und Sex (wer so etwas Jugendlichen unter 21 damals im eigenen Hause gestattete, konnte noch wegen Kuppelei verurteilt werden!).

So weit so gut, so verwegen, so abenteuerlich, so frei. Viele damals lebten so. Viele, das heißt zur Klarstellung: viele, aber sicherlich nicht die Mehrheit. Die Mehrheit der Jugendlichen war angepasst oder grenzte sich von den Aufmüpfigen unter ihren Altersgenossen ab. Aber das Klima, den Sound der Zeit, den Trend in Schulen, Universitäten und auf der Straße prägten immer mehr die Aufmüpfigen und Rebellierenden. Laux fängt die Stimmung recht gut ein, denn er war einer der Unangepassten, von denen später jemand Außenminister wurde und Krieg auf dem Balkan führen ließ, ein anderer noch heute ein engagierter Rechtsanwalt und erstaunlich unangepasster Bundestagsabgeordneter bei den Grünen ist, wieder andere diese Geschichte(n) begraben, reichlich gedankenlos hinter sich gelassen haben und, wenn überhaupt, eher nostalgische Rückblicke pflegen.

Laux trägt schwer an seiner Familie, und er will diese Last abwerfen in den revolutionären oder auch nur lebensgierigen Zeiten, in denen Leute wie er viele Fesseln abstreifen. Deutschland streift er ab, versucht es zumindest, er geht in den Süden. Dort, in Lissabon – Portugal war immer sein träumerischer Fluchtpunkt –, erhält er Besuch von seinem Bruder. Da ist er schon mehrfach erfolgreicher Bankräuber, sein Bruder längst schon erfolgreicher Banker. Ein Zusammenprall von gegenseitiger Verachtung, von Ordnung und Chaos, von Geldkarriere und romantisierender Räuberkarriere, nämlich als Bohemien und als Frauenheld. Über die Gräben von verschiedenen Lebenssystemen hinweg stehen sich auch die erwachsenen Brüder misstrauisch gegenüber.

Musik begleitet den einen, den Räuber, vermutlich mehr als den anderen. Jedenfalls lässt uns der Autor an seiner Musik teilnehmen, er trägt uns vor, wer ihn begeistert und immer wieder inspiriert. »Music was my first love ...« Und seine Lieblingsrhythmen ziehen sich wie ein Leitmotiv durch ein Leben auf der Überholspur, in Köln, in Lissabon, in Brasilien oder anderswo, in den Siebzigern, Achtzigern und frühen Neunzigern – und wir spüren, wie sich die Zeiten anfühlten.

Dann fällt alles in sich zusammen. Wie ein zu hoch fliegender Heißluftballon, in den die Staatsmacht ein Loch schießt. 1995 ist Schluss mit lustig, der Libertin stürzt ab, ohne Fallschirm. Auch kein Sprungtuch fängt ihn auf, er landet hart im Knast, zuerst in einer überfüllten Massenzelle in Portugal, wartet vier Monate lang mit 25 Gefangenen auf 35 Quadratmetern auf die Auslieferung nach Deutschland, unter den Häftlingen Gewalt, Übergriffe, sexuelle Attacken. »Ich überlebte ungebrochen«, schreibt Laux. Ja, der Mensch überlebt vieles, dieser hier hat den gewalttätigen Vater überlebt, seine Familie, er hat manchen Überfall überlebt, der vielleicht bei Täter oder Opfer eine Herzattacke hätte auslösen können.

Was heißt schon ungebrochen?

Wir sind nicht nur die Kinder unserer Zeit. Wir werden auch vielfältig von ihr geformt, gefaltet, gebrochen und wieder zusammengeflickt. Davon ist Laux nicht verschont. Er wird in deutscher Haft nicht in einer Massenzelle verrückt gemacht, man versucht, ihn durch Isolation gefügig zu machen. Fast jedenfalls. Die Staatsmacht spielt als fette Katze mit ihm Mäuschen, die ist gekränkt, weil er sie jahrelang an der Nase herumgeführt hat, sie wirft ihn, wie es ihr gefällt, hierhin, dorthin, sitzt mit schmalen Augen vor ihm, wenn er sich schon aus eigenen Kräften nicht mehr rühren kann. Angst, Verzweiflung, Konfrontation mit blinder Gewalt unter den Mitgefangenen, Ausweglosigkeit, Ausgeliefertsein, sadistische Wärter. Hier hilft keine ordnende Hand des Staates.

Der Knast (Laux saß sieben Jahre und fünf Monate) ist eine Anstalt, die zerbricht und die mit wirklicher Resozialisierung oder besser vielleicht sozialem Zusammenleben vom Ansatz her nichts zu tun hat. Auch wenn es immer wieder verdienstvolle, liberal eingestellte und humane Beamte gibt, die das anders möchten. Aber es gibt auch die anderen, die bösartigen Zyniker und Rachsüchtigen, von denen Laux uns ebenfalls berichtet. Das psychologische Gutachten eines Regierungsdirektors bringt ihn um die übliche vorzeitige Entlassung, weil ihm darin u. a. vorgeworfen wird, er habe sich auch nach einer ja durchaus zu akzeptierenden jugendlichen »Phase der Rebellion und Sinnsuche« nicht angepasst. Laux hat auf diese Vorhaltung im Gutachtergespräch geantwortet, er habe eine solche Anpassung nicht gewollt und Regierungsdirektor habe er schon gar nicht werden wollen.

Laux kann das sehr hautnah erzählen und macht aus seinem nachvollziehbaren Widerwillen gegen das Gefängnis und die es umgebenden Institutionen kein Hehl. Das durchzieht sein Leben: mit einer schonungslosen Ehrlichkeit die Umgebung anschauen und schildern, sie deshalb vor uns hinstellen können, wie sie ohne Kleider ist. Das macht dieses Buch so stark – ja, lehrreich und, ganz ohne Ironie, pädagogisch wertvoll.

Mit dieser Schonungslosigkeit auch sich selbst zu präsentieren, das wäre etwas viel verlangt. Da sind der Leser und die Leserin gefordert, hinter dem »ungebrochenen« Laux die Schrunden und Wunden zu entdecken, die ihm das Leben geschlagen und geschliffen hat. Man muss, wenn man erfolgreicher Bankräuber war, nicht seine letzten Geheimnisse preisgeben, das mag man bedauern, aber irgendwie ist es auch in Ordnung.

Vergleichbarkeiten

Ich möchte den Gedanken, den auch Laux denkt, nämlich den von der Vergleichbarkeit der Untaten rund um das Bankwesen (Bankräuber eingeschlossen), noch etwas vertiefen. Gesetzesbrecher trifft man in dieser Landschaft haufenweise an. Die Deutsche Bank allein steht seit Jahren in Strafverfahren von Europa bis nach Südkorea und in den USA vor zahlreichen Gerichten. Ihre Vorstände und Manager wanderten bislang für Spekulationsbetrug und Bestechung nicht ein Mal in den Knast, keiner wurde aus dem Verkehr gezogen, obwohl sie ungezählte Kunden um Hab und Gut gebracht hatten. Mit mehr als 3 Milliarden Euro Strafgeldern, ein Teil nur der Schäden, die sie angerichtet hatten, kaufte sie sich aus allen Strafprozessen immer wieder frei.

So z. B. soeben in den USA, wo sie wegen ihres Wucher-Handels mit Haus- bzw. Hypothekenkrediten angeklagt worden war. Um sich weiteren Ermittlungen und einem Urteil zu entziehen, zahlte die Deutsche Bank 1,4 Mrd. Euro. Wegen des wahrscheinlich kriminellen Handels mit diesen Krediten verloren Zehntausende einfache Leute in den USA ihre Häuser.

Bei den Turnieren im Knast lernte ich auch Emil K. kennen: Ein Champion im Tischtennis und ein begnadeter Tresorknacker, ein »Schränker«, wie sie in der Fachsprache heißen. Dank seiner überragenden Künste sollte er dem BKA, nachdem er wieder mal gefasst wurde, Nachhilfe im Tresorknacken geben, was er aber vehement ablehnte, da es gegen seine Berufsehre verstieß. Als sogenannter Hangtäter wurde er dann 18 Jahre weggesperrt. Die Begründung: Er sei als Mehrfachtäter (u. a. nach einer Bewährungsstrafe) eine Gefahr für die Allgemeinheit und gehöre nach seiner Strafverbüßung in Sicherungsverwahrung. Seine Beute ging nicht in die Milliarden, natürlich nicht, er hat es summa summarum nicht mal im Entferntesten auf eine Million gebracht.

Bei diesen Taten hat er nicht ein einziges Mal Gewalt gegen Personen angewandt, ja, er flüchtete sogar unverrichteter Dinge weg von einem von ihm gerade geöffneten Banktresor, nur weil die Putzfrau früher kam als ausbaldowert und weil ihm Gewaltanwendung grundsätzlich zuwider ist. Bei einem Tresorbruch z. B. nahm er einen Revolver, der dort deponiert war, nicht an sich, was sollte er auch damit!

Von Emils Rücksichtnahme auf das Erschrecken Unbeteiligter waren die Ackermänner des Bankwesens bei ihren gesetzesbrecherischen Spekulationen niemals angekränkelt und sind es auch heute nicht. Dennoch verlassen diese Leute mit oder ohne hochgereckte Victory-Finger noch fast jeden Gerichtssaal, frei und leicht. Womit sie mithilfe der Gerichte der Gesellschaft, jedenfalls dem Gerechtigkeitsempfinden der meisten Gesellschaftsmitglieder, ein weiteres Mal ein Unrecht zufügen. Das doppelte Unrecht des großen Bankers, die Taten und ihre Freiheit, macht den Gesetzesbruch der kleinen »Schränker« nicht hübsch, ich sagte das schon. Aber es irritiert doch sehr, dies Ungleichmaß, mit dem Gesetz und Rechtsprechung auf die unterschiedlichen Rechtsbrecher im Bankwesen reagieren.

Eine weitere Parallele ist aufschlussreich. Früher galten »Bankiers« – so die einstige Berufsbezeichnung – als seriöse Leute, denen man Vertrauen schenkte, wenn es um die Verwaltung von eigenen Werten ging. Mittlerweile wird das Berufsbild jedoch zunehmend von den raffgierigen und skrupellosen Investmentbankern geprägt, sodass der im Grunde ehrbare Bankangestellte unter dieser Verallgemeinerung leidet.

Auch im Bereich der Kriminalität zeigt sich eine ähnliche Entwicklung: Tresorknackern wie Emil wurde mit Respekt, ja mit einer gewissen Hochachtung begegnet. Man achtete ihre Methoden, die filigran und ausgefuchst waren. Es war großes handwerkliches Können gefordert, um als Gentlemanschränker bestehen zu können. Emil war für mich der Vertreter eines aussterbenden Berufs, etwa wie der letzte Mohikaner.

Heute zählt nur noch das Ziel, die Methoden werden nicht feingeistiger, sondern brutaler und brachialer. Man fetzt mit starken Autos riesige Löcher in die Wände von Bankgebäuden, reißt Geldautomaten mit Hilfe von dicken Stahlketten aus der Verankerung, häufig sieht es aus wie auf einem Schlachtfeld.

Wie Emil mir übrigens später »gestand«, hat er drei Jahre unschuldig eingesessen. Denn ihm war ein Tresoreinbruch angelastet worden, den er gar nicht begangen hatte. Seinem Ehrgefühl widerstrebte es, den eigentlichen Täter, den er kannte, zu beschuldigen. Deshalb verurteilte man ihn aufgrund von »Indizien«. Ironie am Rande: Er hatte zum gleichen Zeitpunkt einen anderen Tresor in einer anderen Stadt erfolgreich beehrt, wodurch es ihm auch schlecht möglich war, mit einem Alibi aufzuwarten. Inzwischen hat Emil durch intensives Aktenstudium herausgefunden, dass er eine der Versuchspersonen war, an denen Polizeibehörden ein satellitengestütztes Überwachungssystem testeten (Intel-

Ortungstransmitter). Sein PKW wurde heimlich mit diesem Peilsender ausgerüstet. Er war längere Zeit gegen ihn eingesetzt worden – zu diesem Zeitpunkt durch kein Gesetz gedeckt, sondern illegal; Sondergenehmigungen hätte ein Gericht bestenfalls gegen Terroristen erteilt. Emil betreibt deshalb ein Wiederaufnahmeverfahren.

Ich habe übrigens den Versuch gemacht, die Sicht der vom Banküberfall Betroffenen – hier geht es wieder um die Aktivitäten von Laux – zu berücksichtigen. Ich habe deshalb Kontakt mit dem Vorstand der Commerzbank aufgenommen. Bei zwei Commerzbankfilialen war Laux immerhin jeweils zweimal vorstellig geworden. Ich fragte bei der Bank an, ob man mir Kontakt zu damals betroffenen Mitarbeiterinnen oder Mitarbeitern verschaffen könne. Oder ob man ihnen wenigstens mitteilen könne, ich sei an einem Gespräch mit ihnen interessiert. Ich bin leider abschlägig beschieden worden, sogar direkt beleidigend. Nicht einmal meine Gesprächsbitte an die damals Überfallenen wollte man weiterleiten. Ich weiß nicht, was das Institut befürchtet hat. Im Ergebnis ist die Weigerung sehr bedauerlich, denn ich wollte die betroffenen Zeugen zu Wort kommen lassen, vielleicht hätten sie über eine eventuelle Traumatisierung gesprochen, vielleicht auch über die Commerzbank. Aber es kann ja sein, dass sich nun, nach Erscheinen dieses Buches, der eine oder die andere bei mir meldet, ich hoffe es jedenfalls.

Laux hat den Knast klüger verlassen, als er ihn betreten hat. Er ist sehr belesen, ist ein großer Kenner der portugiesischen und lateinamerikanischen Literatur. Mag sein, dass er sich auch ohne die erzwungene Ruhigstellung im

Gefängnis literarisch weitergebildet hätte. Ich vermute es. Denn seine Liebe zu Portugal wuchs in den freien Jahren als Bankräuber immer mehr. Sicher bin ich mir also nicht, ob es der Knast war, der bei ihm für mehr literarisches Wissen gesorgt hat. Sicherer kann ich schon sagen, wo das Gefängnis Laux nicht verändert hat:

Er ist seinen Freunden und guten Bekannten (zu denen ich mich zähle) ein verlässlicher Mensch geblieben. Nachts kommt er manchmal zum Tischtennisspielen zu mir, wenn ich ihn nach einem langen Arbeitstag darum bitte. Er kommt bei Wind und Wetter mit dem Fahrrad von Deutz nach Ehrenfeld auf die andere Rheinseite, eine Anstrengung, die er gerne auf sich nimmt. Wir spielen dann mitunter stundenlang, und ich kann, wenn ich Glück habe, sogar von den 20 oder mehr Spielen sechs oder sieben gewinnen. Laux ist Vereinsspieler, trainiert zweimal in der Woche und ist mir im technischen Können uneinholbar voraus. Hatte ich ihn einst beim Tischtennis auf der anderen Seite, im Knast, als Gefangenen kennengelernt, gingen wir nach seiner Freilassung immer wieder gemeinsam in Gefängnisse, um Tischtennisturniere mit Gefangenen zu bestreiten. Laux hilft also, und er ist kein Kind von Traurigkeit geworden. Den Kick, den ihm das Bank-Ausrauben gebracht hat, holt er sich jetzt womöglich bei Rockmusik und Salsa, wenn er am Wochenende durch die Nacht tanzt.

Emil hingegen lebt zurückgezogen, er ordnet das künstlerische Erbe seines verstorbenen Vaters, der ihn nie im Knast besucht hat. 22 Jahre. Ich habe durch Emil übrigens wichtige Tipps bekommen, die meine Sammelleidenschaft betreffen: Naturskulpturen und ihre Bearbeitung. Er war als geübter »Schränker« angewiesen auf erstklassiges Werkzeug, insbesondere auf Diamantbohrer, die nicht gleich heißlaufen oder beim ersten Druck in »stein«hartes Material abschmirgeln oder abbrechen. Emil kannte sich aus, wusste, wo Diamantkronenbohrer zu ordern waren. Als er dann aufflog und ihm der Prozess gemacht werden sollte, geriet ich kurzfristig in Verdacht, mit ihm am Ende unter einer Decke zu stecken. Emil hatte nämlich damals in einer Einliegerwohnung bei mir im Haus gewohnt, sodass wir stundenlange Tischtennisduelle bestreiten konnten. Die Polizei schickte damals die Spurensicherung auch durch meine anliegende Werkstatt, als ich gerade in Paris in einem Fernsehstudio war. Die Herren in ihren weißen Overalls fanden in der Werkstatt tatsächlich Diamantkronenbohrer montiert.

Mit meinen Bohrern aber hatte ich Löcher in Steine gebohrt. Davon konnten sie sich überzeugen und ließen mich freundlicherweise in Ruhe.

Bei diesem Lieferanten arbeitete damals ein Prokurist, Markus Breitscheidel, der nicht mehr froh in seinem Job war. Er hatte Kontakt zu mir als neuem und von Emil vermitteltem Firmenkunden aufgenommen und klagte mir bei unserer ersten Begegnung seinen Arbeitsfrust. Also riet ich ihm, was ich ihm raten konnte: »Hören Sie auf. Machen Sie das, worin Sie einen Sinn sehen.« Er kündigte dann tatsächlich und arbeitete über ein Jahr undercover in verschiedenen Altenheimen. Darüber schrieb er ein Buch, das 200 000-mal verkauft wurde und die Republik aufweckte: »Abgezockt und totgepflegt, Alltag in deutschen Pflegeheimen«. Seitdem ist die Diskussion um die Zustände in der stationären Altenpflege nicht mehr abgerissen. Das haben wir über Umwege eigentlich Emil zu verdanken, seinen Handwerkskünsten und Werkzeugkenntnissen. Markus Breitscheidel und ich hätten nie zueinander gefunden, wenn die ungewollte Vermittlungstätigkeit dieses sympathischen »Schränkers« nicht gewesen wäre.

Ich erzähle davon, weil mir das vorliegende Buch dazu Anlass gibt. Denn es macht auf seine Weise klar, welche Zufälle im Leben uns in diese oder jene Richtung lenken: in die Banker- oder in die Schränkerrichtung, mal ganz banal gesagt. Ich bin kein Fatalist, darum geht es nicht. Aber es geht darum, vorschnelle Urteile über Lebenswege und Verfehlungen zu vermeiden und im Handeln eines Menschen den eigentlichen Kern zu erkennen. Ehemalige Rechtsbrecher – Laux und Emil gehören dazu – sind eben häufig ganz normale Menschen wie du und ich; da war vielleicht nur ein Stoß von der Seite, eine Eingebung von irgendwo, eine Begegnung mit irgendwem oder ein vom Himmel gefallener Traum, der ihnen zu ihrer biografischen Besonderheit verholfen hat.

So zufällig wird eben auch ein Laux zum Bankräuber; hätte er sich nicht verantwortlich gefühlt für seine WG ... hätte er nicht diese erste Bank so spielerisch leicht und erfolgreich beraubt ... wäre da nicht das abschreckende Beispiel seines Vaters gewesen ... wäre er womöglich Sozialarbeiter, Lehrer, Journalist, Roulettespieler, der partout die Bank sprengen will, oder – dagegen wird er sich, so wie ich ihn kenne, ganz vehement verwahren – am Ende noch Banker geworden.